穿行 诗与思的边界

Johann Sebastian Bach
Los días, las ideas y los libros

RAMÓN ANDRÉS

巴赫传
时代、观念与书籍

［西］拉蒙·安德烈斯 著
王翘楚 译

中信出版集团｜北京

图书在版编目（CIP）数据

巴赫传：时代、观念与书籍／（西）拉蒙·安德烈斯著；王翘楚译 . — 北京：中信出版社，2025.4.
ISBN 978-7-5217-7035-3

Ⅰ . K835.165.76

中国国家版本馆 CIP 数据核字第 2024HX8396 号

Johann Sebastian Bach. Los días, las ideas y los libros
by Ramón Andrés González-Cobo
Original Spanish edition © 2020 by Quaderns Crema SA (Acantilado)
The simplified Chinese translation rights arranged through Rightol Media
（本书中文简体版权经由锐拓传媒取得 Email: copyright@rightol.com）
Simplified Chinese translation copyright © 2025 by CITIC Press Corporation.
ALL RIGHTS RESERVED
本书仅限中国大陆地区发行销售

巴赫传：时代、观念与书籍

著者：　　［西］拉蒙·安德烈斯
译者：　　王翘楚
出版发行：中信出版集团股份有限公司
　　　　　（北京市朝阳区东三环北路 27 号嘉铭中心　邮编　100020）
承印者：　河北鹏润印刷有限公司

开本：880mm×1230mm　1/32　　印张：13.5　　字数：227 千字
版次：2025 年 4 月第 1 版　　　　印次：2025 年 4 月第 1 次印刷
京权图字：01-2024-6195　　　　　书号：ISBN 978-7-5217-7035-3
定价：98.00 元

版权所有·侵权必究
如有印刷、装订问题，本公司负责调换。
服务热线：400-600-8099
投稿邮箱：author@citicpub.com

把原子比作字母,这不仅是一个简单而巧妙的比喻,更是将现实简化为几个终极的个体,并用它们来重构现实,是真正按照字母的顺序拼读世界。

——汉斯·布鲁门伯格

《世界的可读性》,第 4 章

目 录

001　　藏书室

第一章

017　　1750 年
022　　音乐之外的画面
025　　莱比锡市议会请愿书
035　　圣托马斯学校的学生
043　　安东·韦伯恩对他的听众说

第二章

055　　日常生活
058　　资产评估
061　　"伤感"
071　　"他否认虚无"

第三章

- 081　记忆的艺术、无限的广阔与细微
- 087　"谜"与黄金对位
- 102　隐秘的众赞歌——B×A×C×H = 犹太人之王耶稣
- 112　上天的隐喻与声音的数字
- 124　不会计算的头脑

第四章

- 137　上帝——镜前的哲学家
- 149　"极致的和谐"
- 160　也许，诗人们
- 167　一个鲜活的生命——音乐在枝条上绽放

第五章

187　修理钟表，翻译《圣经》，离群索居

196　歌唱是双倍的祈祷

204　美妙地弹奏鲁特琴，触碰灵魂的柔软

212　时间、永恒、慰藉

233　附录　"和声小迷宫"：
　　　　与巴赫相关的作曲家们

369　注　释

395　参考文献

417　后　记

419　译后记

藏书室

从 18 世纪开始，私人藏书室变得越来越重要。这里是思想诞生的摇篮。若要汲取知识的精华，再无他处可与之媲美。书架、油灯、书桌、抽屉、墨水瓶、羽毛笔与沙盒[1]全都静默着，于无声中带来世界的启示。藏书室的四面墙壁围起一片坚不可摧的天地，其间一排排书架构筑起一个隐喻：智慧在上面累积，沿着一条条过道，通向一切的终极奥秘。有些人想从这排排书架上，从浩如烟海的学问中，找寻一只只小小的挪亚方舟，找寻救赎的所在。

那些满是书籍的藏书室，将人类的所思所想井然有序地收纳其中。天文图、神学作品、伦理学作品、水力专著、光学专著、恢宏的史诗、植物学书籍、修辞学书籍、解剖学书籍，全都有助于观察生命，解读生命。在书页之

---

[1] 盛着让羽毛笔的墨汁尽快干掉的沙子的小盒。（本书脚注均为译者注）

间，人们可研读宇宙，内化于心，品味音乐；可探索自然现象，了解民族历史，也可通过地图追踪开通的航海路线。于是大千世界，形形色色、种种声音全都汇聚一堂。即便只是置身于藏书室里一方隐秘的角落，也可以看向外面的世界，看向无限的远方。无论过去还是现在，读者一直都是知识的守望者。

放置书籍的房间于是成了一个私密的所在，一个远离人群的避风港，因为写作，更因为阅读，都可以让灵魂飞扬。对于旁人来说，印制的文本或是手写的书稿可能会营造一种捉摸不透的氛围。然而，对于书的主人来说，手中氤氲的墨香是深沉的智慧，是最珍贵的谜语。书籍有着独特的价值，它的特别不仅在于它的外观比如装帧、字体或是插图，更在于它可以实现心灵的交流。我们说，这是一种专属的交流，一种没有他人参与的交流。可以注意到，从16世纪起，人们的遗嘱和遗物清单里便频繁出现书籍的踪影。拥有自己的藏书是一种个性的体现，是高贵心灵的彰显，是懂得去接纳来自书籍的引领和帮助。在现代精神的召唤下，集体的、非私密的阅读旋即被抛诸脑后。

读者如此钟爱他们的藏书，哪怕是看起来微不足道的藏书室，都要布置得曲径通幽，有时甚至要用锁锁起来。早在17世纪，家庭藏书室的位置便逐渐从玄关和前厅转移到了更隐蔽的房间。这可以让人们更有机会去享受独处的时光。私人藏书室可勾起满怀的兴致，人们按照书名、主题和作者将图书分门别类摆放，并且密切关注着印刷厂和书店即将推出的令人孜孜以求的新书。在1671年10月的一封信中，斯宾诺莎请求莱布尼茨送给他一本《新物理学假说》（*Hipótesis física*），因为他找遍海牙都未能找到莱布尼茨这本书的踪影，他也没能找到奥尔蒂斯（Oltius）的《物理机械思考》（*Reflexiones físico-mecánicas*）和弗朗切斯科·拉纳（Francesco Lana）写的导论。[1]

约翰·洛克同样痴迷于藏书。对他来说，每本书都是一件不容怠慢的大事。他会给每本书一个编号，仔仔细细地写在一个小标签上，再郑重其事地贴在相应卷册的书脊上。但这还不够，他会在书封上签上自己的名字，通常还会在书的第11页标记一下书的价格。在书的结尾他会做个记号，还常常用笔把扉页上的日期画出来。摆放图书时，他不是按照书籍的内容，而是按照书籍外观的大小，将它们在书架上一一排列，然后按照对应的编号将书籍编目。1704年，当约翰·洛克去世时，他已经收藏了大约4 000本书，这在当时是个相当惊人的数量。

为了收纳不伦瑞克-吕讷堡公爵尤利乌斯16世纪时的藏书，沃尔芬比特尔的奥古斯特公爵图书馆应运而生。

1690—1716年，莱布尼茨在那里担任图书管理员，之后的1770—1781年，莱辛也在那里做过管理员。担任管理员期间，莱布尼茨一丝不苟地整理图书。他对图书馆学如此着迷，以至于在1711年时写了一本小书，名叫《莱布尼茨关于按照学科门类整理公立图书馆书籍的意见》。在这本书中，莱布尼茨写道，图书馆（书中指公立图书馆）是全世界知识的宝库，存放着审视世界的累累硕果。就在几十年前，德国作家E. 荣格尔（E. Jünger）也笃定地指出，图书馆可以开辟一方滋养心灵的小天地。

人们常常会先对家庭空间做一番细致的打量，然后再来安排藏书室的位置、朝向和布局。阅读的时候，需要在家中找到一个适合独处的空间。如果有旁人在场，书籍这面世界之镜便难以映照出读者的眼睛。在彼得·扬森斯·埃林加（Pieter Janssens Elinga）的著名油画《阅读中的女人》（*Mujer leyendo*）中，女人的脸庞被隐藏了起来，人物的安静状态可以瞬间被打破。在一个开放的厅堂里，身穿红色上衣的女人正借着窗外的光亮读书，她的阅读可以随时被打断。其实在资产阶级的生活环境中，人们越来越重视阅读空间的私密性，希望能在其中独处、凝神、沉思。于是，蒙田选择将藏书室安排在城堡塔楼的三楼，那里是他自我庇护的地方。"为了引领自己的心灵"，他用拉

彼得·扬森斯·埃林加:《阅读中的女人》。

丁文和希腊文在横梁和立柱上镌刻了 57 句警句，有的选自《传道书》，有的来自索福克勒斯和塞克斯都·恩披里柯。蒙田用五层书架围出一个圆形空间，所有的书籍一瞬间都可以映入眼帘。他在唯一一面空墙前放置了桌椅。正如蒙田在《随笔集》中所述，在这里，他可以感受到宁静，"因为这里难以靠近"，这是他的窝（c'est là mon siège，即"这是我的天地"），置身其中，仿佛便可以远离婚姻、子女和社会。[2] 他说从上面往下看，可以看见花园和家禽圈舍，可以看见家人们走来走去；他说，如果这里曾经是家里最无用的一个角落，那么如今，这满是书卷的藏书室成了他抚平伤痛的地方。蒙田的话多么有道理："如果一个人在自己家里都没有一处属于自己的地方，都无处取悦自己，隐藏自己，那样的话，在我看来太悲惨了！"

蒙田拥有几千本书，在他的塔楼藏书室里，马克罗比乌斯（Macrobio）、本佐尼（Benzoni）、塞涅卡、安东尼奥·德·格瓦拉（Antonio de Guevara）、西塞罗、卢克莱修的名字全都交错一起。那里有明斯特（Münster）的《宇宙志》（Cosmographie universelle）、奥滕西奥·兰多（Hortensio Landi）的《常识》（Sententie）、伊拉斯谟的《对话录》（Colloquia）。但藏书室并不专为人文学者独享，各行各业的人，比如律师、医生，或是有社会抱负的商人、技艺精湛的工匠，也会在家中拥有自己的藏书。思想激荡的音乐家，特别是作曲家，也不例外。有些画家常以藏书自诩，像埃尔·格列柯（El Greco），他说家中既有维特鲁威（Vitrubio）和帕拉迪奥（Palladio）的作品，也有亚里士多德和狄摩西尼的著作，有医学专著、教父哲学作品、希腊悲剧、《荷马史诗》和《圣经》。除此以外，同时代诗人的作品，比如塔索（Tasso）的诗歌，也被他收入囊中。画家委拉斯开兹和伦勃朗也是这样的情况。在音乐圈里，同样有痴迷于藏书的人，比如作曲家乔瓦尼·巴蒂斯塔·马蒂尼（Giovanni Battista Martini）和扬·迪斯马斯·泽伦卡（Jan Dismas Zelenka）。作家卡尔德隆·德·拉·巴尔卡（Calderón de la Barca）也颇有藏书的嗜好，在他去世后，他的财产继承者"根据遗嘱的安排"收到了各种门类的书籍，其中有《人类生命剧场》（*Theatrum vitae humanae*，或译《天下奇谭》），有关于道德准则的作品，而所有书籍要"在两个书架上才放得下"。此外，他们还收到了一个玳瑁文具盒。

所有人都想在一个独立的空间里种下藏书室这棵智慧之树，于是欧洲的书籍产量大幅增加，以至于许多人为印刷机的滥用而深感痛心。路德认为印刷机沦为了"无知的仆人"。到了18世纪，依然有人表达着对这种现象的鄙夷，比如利希滕贝格（Lichtenberg）——他拥有大约 2 000 卷书。他认为一本好书所带来的最糟糕的影响，莫过于在它之后会有成千上万粗制滥造的作品涌现出来。托雷斯·比利亚罗埃尔（Torres Villarroel）是一位破产书商的儿子，当看到自己的书竟然都卖得出去，犀利的他不禁对书籍的分量产生怀疑。让·德·拉·布吕耶尔（Jean de La Bruyère）也尖锐批评过书籍的泛滥。在这一时期，书市、图书拍卖会、旧书商店、昆体良的书、普鲁塔克的书、历书、食谱和占星术小册子全都数量激增。1742 年，约翰·塞巴斯蒂安·巴赫本人参加了一次图书拍卖会，还购买了一套路德的作品集，一共花了 10 塔勒。

和斯宾诺莎愿意在书上写写评语，标记注释，有时甚至会划掉某些段落一样，音乐家巴赫有时也会在书上写写画画。哲学家斯宾诺莎的藏书可能数量并不庞大，但却足够有趣。他在畅销作品旁，摆放上各种稀奇古怪的书籍。陪伴这位荷兰思想家的有卷帙浩繁的笛卡尔著作，有巴赫也买过的弗拉维乌斯·约瑟夫斯（Flavio Josefo）的作品，有语法学家布克斯托夫（Buxtorf）的作品，有爱比克泰德的手册，约翰内斯·德·萨克罗·博斯科（Johannes de Sacro Bosco）的《全世界的祷告》（*Sphaera mundicum Oratione*）。1515 年由布拉加丁（Bragadin）在威尼斯出版的迈蒙尼德作品《迷途指津》（Guía de perplejos），与 1615 年版约翰内斯·开普勒的《编年纪选集》（Eclogae chronicae）摆放在一起。贡戈拉（Góngora）的作品、克维多（Quevedo）的作品、葛拉西安（Gracián）的《批评家》（El Criticón）和 1612 年版斯泰诺（Steno）的《解剖学观察》（Observationes Anatomicae），以及 1605 年版梅修斯（Metius）的《宇宙天文学》（Universae Astronomiae），一道摆放在书架上。斯宾诺莎阅读过 5 部《圣经》，其中包括 1639 年马丁内利（Martinelli）于威尼斯出版的《希伯来圣经》。

到了 17 世纪后期，在新教的影响下，《圣经》不再是专属于神职人员的精神财富，不是在只有教徒会去的宗教场所的书架上才能看到《圣经》。用罗杰·夏蒂埃的话来说，从那时起，《圣经》已经变成了一本全民读物。[3] 像斯宾诺莎这样的怀疑论者，或像牛顿这样的数学家，手中都可能有一本《圣经》。我们知道，德国的虔敬派是大力鼓励阅读的，这非常有助于识字率的提升（在北欧尤其明显）。当然，识字率的提升并非完全得益于虔敬派的读书倡导，或是菲利普·雅各布·斯彭内尔（Philipp Jacob Spener）与他 1675 年出版的作品《虔敬的渴望》（Pia desideria）的影响。在此之前，伊拉斯谟、比韦斯（Vives）和路德便都坚持主张读书是权利，是教育的基础，于是新教国家的书籍数量远远超过了天主教国家的平均水平。为了使读者拥有更加舒适的阅读体验，比韦斯建议使用读书架和油灯。[4]蜡烛迸溅的火花可能会伤害眼睛，相比之下，油灯的火焰更加稳定。如果只有蜡烛，没有油灯，那么也得使用蜂蜡而不是动物脂肪做成的蜡烛，因为后者制成的廉价蜡烛会散发出难闻的气味；烛芯建议使用棉质烛芯，它比亚麻质地的更适合阅读。

加尔文宗图书馆的藏书量是天主教图书馆的 10 倍。18 世纪时，在德国莱茵河畔信奉路德宗的城市，如图宾根、法兰克福和施派尔，80% 的图书馆物品清单都是书籍清单，这一比例在信奉天主教的法国有所下降，18 世纪 50 年代时甚至下降到 20%。[5]汉斯·布鲁门伯格（Hans Blumenberg）认为，安置书籍的图书馆仿若一条满是镜子的走廊，无数的观念与意象从其间穿流而过，宇宙、人体、思想、自然、万物的关联都凝结在一本本书上，铺陈开来。如果没有书籍的存在，人们看待世界的眼光将会截然不同，它会遵循不一样的规则，或许时间就不会像书本那样，有开始也有结束。我们所谓的时间，将会变成一捆没有分页的纸张。

路德本人不遗余力地倡导青年人去接受精神文化熏

陶，他宣扬着集体而非个人式阅读《圣经》以及祈祷书的益处。在1524年初的《致全德城镇长官及地方议员书》中，他特意写道，无论任何时候，都不应该在打造优质图书馆和书店这件事情上打折扣，无论资金还是相关举措，都应当如此。如果想要宗教和科学得以存续，"就必须将它们写下来，保存在书中"[6]；此外，还应当运用书籍将语言的精华留存下来。路德认为，如果学生们可以以阅读为基础，具备良好的学识，那么他们在学校里遭受的打击、恐慌与焦虑，这些问题都可以被连根拔除。在接下来的17世纪，读书进一步掀起风潮，父母会买书让孩子们在家中阅读。这改变了思想传播的方式，进而改变了自我与他人之间的关系。

在这样的读书传统下，音乐家巴赫拥有自己钟爱的藏书便不足为奇。他的藏书里并非只有音乐类的书籍。根据人们在巴赫去世时所做的盘点，可以看到他留下了80多本书。这些书都是他按照兴趣，陆陆续续精心挑选购买的。大部分购于莱比锡时期，也就是从1723年到18世纪40年代末这段时间。然而，对于巴赫这样一个不安分的人来说，只阅读神学和宗教信仰类书籍是不大可能的，这一点可以在他的书籍清单中得到印证。夏蒂埃提到过一些颇为重要的情况：很多过去公布的书籍清单并不一定符合实情,它们并不准确,会有疏漏;在清点书籍时,一些书尽管可能很重要,但却会因为价格低廉,或看起来微不足道而未被记录在册;另外,作品由于内容的虚构性而被忽视的情况同样屡见不鲜,比如文学作品,尤其世俗诗歌,就常常有这种遭遇;再有,如果清点人认为,一些作品记录上去可能会影响逝者的声誉,也会索性不做记录。[7] 这就意味着,当我们看到巴赫的书籍清单时,很多书籍未经清点便早已不见踪影。这让我们对巴赫所读之书的解读,变成一种单纯的猜想。但毫无疑问的是,这位作曲家对于知识有着浓烈的好奇心。就像他的音乐呈现出的那样,他总是不停地发问,表现出惊人的敏锐。面对那样一个不断涌现重大观念体系与发现的时代,他做不到无动于衷。莱布尼茨和牛顿都是巴赫的同时代人,斯宾诺莎也依然具有影响力,海因里希·许茨(Heinrich Schütz)的音乐也是如此,这位作曲家比留下《以几何顺序证明的伦理学》的斯宾诺莎早5年在德累斯顿去世。

巴赫一家住在圣托马斯学校里,他的藏书兼作曲室位于三层楼的第一层。这栋楼从1731年开始翻修,次年竣工。之后,巴赫的藏书兼作曲室才最终成型。于是,这位音乐家拥有了一个更宽敞的空间,家里的每一层都有大约75平方米,其中安置着带门的柜子、乐器、一张带抽屉的

莱比锡圣托马斯学校，学校右侧是圣托马斯教堂，1885年。

写字台和一个带锁的四门大柜，柜架上摆放着一些书籍和乐谱。办公桌上有各种各样的墨水瓶，装着黑色、棕色或是红色的墨汁，有四开纸、横线纸，有掺水的没食子酸。作曲家还会用到旁边的一个房间，他的学生们可以在那里誊写，有一个铁炉给房间供应暖气。小前厅的门直接通向学校真正的音乐图书馆，那里收藏着大约4 500本书。誊写的工作也在那里进行。那是一个"工作室"，是巴赫这位巴洛克晚期艺术家的私人空间。与其他同样职务和艺术水准的音乐家一样，巴赫在这个空间中独处、沉思，进行艺术创作。

当巴赫一家于1723年5月从克滕抵达莱比锡时，《荷尔斯泰因通讯报》在当月29日报道了这一消息：

> 上周六（5月22日）约中午时分，从克滕来的4辆马车，满载着安哈尔特-克滕亲王的宫廷乐长的家具抵达本市。这位乐长现已被任命为莱比锡的乐监。下午两点左右，他与家人乘坐两辆大马车抵达后，住进了圣托马斯学校新翻修的住宅。[8]

在随身物品中，巴赫携带着他称之为"装备"（apparatus）的书籍和乐谱（见附录"'和声小迷宫'：与巴赫相关的作曲家们"）。其中有他自己也有其他大师创作的乐谱。

但在走进藏书室、翻阅巴赫"装备"里的"小迷宫"前，我们不禁要问：那些书籍的读者到底是谁？他在莱比锡这座成为他最终归宿的城市，到底境况如何？在那个时代，音乐家扮演着什么样的角色？他的身边有哪些人？他在这座位于萨克森选帝侯国的城市里面对着怎样的环境？为什么他会做出某些决定？死亡的阴霾对他的性格有怎样的影响？他又有哪些经济方面的担忧？当然，仅凭探访一个时代，参观一间藏书室，或者参照巴赫的言论，是无法重构起他的思想的。了解一个人生活的境遇，在最理想的情况下，也许可以为走近一位像约翰·塞巴斯蒂安·巴赫这样对西方音乐乃至西方文化都至关重要的人物补充一些线索。但指望通过传记研究和作品分析去揭秘他的内心世界是乌托邦式的想法，是不可能完成的任务。因为善变是人类的常态，随着时间流逝，人们对待相同事物的态度会发生转变。人类本就是情绪多变的物种。讲述别人的人生，抑或讲述自己的人生，对它发表见解，就是在滋生误解。这就是为什么尽管这位创作了《赋格的艺术》(*El arte de la fuga*，BWV[1] 1080) 的作曲家赫赫有名，他的许多方面依然不为人知。我们永远都不会知道，真正的巴赫到底是一个怎样的人，就像我们也并不真正了解，我们这些巴赫的听众到底是怎样的人一样。当巴赫的音乐奏响，我们并不知晓巴赫会将我们带向何方。

---

[1] 德语 Bach-Werke-Verzeichnis 的缩写，意思是"巴赫作品目录"，由沃尔夫冈·施米德（Wolfgang Schmieder）编辑。

第一章

1750 年

约翰·塞巴斯蒂安·巴赫于 1750 年 7 月 28 日晚 8 点 15 分左右去世。大约两周后,安娜·玛格达莱娜(Anna Magdalena)要求莱比锡市议会支付她丈夫一个学期的薪水,这是其他已故圣托马斯教堂乐监比如约翰·舍勒(Johann Schelle)及其继任者约翰·库瑙(Johann Kuhnau)的遗孀们此前享受的待遇。安娜于 8 月 15 日提交了申请,在月底得到了肯定的答复。然而,这个同意支付薪水的决议其实含有很大水分,因为向来以吝啬闻名的市议会以巴赫当初未能如期入职为由,在薪水里扣除了一定的金额——要知道巴赫已经在这个岗位上工作了 27 年。最终这笔钱分两次,先后于 1750 年 9 月和次年 1 月发放。根据记载,给安娜·玛格达莱娜发放巴赫两个季度的薪水，是希望她能接受关于教会歌曲即众赞歌康塔塔（Choralkantaten）的提议——把曲谱交给巴赫的继任者约翰·戈特洛布·哈雷尔（Johann Gottlob Harrer），供圣托马斯学校使用。[1]

于是，安娜·玛格达莱娜不得不决定与圣托马斯学校那难以沟通的校长约翰·奥古斯特·埃内斯蒂（Johann August Ernesti）商量出售这些康塔塔的事宜，尽管她手头只有其中 1/3 而已，因为她只继承到了这么多。[2] 实际上，与其说安娜把作品卖给了学校，不如说她满足了学校的强制要求。在音乐家去世以后，家中的经济状况不容乐观。虽然巴赫去世时算不上穷困潦倒，但他的资产，如果可以称得上资产的话，可以说是相当有限，无法保证家里未来的生活稳定而富足。当安娜·玛格达莱娜在 1760 年 2 月去世时，她以受救济女性的身份出现在莱比锡的记录簿中，也就是说，她是依靠社会救济生活的。

意大利音乐理论家阿尔贝托·巴索（Alberto Basso）留意到，巴赫去世时，他的家庭核心成员都是女性，这让家庭的经济状况雪上加霜。[3] 因为当时女性的社会处境非常艰难，她们收入微薄，而想在城市里做些小的营生或找份低薪的工作来糊口比在农村还要困难——虽然农村的状况也很艰难。在饱受战争摧残、政治和宗教全方位分崩离析的欧洲，农民长期遭受各种灾害，承受着大面积的粮食短缺与疾病的困扰。

巴赫家族生活的图林根，是德国人口最少的地区之一。贫困是那里的常态。安德烈亚斯·格吕菲乌斯（Andreas Gryphius）在他的戏剧和1639年发表的《周日与假日十四行诗集》（Sonn- und Feiertags-Sonette）中那些阴郁惨淡的描绘，都脱胎于现实生活，而这种社会状况在作曲家巴赫的时代也没有太大的改变。德意志民族神圣罗马帝国自16世纪以来便局势紧张，所有的遗留矛盾让各类社会问题不断加剧。帝国内部一直存在着皇权一统与地方分裂之间的冲突，公国、主教辖区、自由城市、伯爵领地都有要求主权的趋势，贵族也越来越希望对名下的广阔田产行使主权。在1495年，也就是召开第一次沃尔姆斯帝国议会的那一年，帝国登记册中记录了350多个此类性质的区域。在德国，你死我活的权力斗争风起云涌，直到19世纪后期才实现了政治体系上的统一。三十年战争中尸横遍野，伤亡惨重，而当烽烟散去37年后，约翰·塞巴斯蒂安·巴赫出生了。流行病、不卫生的水井、通过泥管或挖空的树干进行的简陋输水，这些从15世纪以来便困扰着布雷斯劳（今波兰弗罗茨瓦夫）的问题，在战后继续严重影响着人们的生活。制革厂的刺鼻气味、河流和沼泽地的污水、无人清理的垃圾堆，以及一塌糊涂的卫生状况并不是过去所独有的问题。

启蒙运动前的几代人，生活无依无靠。当时婴儿的死亡率竟然高达 50% 左右，这令人触目惊心的数字足以反映当时残破不堪的社会境况。巴赫一家也未能幸免。在他与玛丽亚·芭芭拉（Maria Barbara）所生的 7 个孩子中，只有 3 个活了下来，而他与第二任妻子安娜·玛格达莱娜所生的 13 个孩子中，只有 6 个活到了成年。如果我们再举个例子，在音乐家们的家庭中，类似的情况也发生在马兰·马雷（Marin Marais）身上。他与卡特琳·达米库尔（Catherine d'Amicourt）生了 19 个孩子，其中只有 9 个不是他们白发人送黑发人；米歇尔-理查德·德拉朗德（Michel-Richard Delalande）的两个女儿都是优秀的歌唱家，在 1711 年因为感染天花，相隔 12 天去世，当时她们都不过 20 出头的年纪。

E. H. 贡布里希（E. H. Gombrich）在他的一本书中提到，随着时间的流逝，历史会为人物打造出一个并不真实的形象，并且长久而荒谬地流传开来。[4] 久而久之，某些想象竟然会变成一种传统观念。人们一想到巴赫，就会觉得他这位一家之主，整日沉醉于作曲，在安静的家中深居简出，尽享恬静的音乐盛宴，而当巴赫在 1723 年到达莱比锡时，便遇见一处发展其音乐艺术的理想天堂。这些想法全都是臆想。现实情况与之截然相反，巴赫不得不去加倍努力，一刻不停地为并不匮乏但也绝不富裕的家庭而辛苦奔波。

我们认同瓦尔特·本雅明的观点，他认为相比日常生活中的不顺，生命的衰颓感留下的印记更为痛苦。[5]这种衰颓感背后是一种现代精神，是一种个人主义的意识。人们被迫去面对新的现实，与两种失落共存：一种来自内心世界的失落，和一种来自外部世界的失落。作为巴洛克晚期的作曲家，巴赫以一种个人化的视角，以无人企及的深刻，用心观照着外在的世界。吉尔·德勒兹评论道，音乐家巴赫观察着周遭的崩塌，见证着世界的巨变。巴赫，一个孤独又怀旧的人，以一种斯宾诺莎的方式凝望着时代，观察着其中各种势力的纷争与角逐。聆听管风琴众赞歌《亚当的堕落使一切腐朽》（*Durch Adams Fall ist ganz verderbt*，BWV 637）时，人们可以看到一个被驱逐的亚当，他被永远放逐到无限的时间之外，堕落到虚空之中。那螺旋式的半音阶旋律，正如阿尔贝托·巴索所说，象征着蛇的蜿蜒与无常。

音乐之外的画面

在格奥尔格·菲利普·泰勒曼（Georg Philipp Telemann）表示拒绝、克里斯托夫·格劳普纳（Christoph Graupner）因合同问题无法入职之后，巴赫决定出任莱比锡的乐监一职，这个决定无论对于巴赫还是对于安娜·玛格达莱娜（出生时的姓氏为威尔克[6]）未来的职业发展可能都算不上最好的选择，而巴赫对妻子的事业向来非常尊重。按照[以菲利普·施比塔（Philipp Spitta）为代表的]巴赫传记作者的描述，安娜·玛格达莱娜性情温和，她被巴赫的言谈举止与满腹才情深深吸引。[7]《安娜·玛格达莱娜·巴赫编年小传》(*La pequeña crónica de Anna Magdalena Bach*)于1925年出版，尽管这本书的作者为佚名，但一般认为它是埃丝特·梅内尔（Esther Meynell）的作品。在这本书中，我们可以看到一个大众心目中经典的安娜·玛格达莱娜形象——一位精致优雅的女高音，辅佐着音乐大师的工作，她身上自带一股浪漫气质。巴赫在认识安娜·玛格达莱娜的时候，尽管已经小有名气，但尚未达到自己的事业巅峰。即便是巅峰时期的巴赫，在当时也远不如同时代的亨德尔、泰勒曼、约翰·阿道夫·哈塞（Johann Adolph Hasse）、格劳普纳，甚至卡尔·海因里希·格劳恩（Carl

Heinrich Graun）、约翰·马特松（Johann Mattheson）等音乐家的名气大。

1720年，巴赫的第一任妻子玛丽亚·芭芭拉去世，给巴赫带来了沉重的打击。随后，仿佛天意一般，安娜·玛格达莱娜来到巴赫身边，但第一任妻子的儿子威廉·弗里德曼和卡尔·菲利普对她并不欢迎。巴赫在1722年和1725年献给安娜·玛格达莱娜的曲集中进一步表达了自己的心意。巴赫与安娜各自把一些曲目加入这部曲集中，既可以供键盘乐器和通奏低音的教学使用，又可以怡情悦性。第一本曲集是《献给安娜·玛格达莱娜·巴赫的键盘小曲集》（*Vor Anna Magdalena Bachin Anno*，1722），这部75页的作品至今只留存下来1/3。其中，除了组曲BWV 813和BWV 814中的两首小步舞曲出自安娜之手，其他作品都是巴赫手写的。值得注意的是，在这本朴素的横本小册子上写着3本书的题目——《反加尔文》（*Anti Calvinus*）、《反忧郁》（*Anti-Melancholicus*）和《基督教福音派》（*La escuela apostólica de los cristianos*），都是巴赫留下的笔迹。它们的作者是奥古斯特·普法伊费尔（August Pffeifer），巴赫的藏书中有这3本书。我们将在后文谈到它们。三年后开始创作的第二本键盘小曲集的名字是《安娜·玛格达莱娜·巴赫的键盘曲集》（*Notenbüchlein der*

Anna Magdalena Bach），内容更为丰富，有 45 首作品。其中包括已经在第一本曲集中出现过的《法国组曲》BWV 812 和 BWV 813，以及 6 套帕蒂塔（BWV 825-830）中的两套——BWV 827 和 BWV 830。

与众多优秀的女歌手和乐器演奏家一样，安娜·玛格达莱娜不得不在家庭中演出，幸运的话，也许有机会在宫廷教堂里进行音乐表演。造成这种情况的原因是当时不允许女性参与教堂的音乐演出，天主教也是如此。巴赫当初在克滕为一位开明的亲王服务时，安娜尚有机会参加艺术表演，但搬到莱比锡后，她就不得不中止她的艺术事业。和其他地方一样，在德国，允许女歌手在宗教场合演唱的城市屈指可数。汉堡算是其中一个例外，但也只是偶尔让女歌手或乐手以不露面的方式为教区居民表演。我们在德国、荷兰和佛兰德的艺术家如扬·斯滕（Jan Steen）、赫拉德·特·博尔赫（Gérard Ter Borch）或维米尔的画作中看到的女歌手、维吉那琴和双颈鲁特琴女演奏家，就是当时典型的女性音乐家形象。在巴赫的时代，这样的情况丝毫没有改变，而且他还因为让"一位陌生的年轻女子"在教堂里演奏而受到教会的谴责，此人很可能是他的姐姐芭芭拉·卡塔琳娜（Barbara Catharina），也可能是他的第一任妻子，即前面提到的玛丽亚·芭芭拉。约翰·塞巴斯蒂安的母亲也不能参加她儿子的洗礼仪式，因为按照《圣经》的规定，妇女分娩后，在接受净化仪式之前不能踏入圣殿。

莱比锡市议会请愿书

正如前文所述，莱比锡对于巴赫来说也许并不是一个理想的地方，主要原因倒不是这座城市没有足够的资源，或者市议会不仅毫无作为，还常与同样不堪的莱比锡大学产生矛盾。最大的问题在于当地教堂不是被宗教法院管辖，而是被市议会把持，它可以随意替换、解雇或者任命教士。但按照报道的记载，莱比锡是一座文明之都，是欣欣向荣的商业枢纽。在那里，任何人都可以自由进入图书馆阅读，当地印刷业的发展位跻欧洲前列，令人交口称赞。

在18世纪中叶的德国，每年都会举办3次书展，有50多家出版商和书商参与，到处是印刷商、制版师的身影，遍地都是装订书籍的作坊。春秋两季举行的法兰克福书展，在17世纪一直是行业龙头，但随后这个顶级书展的位置被莱比锡取而代之。[8] 在莱比锡书展上，人们交换着书籍，一批批价格优惠的图书被陈列出来，流动摊位增加了许多，书店里满是新出版的书籍。由于这些以及其他原因，莱比锡获得"小巴黎"的称号。[9] 在那里，伴随着最古老的路德宗正统教义，各种科学、思想以及意识形态潮流全部像马赛克一般交会在一起。虔敬派和理性主义哲学都将重新腾跃，这一点我们将在第五章中谈到。克里斯蒂安·沃尔夫（Christian Wolff）作为莱布尼茨思想最重要的传播者，在大学里讲授课程。这两个名字会在后文中继续陪伴我们。

受新思想的影响，1741年第一个共济会团体"三棵棕榈树下的密涅瓦"（Minerva zu den drei Palmen）成立，这群知识分子认为虔敬派的思想和启蒙运动的哲学观念并非水火不容。这一事件绝非偶然。莱比锡经常被描述为连接西方和斯拉夫世界的一座桥梁，它是法国风尚的一个映像：它的存在直接穿越德国，形成一条亲法的道路，将法国和同样信奉天主教的波兰联系在一起。在拉迪斯劳·米特纳（Ladislao Mittner）看来，这种情况妨碍了在汉堡和苏黎世两地之间画出一条真正亲英的新教徒的垂直线。[10]学者和诗人约翰·克里斯托夫·戈特舍德（Johann Christoph Gottsched）于1724年定居莱比锡，并在1730年发表的《德意志诗学批评》（"Versuch einer kritische Dichtkunst für die Deutschen"）中提出对语言进行变革。不仅戈特舍德，施莱格尔兄弟的伯父约翰·埃利亚斯·施莱格尔（Johann Elias Schlegel）、克里斯蒂安·盖勒特（Christian Gellert）、弗里德里希·威廉·扎卡里亚（Friederich Wilhelm Zachariae）和玛丽安·冯·齐格勒（Marianne von Ziegler）都支持启蒙运动。巴赫在一些康塔塔作品[11]中还曾使用过齐格勒的诗句。

显而易见，这些出生或居住在莱比锡的作家与诗人，为在莱比锡读书的莱辛和虔敬派的克洛卜施托克[1]开拓了道路。随后在1765年，歌德也来到了莱比锡。然而，如果像通常那样，以为巴赫的心灵是在早期启蒙运动的影子下成长起来的，这是一种错误的观念。巴赫的确密切关注着周遭发生的一切，但唯一对他构成真正吸引力的只有音乐。巴赫的音乐也许看起来离经叛道，因为它的基础并不是纯粹的理性，而是诉诸直觉和本能，它是一种被恩里科·福比尼（Enrico Fubini）称作不合逻辑、先于语言的表达。巴赫首先是一位音乐家，他有能力将世界甚至将那些难以言喻的存在抽象成声音，并创造出内在与外在浑然一体的意境。

实际上，巴赫定居的这座城市，可以与德国最重要的那些城市媲美。莱比锡大学的名气完全可以与图宾根、

---

1 即弗里德里希·戈特利布·克洛卜施托克（Friedrich Gottlieb Klopstock, 1724—1803），德国诗人，代表作为史诗《弥撒亚》（*Der Messias*）。

耶拿和海德堡的大学相提并论。1519年，马丁·路德在莱比锡展开了他著名的辩论，与多明我会的约翰·艾克（Johann Eck）唇枪舌剑。约翰·艾克巧舌如簧，他将马丁·路德斥为异端。在他的推波助澜下，将路德逐出教会的程序于1520年春天启动。很快到6月的时候，教皇《主兴起通谕》发布，宣布路德95条论纲中的41条皆为异端思想，与天主教背道而驰。毫无疑问，几个世纪后，巴赫生活的世界，争执多于平静，当时的音乐环境无法回应一个他这样的音乐大师的期待。巴赫的愿望是为宗教礼仪创作一种"合规律的音乐"，来表现"荣耀只属于上帝"（*Soli Deo Gloria*）。这句话经常出现在他的乐谱末尾。巴赫可用的学生少得可怜，连一个差不多的合唱团也组建不起来，乐手也很匮乏：虽然看起来难以置信，但莱比锡市管弦乐队只有7名成员——2名小号手、2名双簧管手、1名非正式的候补大管手、2名小提琴手。前文提到的沃尔夫认为这个数字并不准确，但实际情况就是如此，一些擅长乐器演奏的大学生，常常利用他们的课外时间来填补乐队的人员缺口。

这种大学生器乐演奏的传统可以追溯到泰勒曼在1702年创立的音乐社[12]，他的工作后来由新教堂（今德国莱比锡圣马修教堂）的管风琴师格奥尔格·巴尔塔萨·肖

18 世纪末瑞士巴塞尔的音乐社集会场景。

特（Georg Balthasar Schott）接替。1729 年，在肖特离开莱比锡去了哥达后，巴赫接管了音乐社，情况逐渐变得明朗起来。此外，巴赫作为圣托马斯学校的乐监，他的教学成果也开始显现。如果情况有所改善，那一定不是莱比锡市议会的功绩，而是这些大学生以及巴赫的私教课学生的功劳。为了获得未来的工作机会，或是课程优惠，学生们只收取很低的演奏费用，有时甚至免费演出。[13] 只有通过这种方式，依靠这群自愿集合在一起的人，巴赫才能顺利地完成教会音乐作品的演出。乐监向市议会申请 2 名第一小提琴手、2 名第二小提琴手、2 名中提琴手、2 名大提琴手、1 名低音提琴手和 2 名长笛手来完善管弦乐队的演奏状况。另外,巴赫还发现,市管弦乐队中定音鼓、第三小号、第三或次中音双簧管、中提琴、大提琴和低音提琴对应的乐手席位是空缺的,然而此事似乎无人在意。在巴赫1730年8月23日写给莱比锡市议会的那份著名的请愿书中(落款为"约·塞·巴赫,乐监"),他提及这些空缺,认为它们会影响宗教仪式上的音乐表演:"谨慎起见,我就不直接评价乐手的音乐素养与能力了,但各位应该关注到,有些乐手已经退休,还有些乐手未能被安排在合适的席位上。"巴赫还写道:"如果想去了解情况,不妨去德累斯顿看看,看看那里的音乐家获得了怎样的待遇。音乐家们只有不为生计所困的时候,痛苦才会消失。"[14]

学校的情况每况愈下,巴赫说,音乐活动"被迫缩减"。尽管如此,有观点认为,此事未必有那么大的影响,因为巴赫在申请经费时会多申请一些,他觉得即便在理想情况下,拨给他的钱也比他申报的数目少。他希望能拥有一个优秀的团队,来满足新的音乐需求,正如他在请愿书里所写的,与过去相比,音乐已经发生了许多变化:

> 艺术的地位显著提高,人们的品位正发生着惊人的转变。过去的音乐风格已经不再受到欢迎,所以特别需要投入力量,来遴选聘用那些可以满足当今音乐

品位、掌握新的音乐类型的乐手，这样作曲家们也能如虎添翼，如鱼得水。[15]

从请愿书中可以读到，巴赫认为，合唱团的4个声部——女高音、女低音、男高音和男低音，每个声部都应该有3名歌手，如果可能，最好分别是4名歌手。也就是说，巴赫的合唱团通常由12—16名歌手组成：

> 每个音乐合唱团都至少应该有3名女高音、3名女低音、3名男高音和几名男低音。如果有人身体不适……至少可以做到由两个合唱团来一起演唱一首经文歌。（注意：如果合唱团里的每个声部都有4名歌手，也就是一共16个人，那自然更好。）[16]

巴赫在请愿书中还提到，在演绎教堂音乐作品时，理想情况下，歌手应当细分成独唱和伴唱。独唱通常是4个人，如果要合唱，那么可能需要增加到5人、6人甚至8人，"因此伴唱至少需要8人，也就是每个声部2人"。在20世纪70年代，指挥家和音乐学家约书亚·里夫金（Joshua Rifkin）重新演绎了巴赫的作品，他在演出人数上非常节制，尤其是合唱团成员，每个声部仅一人，以此去追寻一种巴赫所推崇的尽量纯粹的声音效果。基于这种理念，歌手的人数减少了一半。巴赫还曾经把一些康塔塔、受难曲、《B 小调弥撒》（*Misa en si menor*）和《圣母颂歌》（*Magnificat*, BWV 243）给独唱歌手练习，偶尔也会加入伴唱。安德鲁·帕罗特（Andrew Parrott）总结说，作为乐监，巴赫大多数时间与独唱歌手们共事，在 17 世纪的德国，这种情况很平常。里夫金的研究认为，巴赫希望每个声部都有一位歌手，只是偶尔才需要加入伴唱来加强合唱效果。在里夫金看来，向市议会申请伴唱人员，也是这位乐监个人的想法：巴赫希望申请到 4—8 名独唱，以及同样数量的伴唱，根据需要来具体安排合唱表演的方式。

于是，巴赫组建起来的并不是一个我们今天所理解的那种合唱团，而是一个有着固定伴唱的独唱团体。为了佐证这个观点，里夫金还给出了一些确切的例证：他发现巴赫在莱比锡写的很多作品都有一份交给独唱的副本，但却没给伴唱留下什么。在给独唱的作品副本上倒是可以看到伴唱们的存在——流传至今的 150 部作品中，9 部都有这样的情况。伴唱只需要演唱其中的部分段落，所以伴唱部分的总谱比起独唱会更简短。由于伴唱和独唱是分开的，独唱们需要人手一份自己的乐谱。[17]

后来的巴赫研究者也有人持跟里夫金一样的观点[18]，

但很难印证这种设计是巴赫的唯一思路。和同时代的很多德国乐监比如约翰·库瑙一样,巴赫认为乐团的体量重在合适而不在庞大。早在几十年前,伊戈尔·斯特拉文斯基(Ígor Stravinsky)便强调过《马太受难曲》是为室内乐而作,那种让"成百甚至上千的歌手"[19]去演绎作品的方式并不合适。那样的演绎是一种对作品的误读,是"以体量宏大为傲",反映出很典型的当代对于"大场面的贪恋",也反映出音乐素养的匮乏。按照斯特拉文斯基的观点,增加乐手只是在制造一种富有力量的假象:"增加人数并不等于增强效果。"但与里夫金的观点相反,主张适当地增加人手的大师们[20]认为每个独唱的部分需要安排3—4人,也就是一共12—16名独唱。他们在很多方面做出了重要贡献,并且没有改变巴赫的音乐本身。

"声音的纯粹"需要通过严格遵守音乐规则、构建极致纯粹的音乐结构来实现,这就需要作曲时让不同声部之间达到高度的配合程度。歌手的数量并不重要。想要实现平衡,关键在于完美无瑕的作曲方式。对于平衡的追求、让所有声部的音乐妥当配合,应当是核心考量的问题。今天的观众如果听到巴赫的羽管键琴音乐想必会非常惊讶,人们会发现2把小提琴、1把中提琴、1把大提琴和1把低音提琴竟然就可以搭建起一个交响乐团,并且还能完整地将作品演绎出来。不管乐团里有几位乐手和歌手，巴赫的音乐总能流淌出极致和谐且流畅的旋律。但在巴赫的作品演绎中存在一个问题，人们希望能以浪漫的方式去呈现作品，而合唱团和乐手数量过于庞大，演唱不当，演奏方式、演奏速度不合适，都会造成演出不能真正诠释好巴赫的作品。

巴赫具备极强的音乐直觉，他可以根据场地的建筑特点对乐团的人员进行灵活的安排。巴赫的儿子卡尔·菲利普在巴赫的《讣告》（"Necrológica"）中提到，巴赫总是可以让一个空间呈现出它的最佳音效。巴赫不需要进行系统的音效测试，就可以根据演奏的教堂和大厅以及总谱本身的特点做出最佳的调整。卡尔说道，父亲在柏林之行中曾经带他去参观柏林的新歌剧院，一进去便立刻发现了剧院在音效方面的优势和劣势。当巴赫站在大厅高处的环廊上——

此前他从未来过这里，但他只需要看一看穹顶，无须再做任何其他的观察，便可以预判出这个建筑可以实现一种独特的音效，也就是说，如果一个人在这个长方形大厅里对着墙低声说话，那么另一个人在斜对角朝墙的位置也可以听得清清楚楚，而在二者之间或其他位置都无法听到。[21]

用路易吉·诺诺（Luigi Nono）的话来说，过去的音乐旨在"阅读"空间并将其传达给听众，反之亦然，空间亦可以向听众揭示音乐的魅力。关于建筑与声波传递之间的物理关系，诺诺以意大利音乐家乔瓦尼·加布里埃利（Giovanni Gabrieli）在威尼斯圣马可大教堂做的实验为例，他认为音乐总在不停寻觅可以创造多重音效的新空间，寻觅让作品变得恢宏又丰富的高低起伏，这种恢宏与丰富由于音乐厅和剧院空间的整齐划一而渐趋消失。这种被乔瓦尼称为"统一几何空间"的设计造成了多样化的缺失，进而缩减了声音，折损了人们对于音乐的"感知"。[22]

圣托马斯学校的学生

巴索认为，圣托马斯学校"不是个令人愉快的地方"[23]，这一点可以通过方方面面得到充分的印证。当巴赫在莱比锡就职的时候，圣托马斯学校于1634年颁布的规章制度依然奏效并被严格执行。圣托马斯学校的学生们必须遵守严格的校规，而校规从17世纪开始实行后便几乎没有什么更改。如果说乐监的生活条件一直很糟糕，那么学生的条件只能更糟糕。[24] 几乎没有学生可以免受疥疮的折磨；不但做不到一人一床，而且大多数学生都得3个人共睡一张床。孩子们萎靡不振，打骂和关禁闭对他们来说是家常便饭。

罚款也是常有的事。忘记关门、丢失钥匙、未在规定时间铺好床准备睡觉、上课迟到、恶言秽语，都会被踢或挨耳光。全年仅休息3天且时间不连续，少得可怜的食物和破烂的衣服，是这所信奉上帝的学校赏给学生为数不多的东西。米歇尔·福柯曾经研究过监狱和军队的模式，剖析其暴力管理机制是如何渗透进学校的：空间的布置方式；走路得保持一定距离列队前进；抵制休闲与安逸；不可以独处思考，不可以随便说话；需要小心提防来自上级的临时"袭击"；长期的恐慌；不团结（饥饿更是助长了不团结的情绪）。[25] 所有这一切都描绘出教育的底色。

无论在德国还是其他国家，圣托马斯学校都不是一个例外，并且它还以穷人学校闻名。校长雅各布·托马修斯（Jacob Thomasius）在1682年把学生分成3类：困难学生、贫困学生，以及特别贫困的学生。学校会有一位监督员每周检查学生是否遵守纪律。当巴赫就职的时候，学校还是沿袭着过去的做法。校规要求学生夏天早上5点起床，冬天早上6点；在梳洗完毕、整理好房间、关好房门后，学生们必须来到讲堂祷告、唱歌。所有活动在15分钟内完成。校规第9条要求3个高年级班的学生无论与老师交谈还是互相交谈都应当使用拉丁语；第10条要求卧室里禁止点灯，锁头、窗户、钥匙有破损，由造成破损的学生负责。不允许高声喧哗。如果缺勤，那么8天不可以进入食堂。

这些还只是众多校规的冰山一角，巴赫就职6个月后，校规还做过调整与更新。核心内容基本没有什么更改，但与乐监相关的部分由于葬礼、婚礼、受洗以及其他节庆活动减少而受到了影响。面对这部分演出活动的缩减，巴赫感到很迷茫，因为这意味着收入会大打折扣。[26] 为了让手头稍微宽裕一点，学生们会在每周三、周五和周日在莱比锡的大街上合唱，参与一种被称为"流动青年合唱团"的街头演出。在吕讷堡学习期间，巴赫也曾参与过这样的街头演出。新年期间这些街头演出会更多一些。特别是在显赫的朱门大户里表演时，青年学生们可以赚到更多的钱。因此，校规还把禁止参加这类街头合唱团作为一项惩罚措施。此前大约200年，路德也曾是在街头歌唱的青年中的一个。《桌边谈话录》(*Tischreden*) 记录了这样的故事：在一个狂欢节中，那天是星期二，路德正为了换取一些香肠而唱着歌，这时突然从一道门里冲出一个暴躁的男人，怀

德国城市爱森纳赫在第一次世界大战期间使用的面值为 50 芬尼的 "应急货币",纸币上的版画展现了马丁·路德参与流动青年合唱团演出的场景。

里揣着一根香肠大声叫喊着。路德和他的同伴被吓得赶紧一溜烟儿跑掉了。那男人一直不停地喊着他们,而他们后来才发现那人原是一番好意。他并不像他们以为的那般暴躁,只是好心地想给他们香肠而已。路德写道:"我们就是那样对待来自上帝的善意的。"[27] 他们误会了那个男人的慷慨善意。

来自一些家庭的捐赠让学生的条件稍微改善了一些。根据能力与表现，学生们被分成4个唱诗班小组。巴赫作为唱诗班音乐指导负责全体学生，他的职位仅次于校长和副校长，比负责学生教学的第三和第四级别的教师职级更高。由于巴赫负责唱诗班，所以他实际上并不领导这些教员。但巴赫需要负责莱比锡两大主要教堂即圣尼古拉斯教堂和圣托马斯教堂的音乐，以及新教堂和圣彼得教堂的音乐，因此他的实际工作会更多一些。

面对这样的工作安排，巴赫曾经以为他到莱比锡后，原本每年700塔勒的薪水可以因各项演出活动的举办而显著增加。来之前，他还被透露每年达到1 200塔勒的收入也不是不可能。早在克滕的时候，他和安娜·玛格达莱娜两个人的收入就达到了一年700塔勒，巴赫还天真地期待着在这里一年700塔勒只是一个基础工资，其他的补充性收入可以让他更富裕一些。在1730年10月28日写给埃尔德曼（Erdmann）的那封常被人引用的信中，巴赫直白地表达了他的郁闷：

> 一开始，我觉得不做（克滕）官廷乐长转而去当教堂乐监不太体面，所以我拖了3个月才做出最终决定。他们大力称赞莱比锡的职位，而我的孩子们也更

向往去那里读大学，于是在上帝的眷顾下，我勇敢地应邀就职。搬到莱比锡后，我担任了教堂乐监一职。在这里，我继续遵循着上帝的意志。然而，第一，我发现这个职位并不像他们给我描述的那般闪耀；第二，很多补充性的收入根本拿不到；第三，莱比锡生活成本很高；第四，莱比锡当局恣意妄为，不重视音乐，我被迫生活在永不停歇的争执、嫉妒和迫害中。我不禁萌生了去其他地方碰碰运气的想法，希望能获得上帝的眷顾。作为上帝多年忠实的仆役，如果您发现或了解到什么适合我的职位，我满怀敬意地恳请您能大力引荐我。[28]

巴赫渴望着离开，去但泽（今波兰格但斯克）或是任何一个给他机会的地方，在那里度过余生。弗里德曼·奥特巴赫（Friedemann Otterbach）谈道，这位焦虑的音乐家跟埃尔德曼隐瞒了一些自己的真实处境，他没有说由于演出活动取消，他的薪水马上面临骤减，也没说他的领导们已经向他表达了不满，责备他行事武断。[29] 其实并不是巴赫有什么不守规矩的行为，而是他根本没有意识到市议会是个相当保守的地方。巴赫最大的失误是他天真又不合时宜地以为学校的赞助方和教师们都非常重视音乐。如果要遏制巴赫"不合纪律"的举动,那么最好的打击方式便是减少这位乐监的收入。巴赫渴望把圣托马斯学校打造成一个真正的音乐中心,以便充分满足莱比锡的各方面需求;为此,他一次又一次地与领导、教师以及其他同事发生冲突,因为这些人根本不重视音乐,他们觉得音乐不过是培养学生的一个辅助而已。于是,当巴赫这位不合时宜的大师去世后,市议会便宣称从此既不需要音乐指导也不需要乐监,也就是说,他们需要的是一个工作人员,而不是一个充满想法和创新精神的音乐家。巴赫的继任者是约翰·阿道夫·哈雷尔(Johann Adolf Harrer),来莱比锡之前他在德累斯顿的布吕尔伯爵海因里希手下做宫廷乐长。

  浪漫的论调如今依然很流行,它要求传记要像切利尼(Cellini)的传记那样跌宕起伏,像米开朗琪罗的传记那样充满苦难,像布莱克(Blake)和莱蒙托夫(Lérmontov)的传记那样笔法夸张,像肖邦的传记那样凝练。但如果以这种方式为巴赫创作传记,其实没能真正看到巴赫默默承受过的挫折,没能体会到家庭成员的离世给他带来的打击与痛苦,没能关注到他在工作上接连不断遭遇的分歧,没能看到他除了安哈尔特-克滕的利奥波德亲王外,鲜有来自赞助人尤其是莱比锡的赞助人的理解与支持。与总是眉头深锁、愤愤不平的贝多芬的历史形象相比,巴赫的传记展示的是在一条荆棘丛生的道路上,一个面对平凡生活的起起伏伏永不低头的英雄主义形象。尽管那些最睿智的音乐家都对巴赫报以敬重,但只有少数知识分子能真正理解巴赫作品中抽象的表现形式。其实我们可以从另一个角度去看待这个问题。大众对于音乐的接受与重视程度天生就是有限的,在这一点上巴赫并不是个例。大体而言,当时的音乐家都在为一种转瞬即逝的存在而工作,因为音乐作品是为特定的某个场合而作,只有在个别情况下才可能听到某个作品被再次演绎。甚至当时风靡全欧、大获成功的歌剧也很少有曲谱印制下来。这就可以解释为何这种传至今日的宏大体裁在各种活动上表演时,无论是宗教的还是世俗的,都需要新的曲谱。

尽管在 20 世纪中叶有不少音乐作品出版,但出版的作品总数依然非常有限,大量佳作无人问津。像巴赫那样长期为周日礼拜仪式创作康塔塔,或为名门望族不停创作协奏曲,是那个年代的常态。音乐并不是让作曲家一曲封神的存在,音乐作品是即时的,在最好的情况下才可能被放到柜子里留存下来。在当时,与巴赫很多其他的作品一样,《马太受难曲》和《B 小调弥撒》都如过眼云烟。据说在他创作的众多康塔塔中,巴赫只看到一首康塔塔被印刷出来。[30]

安东·韦伯恩对他的听众说

如果以一种浪漫的眼光回看巴赫，那便是人们说的他在去世后被人遗忘，直到1829年3月11日，因为门德尔松在柏林精彩演绎了《马太受难曲》而重回观众视野。那一天黑格尔也在现场。卡尔·达尔豪斯（Carl Dahlhaus）笃定地说道："门德尔松对《马太受难曲》的演绎使得这首已有名气的作品真正走向大众。"[31] 在这场演奏会后，门德尔松又开了两场演奏会，最后一场由他的老师卡尔·弗里德里希·策尔特（Carl Friedrich Zelter）指挥。我们不要忘记，策尔特精心收藏了好几份巴赫的曲谱，其中就有《马太受难曲》，他的指挥清晰连贯，完全遵照巴赫的思路。策尔特在传播音乐美学思想方面颇具影响力，他创作的德国艺术歌曲（Lied）[1] 奠定了被E. T. A. 霍夫曼（E. T. A. Hoffmann）称作"（神的）启示音乐"的标准；他一直不停地在他的圈子里向歌德、奥托·尼古拉（Otto Nicolai）、卡尔·勒韦（Carl Loewe）、梅耶贝尔（Meyerbeer）等人推荐巴赫、亨德尔、海顿的作品。巴赫这位乐监从未真正被

---

[1] 德国浪漫主义的典型歌曲形式，由人声演唱或钢琴曲的形式呈现，歌词为抒情诗歌。

人遗忘，巴赫曾经的学生一刻不停地传播着他的音乐，那些能够理解他的人一直都珍视着他。穆齐奥·克莱门蒂（Muzio Clementi）特别喜爱《平均律键盘曲集》（*El clave bien temperado*），他将巴赫不同的羽管键琴作品加入他在伦敦陆续出版的音乐教材中。这位意大利音乐家在英国首都定居，在那里培养了许多卓越的钢琴家，比如约翰·巴普蒂斯特·克拉莫（Johann Baptist Cramer）和约翰·菲尔德（John Field）。克拉莫用于钢琴教学的很多练习曲谱也选用了巴赫的作品。约翰·菲尔德是作曲家和演奏家，在欧洲做长途巡演。菲尔德把巴赫的作品加入他的演奏曲目中，当他多年以后定居俄国的时候，他把这位德国音乐家的作品作为最珍贵的范本向学生讲授。阿尔伯特·施韦泽（Albert Schweitzer）的观点，即所谓巴赫去世后被人遗忘[32]，并不符合实情，但他却在1905年出版的一部作品里对此言之凿凿。让人惊讶的是，这个观念竟然有着如此持久的影响力。

为了驳斥此类喋喋不休的恼人言论，请阅读一下查尔斯·罗森（Charles Rosen）和保罗·巴杜拉-斯科达（Paul Badura-Skoda）的书[33]。另外需要明确的是，巴赫在去世后不及约翰·约阿希姆·匡茨（Johann Joachim Quantz）、本达（Benda）和格劳恩受人关注与巴赫被人遗忘完全是两回事，当时的乐坛普遍认为旋律已经绝对地主导着和声。1772年，查尔斯·伯尼（Charles Burney）在德国时说，任何胆敢挑战卡尔·海因里希·格劳恩和约翰·约阿希姆·匡茨奠定的音乐风格的人都应该保持缄默。尽管这位英国音乐家、旅行家对这几位作曲家颇有溢美之词，但与此同时，他坚信"受人景仰"的巴赫做到了让和声来主导旋律。[34]在音乐圈内部，巴赫的名字始终是权威的象征。意大利杰出的浪漫主义诗人贾科莫·莱奥帕尔迪在《杂记》（Zibaldone）中写道，流行与死亡是一对姐妹，它们都是衰退的女儿。巴赫就是一个例证。

然而，巴赫以及其他巴洛克音乐家用作品打动了后来的作曲家们。正如人们常常提到的，莫扎特曾在1789年路过莱比锡，他在那里聆听了双合唱团经文歌《为上帝唱一首新歌》（Singet dem Herrn ein neues Lied，BWV 225）。当这首创作于60年前的作品再次在圣托马斯教堂奏响，它深深打动了莫扎特，他是如此激动，细心揣摩着巴赫的音乐。莫扎特感叹道："终于能有让我学习的人了！"[35]谈起莫扎特对巴赫的欣赏，也许受到了他父亲利奥波德或约翰·克里斯蒂安·巴赫（Johann Christian Bach）的影响，莫扎特童年时在伦敦期间结识了后者。在维也纳定居后，莫扎特对已经走到"黄昏"的（巴洛克）音乐依然抱有热

情,他尤其青睐巴赫与亨德尔的音乐。于是,在1782年4月20日写给姐姐南纳尔的一封信中,莫扎特写道:

> 这首赋格曲其实是为我的爱人康斯坦泽而作的。每周日我都会去范·斯维滕男爵(莫扎特和贝多芬的赞助人)的家,为他弹奏亨德尔与巴赫的作品。演奏后,男爵让我把他们作品的曲谱带回家。一听到赋格曲,康斯坦泽便立刻爱上了它们。……从此她只想听赋格曲,特别是这种风格的赋格曲,尤其是亨德尔和巴赫的赋格曲。……因为她常常听我弹奏一些我记住谱子的赋格曲,就问我是否自己创作过赋格曲。当我告诉她并没有,她对我很生气,因为我竟然不曾为音乐中最美妙、最艺术的体裁创作一曲,她要我一定为她创作一首赋格曲。[36]

在这位创作了《唐璜》的作曲家去世几年后,一份报纸刊登了英国管风琴师奥古斯特·弗里德里希·克里斯托夫·科尔曼(August Friedrich Christoph Kollmann)设计的一幅圆形的奇特版画。[37]他在画中展现出一个集结了最杰出的音乐大师们的隐喻空间:巴赫的名字位居中心的太阳位,三角形的边上是格劳恩、亨德尔和海顿的名字。他

《公共音乐报》(Allgemeine Musikalische Zeitung) 1799 年第 1 卷中奥古斯特·弗里德里希·克里斯托夫·科尔曼的版画。

们的光芒辉映着其他各个艺术家的光彩,像许茨、阿贝尔（Abel）、约翰·亚当·希勒（Johann Adam Hiller）、哈塞、匡茨、莫扎特、格鲁克（Gluck）等。海顿这位创作了《俄罗斯四重奏》(Cuartetos «Rusos») 的作曲家是欧洲最具声望的作曲家，他认为科尔曼的绘画很反映现实。海顿保存了很多前辈作曲家的曲谱，他认为自己的清唱剧《创世记》和《四季》都从巴赫的音乐中获得了滋养。很重要的一件事是 1802 年第一部巴赫传记作品问世，作者是约翰·尼古劳斯·福克尔（Johann Nikolaus Forkel）。[38] 他通过巴赫的儿子威廉·弗里德曼·巴赫和卡尔·菲利普了解到这位大音乐家的一手细节。福克尔也是一位管风琴师,他对巴赫的兴趣非常浓厚,他在写完《音乐通史》(*Allgemeine Geschichte der Musik*,1788—1801)后专注于巴赫研究,既关注巴赫本身,也从艺术角度去分析他。福克尔在这本书的序言里表达过,他最想做的还是传记写作:"如果不是得先完成我的《音乐通史》,我早就动笔写传记了。"[39] 用福克尔的话说,巴赫拥有最丰富的想象力,他的创造力永不枯竭。他用浪漫主义的词汇去评价巴赫,说他既"卓尔不群"又"才华横溢"。福克尔认为,人们很少提及巴赫,是因为巴赫之后的音乐家们无法完全理解其作品的丰富内涵。

　　福克尔用他的传记为巴赫的音乐留下痕迹。其实早在巴赫被"发现"以前,他的学生们就已经誊写并传播了大量的巴赫曲谱,他们也是一群卓越的音乐家,靠实力取得了重要的管风琴师和乐监职位。因此,即便在推崇"感性"的时代,巴赫的名字也没有隐匿在黑暗中。师从巴赫的戈特弗里德·奥古斯特·霍米利乌斯(Gottfried August Homilius)成了德累斯顿3个新教教堂的乐监;巴赫的爱徒中还有著名音乐家约翰·亚当·希勒,他将自己对于巴赫的热忱传递给了当时最具影响力的音乐家中的一位——

克里斯蒂安·戈特洛布·尼夫（Christian Gottlob Neefe），而尼夫又将这种热忱传递给了当时还是学生的贝多芬。莫扎特的好朋友希勒可能也更让莫扎特感受到巴赫的魅力。同样，卡尔·菲利普也让约瑟夫·海顿了解到自己父亲的作品。

约翰·菲利普·克恩伯格（Johann Philipp Kirnberger）也不是无名之辈，他是波茨坦皇家小教堂乐队的成员。他曾被委托照管腓特烈大帝（即普鲁士国王腓特烈二世）的妹妹安娜·阿玛利亚公爵夫人的图书馆，由于他的缘故，馆里书架上摆满了巴赫的作品。他年轻时对跟巴赫学到的对位法产生了浓厚兴趣，据说他是如此刻苦，以至于因疲劳而发烧卧床了4个多月。知道他对音乐如饥似渴，巴赫决定去克恩伯格家里为他授课。在写给普鲁士的安娜·阿玛利亚公爵夫人、落款时间为1783年的一封信中，克恩伯格对她说：

> 我唯一的慰藉是自己与当代许多音乐家相比，几乎在音乐的各个方面都有明显优势，只是我不能去想J. S.巴赫。尽管我已经竭尽所能地探究巴赫音乐艺术的奥秘，但我不得不承认，面对巴赫的作品，我就像一只被摆到棋盘或者其他棋牌游戏前的猴子一样一头雾水。最

糟糕的是每当我在音乐上前进一步,我就越发感受到巴赫的伟大,他是那样地难以模仿,永垂不朽。[40]

在巴赫如此庞大的学生群体中,包括约翰·托比亚斯(Johann Tobias)、约翰·路德维希·克雷布斯(Johann Ludwig Krebs)、约翰·克里斯托夫·克尔纳尔(Johann Christoph Kellner)和约翰·卡斯帕·沃格勒(Johann Caspar Vogler),巴赫的儿子们不应该被忽视。巴赫的教学对威廉·弗里德曼和约翰·克里斯蒂安的音乐事业发展非常关键,对另一个孩子卡尔·菲利普·埃马努埃尔也很重要,但巴赫认为卡尔的音乐作品有很多不足,它们"会像普鲁士蓝一样慢慢褪色"。另一位杰出作曲家弗里德里希·威廉·马普格(Friedrich Wilhelm Marpurg),认为他在启蒙运动鼎盛时期的思想理论上的灵感源自巴赫。巴赫直接带的学生大约有 100 人,他们将从巴赫那里继承来的累累硕果潜移默化地传播出去,滋养更多的人。巴赫一直致力于人才的培养。

巴赫的音乐从未被埋没在莱比锡圣约翰教堂南侧的角落,而是传播到了德国之外的地方。知名学者、作曲家乔瓦尼·巴蒂斯塔·马蒂尼神父在博洛尼亚坐拥当时欧洲最重要的音乐图书馆之一,他写给约翰内斯·巴蒂斯特·保利（Johannes Battist Pauli）的信便可印证巴赫的影响力。那是1750年4月，也就是巴赫去世前3个月，马蒂尼神父对保利说道，他认为无须渲染——

> 巴赫的魅力，因为巴赫不仅在德国，而且在整个意大利都赫赫有名，备受尊崇。我只想说在我看来，很难找到一位超越巴赫的大师。在当今这个时代，巴赫可以跻身全欧一流音乐家之列。[41]

以《管风琴师的音乐技法》（Musica mechanica organoedi，1768）闻名的管风琴师雅各布·阿德伦（Jakob Adlung），在收录于1758年出版的《音乐体验指南》（Anleitung zu der musikalischen Gelahrtheit）中的一篇文章里，更加直抒胸臆地表达了对巴赫的欣赏：

> 无须赘述，我只想说，那些在听过大多数艺术家的作品后依然认为人世间只有一个巴赫的人，是具备真正眼光的人。我想说只有极少数人能理解巴赫的作品。[42]

另外，以书籍为主题的最著名油画之一，是马蒂尼神父委托博洛尼亚画家朱塞佩·玛丽亚·克雷斯皮

（Giuseppe Maria Crespi）于1725年创作的画作，呈现了一些装满音乐书籍的书架。该画作如今陈列在意大利博洛尼亚国际音乐博物馆中。

在《人类群星闪耀时》中，斯蒂芬·茨威格乐观地将历史称为"诗人"和"评论家"。然而，在文化的世界里

朱塞佩·玛丽亚·克雷斯皮：《装满音乐书籍的书架》，1725年。

时常出现的情形是，流传下来的观念变成永恒的真理，并不确切的言辞成了金科玉律。各种陈词滥调扭曲了事实，更确切地说，它们塑造了事实。试问有几位巴洛克音乐家不是在去世后更受推崇？亨德尔较为难得地在生前获得了名望，他在古典主义和浪漫主义音乐之间留下了最深的印记，他被贝多芬深深敬仰。然而，著名音乐家维瓦尔第直到20世纪初才被世人重新看见。珀塞尔（Purcell）、吕利（Lully）、佩尔戈莱西（Pergolesi）、泰勒曼和让-菲利普·拉莫（Jean-Philippe Rameau）的音乐在20世纪中叶才开始在乐迷中奏响，戈蒂埃（Gaultier）、弗罗贝格尔（Froberger）、彼贝尔（Biber）、穆法特（Muffat）、富克雷（Forqueray）等作曲家在近30年才获得人们的关注。在古典音乐的复兴中，巴赫可谓功不可没，因为学者与音乐家们一直对巴赫抱有兴趣。在巴赫周边挖掘，可以找回很多看起来已被永远埋没的声音。从这个以及其他许多层面上看，巴赫一直是破浪之神（mascarón de proa）[1]。

19世纪迎来了所谓的巴赫"复兴"，迸发出对巴赫音乐的热情。[43]霍夫曼在1814年出版的《克莱斯勒言

---

1 一种船头装饰，曾被古埃及、古印度等多国使用，16—17世纪被普遍使用，据说此装饰可以保佑船只在海上平稳运行。

集》中写道，巴赫的音乐震撼了他的心灵。[44] 深受舒曼与李斯特钦佩的钢琴家阿道夫·冯·亨泽尔特（Adolph von Henselt）一边将《圣经》放在乐谱架上阅读，一边演奏着《平均律键盘曲集》。从第二维也纳乐派到斯特拉文斯基、巴托克（Bartók）、欣德米特（Hindemith）、肖斯塔科维奇（Shostakovich）、凯奇（Cage）、利盖蒂（Ligeti），当提起重要的作曲家时，巴赫的名字从不会缺席，他的作品被视为西方音乐的核心支柱。在 1933 年 4 月的一次演讲中，安东·韦伯恩（Anton Webern）激动地说"一切尽在巴赫"[45]：巴赫征服了音乐领域，他铺展着循环的旋律，无论横向还是纵向；他创作了最恢宏辽阔的复调。

第二章

日常生活

　　巴洛克风格的画家，特别是欧洲北部的画家，有种对于室内空间的偏爱，这有助于我们了解当时的人是如何运用空间的。他们会在客厅做饭、交谈、睡觉，在阁楼晾晒衣物、存放工具，当时对舒适的理解与如今并不相同。厨房是真正干活的地方，人们在那里切肉、准备药材。在城市里也会有的马厩混杂着排水沟的气味，与挂起的小锅里咕噜作响的沸腾声交织在一起，要知道，用来熄火、控火的金属锅盖要在100年后才出现。这些巴洛克风格的画家并不是风俗派画家，他们只是在画中描绘世界，描绘人们生活的环境。

　　一个家除了日常周转外，还面临其他实际的问题。除了平常的花销，还得为度过漫长的冬季做准备，让家里的水，无论打来的井水还是收集的雨水都不能结冰。换季的时候，水桶的板子经常开裂。研磨的谷物不到一个月就会变陈。柴火通常不会成捆地卖，樵夫拿来枝干，劈柴则要另外收钱。灯油很贵，蜡烛也价格不菲，它们在当时几乎成了一种奢侈品。当今天的我们看画的时候，房间里一抹昏暗的烛光被看成那个时期画作的典型标志。

1685 年 3 月 21 日，巴赫出生在一个普通的乐匠家庭。虽然父亲约翰·安布罗修斯·巴赫（Johann Ambrosius Bach）受市政府雇用做长笛手，但当时巴赫在爱森纳赫的家差不多就是前文描述那样的境况。与大多数同事一样，巴赫的父亲需要依靠住家学生来补贴家用。这种由来已久的模式一直到巴赫的时代都非常普遍，并且不仅在德国存在。它反映出与如今颇有差异的一种生活上的亲密关系。学生们一般住在最小的房间里，会参与老师的家庭生活。他们可以使用老师家中的乐器，使用藏书室中的众多优良曲谱，相应地支付一些并不算高的费用，再做些家务，比如给水池灌水，帮着修理房子，也会给访客演奏音乐。

当时最常用的学习方法之一便是坚持誊写乐谱、练习乐器。学生们常常会改编旧曲，为创作新曲做准备，他们会学习一些书店里买不到的专著和曲谱，比如巴赫自己

约翰·塞巴斯蒂安·巴赫的出生地,木刻版画,1885 年。

的作品。约翰·塞巴斯蒂安·巴赫不习惯过度依赖音乐教材,特别是学生们已经具备良好水平的时候。为此,他在 1738 年前后创作了《四声部通奏低音或伴奏的规则与方法》(*Vorschriften und Grundsätze zum vierstimmigen Spielen des General-Bass oder Accompagnement*)。他写给威廉·弗里德曼和安娜·玛格达莱娜的键盘曲集也用于教学。《管风琴曲集》(*Orgelbüchlein*,BWV 599-644)同样用来教学,莫扎特钟爱的八声部经文歌《为上帝唱一首新歌》可能也用于合唱教学,要么是练习带器乐伴奏的合唱,要么是练习沃尔夫所说的无伴奏合唱。[1] 从学徒到乐匠再到大师，一位音乐人一点一点成长，传递着行业的密钥。

当巴赫出生的时候，爱森纳赫正处于三十年战争摧残后的复苏重建阶段，居民总数大约为6 000人。爱森纳赫不断扩张，在1700年前后实现了人口翻番。很久以前人们便发现，现在面向游客开放的巴赫之家并不是巴赫出生的地方，但他可能在那里度过了童年。巴赫之家里陈列的很多乐器都是在1910年被收集或者捐赠过来的，也就是它作为博物馆开放的三年之后。捐赠人是收藏家阿洛伊斯·奥布里斯特（Aloys Obrist），他在德国的多座城市做过教堂乐监。幸运的是，巴赫之家在二战中保存了下来，但在1947年战后首次开放时，由于状况较差，不得不中止开放。发霉破损的墙壁，腐烂的房梁，遍布的裂缝，翘起的屋顶让巴赫之家在1973年前都无法再次开放。

资产评估

如果考虑到巴赫的资产估值只有1 122塔勒16格罗申，那么他的遗产一定会很快花掉。由于巴赫没有留下遗嘱，我们只能大致知道他的遗产是如何分配的。按照当时德国的惯例，在没有遗嘱的情况下，财产全部归属到一个家庭中的父亲名下。巴赫的遗孀获得了家庭 1/3 的财产，他的 9 个孩子平分剩下的 2/3。巴赫的资产评估非常值得关注，因为它以零散但翔实的方式列出了巴赫的一部分藏书清单。

巴索是巴赫最卓越的传记作者之一。他对巴赫这样一个细致、严谨、有主见的人在去世时没有留下遗嘱感到疑惑。产生这样的疑问并不奇怪，令人讶异的是巴索对这个问题的解读：他认为巴赫不立遗嘱是因为他对于生命拥有无限的信任。[2] 难道巴赫不是一直饱受死亡困扰吗？信赖生命是一回事，混淆或忘却生命与死亡的界限是另一回事，更何况在那个年代，生死之间不过是一墙之隔。

巴索所说的对生命抱有无限信任，大概只有粗线条的人能够做到，心思缜密的巴赫显然不符合这种情况。菲利浦·阿里耶斯（Philippe Ariès）认为，在 18 世纪初，遗嘱已经和宗教没有太大关联，至多在遗嘱中加入几句传统的话语而已。逝者如果有宗教方面的遗愿，也不必把它们写进遗嘱，因为家人们自会替他安排后事，会尊重逝者在生前口头表达的愿望。阿里耶斯写道："从 18 世纪起，在临终之际，人们会把全部的自己完全托付给家人，无论灵魂还是肉体。"人们不一定会立遗嘱。如果立遗嘱的话，遗嘱内容并不局限于遗产问题，还会涉及处理遗体的方式和地点。值得关注的是，在17世纪末特别是18世纪时，越来越多的人会在遗嘱里提到其他类型的愿望，比如希望死后不立即下葬，或至少要等48小时后方可下葬等。在当时，几乎所有的国家都有关于遗产分配的法律，这些法律的解释方式普遍比较灵活，但这并不意味着遗嘱就失去了效力，而是说它已经具备了一种不一样的意义。"一家之主"（*pater familias*）一词也是一样，今天它已经具备了新的含义。[3]这个词原本指的是人力与财产的所有者，即古希腊的那种"一家之主"（oikosdespótes），所以说一个穷人是做不成一家之主的。巴赫应该在1750年前就跟安娜·玛格达莱娜谈过他去世后的安排和想法，所有财产都会分给他的家人们。

清点巴赫遗产的人由莱比锡大学安排，巴赫的家庭在莱比锡的辖区。清点在1750年11月11日进行，由于女性在当时没有发表意见的合法权益，安娜·玛格达莱娜指定朋友，也就是萨克森最高法院的法官弗里德里希·海因里希·格拉夫担任遗嘱执行人。阿尔特尼克尔代表伊丽莎白·尤利安娜·弗里德里卡出席了仪式，而据说有些"弱智"的戈特弗里德·海因里希则由另一位密友、神学院学生戈特洛布·西吉斯蒙德·赫斯曼代表出席。由于无法赶来，卡尔·菲利普让他的哥哥弗里德曼代他出席。约翰·戈特利布·戈尔纳（Johann Gottlieb Görner）——与巴赫一家走得很近的管风琴师，代表4个年幼孩子出席。由于巴赫的遗产得分给他的遗孀和9个孩子，所以每个人实际能分到的遗产非常微薄。

学校的规定让情况雪上加霜，在乐监去世后，巴赫一家需要搬离他们在圣托马斯学校的住所，腾出地方让下一任乐监搬进来。安娜·玛格达莱娜得在规定的时间前腾出房子，这意味着她在处理巴赫后事的同时，还得操心搬家和重新安顿家庭的事情：她得处理一些文件，寻找一处新的住所，尽快变卖家具，可能也卖点书，还要安排搬家。她最后搬进了前文提到的格拉夫在海恩斯特拉塞街区的一套房子，住在其中的几个房间里，这个靠着接济生活的女人在那里艰难度日。她的丈夫巴赫曾经在1731年为她把康塔塔《吾愿已足》(*Ich habe genug*, BWV 82) 中的宣叙调和咏叹调的曲谱写了下来。

"伤感"

大多数的巴赫传记在描写巴赫面对亲人的离世，特别是孩子的离世时，书写方式都流于表面。那个年代的儿童死亡很常见。史书上展现的巴赫是沉着冷静、远离厄运的。

遗产清单[4]

		塔勒	格罗申
第一节	位于克莱因·福格茨贝格山峰的乌苏拉·埃尔布斯托恩矿场股份 1 份	60	—
第二节	现金		
	（1）金币	112	18
	（2）银币		
	1) 塔勒、弗洛林、半弗洛林	119	—
	2) 圣牌	25	20
第三节	未偿还债务		
	待偿还克雷布斯女士的一笔债务	58	—
	待偿还翁鲁女士的一笔债务	4	—
	待偿还哈泽女士的一笔债务	3	—
	总计	65	—
第四节	用于支付第 8 页[1]第 1 项和第 2 项中列举的债务的现金		
	总计	36	—
第五节	银器和其他贵重物品		
	1 对烛台	16	—
	另外 1 对烛台	13	12
	6 个一样的杯子	28	7
	1 个较小的杯子	5	—
	1 个带花纹的杯子	6	12
	1 个较小的杯子	4	14
	1 个带套的圆筒	15	4

---

1 原文如此，即上栏所列"未偿还债务"。

续表

		塔勒	格罗申
第五节	1个大咖啡壶	19	12
	1个小咖啡壶	10	20
	1个大茶壶	15	4
	1个带勺子的糖罐	13	—
	1个较小的糖罐	7	—
	1个烟草盒、1个杯子	8	—
	1个带雕纹的烟盒	5	—
	1个带镶嵌图案的烟盒	1	8
	2个盐罐	51	2
	1个咖啡盘	5	12
	1盒刀、叉、勺子，共计6把	24	—
	1套刀具和1把装在盒子里的勺子	3	18
	1个金戒指	2	—
	1个金戒指	1	12
	1个嵌金的玛瑙烟草盒	40	—
	总计	251	11
第六节	乐器		
	可能保存在家里的贴面羽管键琴	80	—
	1架羽管键琴	50	—
	1架羽管键琴	50	—
	1架羽管键琴	50	—
	1架较小的羽管键琴	20	—
	1架鲁特羽管键琴	30	—
	1架鲁特羽管键琴	30	—

续表

		塔勒	格罗申
第六节	1把施泰纳小提琴	8	—
	1把较便宜的小提琴	2	57
	1把较小的小提琴	1	8
	1把中提琴	5	—
	1把中提琴	5	—
	1把中提琴	—	16
	1把小低音提琴	6	—
	1把大提琴	6	—
	1把大提琴	—	16
	1把维奥尔琴	3	—
	1把鲁特琴	21	—
	1台小斯皮耐琴	3	—
	总计	371	16
第七节	锡器		
	总计	9	—
第八节	铜器与黄铜器		
	2个铁熨斗	3	—
	3个枝形烛台	2	—
	1个咖啡壶	—	16
	1个较小的咖啡壶	—	16
	另外1个更小的咖啡壶	—	6
	1个咖啡盘	—	16
	1个烧水壶	—	8
	1个较小的烧水壶	—	8
	总计	7	22

续表

		塔勒	格罗申
第九节	衣服与饰品		
	1 柄镀银的剑	12	—
	1 根银把的拐杖	1	8
	1 对银鞋扣	—	16
	1 件来自图尔的缝补过的厚衣服	8	—
	1 件女式呢绒丧服	5	—
	1 件呢绒衣服	6	—
	总计	32	—
第十节	衣物		
	11 件衬衫	—	
第十一节	家具		
	1 个梳妆台	14	—
	1 个有纹饰的箱子	2	—
	1 个衣柜	2	—
	12 把黑皮革的椅子	2	—
	6 把皮革椅子	2	—
	1 个带抽屉的写字台	3	—
	6 张桌子	2	—
	7 张床	2	8
	总计	29	8
第十二节	宗教书	38	17
总计		1 122	16

然而事实上，从童年起，死亡就笼罩着他。我们不应该忘记巴赫在9岁时就成了一个孤儿，1694年他的母亲玛丽亚·伊丽莎白·莱默希尔特（Maria Elisabeth Lämmerhirt）去世。数月后，也就是1695年2月，父亲约翰·安布罗修斯·巴赫长眠于地下。维吉尔所谓"死亡的多种样貌"从来没有离开过巴赫。1713年2月23日，他不得不看着他第一个孩子约翰·克里斯托夫（Johann Christoph）的棺材下葬，而仅在三周后，约翰的孪生妹妹玛丽亚·索菲亚（Maria Sophia）于3月15日去世。巴赫一生中参加过很多次自己孩子的葬礼，这是他永远无法抚平的伤痛。

以为疾病与死亡在巴赫的时代没那么沉重，是一种错误的观念。尽管疾病与死亡的阴霾总是笼罩着巴赫的家庭，巴赫仍然与旁人一样，对它们带来的深深痛楚习以为常。相反，当一个人在为自己和他人的死亡忧心忡忡时，他的理性思考便会进一步造成阿里耶斯所谓"恐惧的加剧"，因为计算时间就是在计算活着的时间。孩子的死亡无法让人平静。人们一般认为，对于子女长大成人的忧虑是从启蒙运动时期开始的，但这并不是事实，此前这种忧虑便已经存在。然而在启蒙运动时期，这种忧虑以一种近乎病态的方式加剧，因为伴随启蒙运动而发生的一个重要变化，是人们对于子女更抱持一种拥有感。

巴赫与第一任妻子玛丽亚·芭芭拉共育有 7 个子女，其中两个儿子威廉·弗里德曼和卡尔·菲利普·埃马努埃尔后来都声名显赫。巴赫的第二任妻子是安娜·玛格达莱娜，他与她共育有 13 个子女。但很多孩子在出生后不久就夭折了。美国浪漫主义画家爱德华·罗森塔尔（Edward Rosenthal）于 1870 年据此创作了油画《巴赫的家人》。

1720 年 7 月，当巴赫结束陪伴安哈尔特-克滕亲王利奥波德的行程从卡尔斯巴德回来的时候，他面对的是一个令人心碎的家。他 35 岁的妻子玛丽亚·芭芭拉已经于当月 7 日下葬。这件事给他留下的伤痕永远无法弥合。《讣告》中写道，作曲家离家的时候，妻子还是平平安安的，"但当他回来后，刚一进家门，就听到了妻子生病去世的消息"[5]。

巴赫的传记作家们几乎没有人描述过巴赫在遭遇妻子离世后的反应。但海尔加·托恩（Helga Thoene）写道，巴赫在 1720 年完成创作的《小提琴独奏奏鸣曲与帕蒂塔》（Sonatas y partitas para violín solo，BWV 1001-1006）是在向玛丽亚·芭芭拉致意。[6] 托恩通过研究发现，这部别名为《6 首无低音伴奏的小提琴独奏》（Sei Solo a Violino senza Basso accompagnato）的佳作是在他妻子去世后才完成的，而著名的《D 小调组曲之恰空舞曲》（BWV 1004）实际上是一首为亡妻创作的悼亡曲。

托恩说，《恰空舞曲》3 个部分中的变奏，从第一个音符到最后一个，都以众赞歌的旋律为依托。前四小节取材于马丁·路德的《基督躺在死亡的枷锁中》（Christ lag in Todesbanden）。整首舞曲的灵感都来源于众赞歌。《恰空舞曲》的第二部分着力展现个人痛苦的忏悔。为表现这一主题，巴赫借鉴了《耶稣受难曲》中的不同片段，比如"耶稣，我现在要思考你受的苦难"。第三部分从众赞歌的最后一句"我的灵魂，现在赞美主吧"开始，之后旋律再现，第一部分中的"主啊，愿您的旨意在人间如同在天国

《D小调组曲之恰空舞曲》(BWV 1004)，巴赫的亲笔曲谱。

一般,都能得以实现"被再次唱响。在这 6 首独奏曲,特别是 3 首教会奏鸣曲和《恰空舞曲》中,我们不断看到的众赞歌元素都不是作品的必备要素,加入众赞歌元素大概是为了庆祝礼仪年中的 3 个节日:圣诞节、复活节和圣灵降临节。

巴赫的弟弟、双簧管演奏家约翰·雅各布(Johann Jacob)于 1722 年去世。类似的不幸在 1739 年 5 月迎来了尾声,这个月传来了儿子约翰·戈特弗里德·伯恩哈德(Johann Gottfried Bernhard)的死讯。这个让巴赫最头疼的儿子在 24 岁时就撒手人寰。戈特弗里德情绪多变,所过之处常常留下一堆债务,巴赫尽其所能地为他一点一点还债。巴赫为这个儿子留下了他写过最感人的一封信。巴赫给约翰·弗里德里希·克莱姆(Johann Friedrich Klemm)写信,为他儿子的行为道歉:"我十分相信你们不会因为我儿子的错误行径而怪罪我。"克莱姆为约翰·戈特弗里德在桑格豪森争取到一个管风琴师的职位,戈特弗里德接受了这个职位,但像其他几次一样,他不辞而别,还欠下许多债,举止也很不端正,让他的父亲蒙羞并深受折磨。在这封 1738 年写于莱比锡的信中,巴赫说自己感到很沮丧,他已经付了一些杜卡多金币给儿子还债了,"本以为这样儿子便可以开始新生活了"[7]。巴赫说自己不得不背负这个沉重的十字架,"只能请慈悲的上帝保佑我这个倒霉的儿子"。沮丧的巴赫恳求克莱姆,如果知道儿子的行踪请告诉他,巴赫想唤醒误入歧途的戈特弗里德"那冷漠的心,希望他能有悔过之意"。

作曲家总是依靠他的工作来对抗这些烦恼,他用音乐重建起宁静,重建起他对于上帝的信念。在玛丽亚·芭芭拉去世的几个月后,巴赫选择去汉堡做管风琴师。这并非一个偶然的决定,因为他希望可以在克滕的职位以外再做一份工作。1721年3月,他在克滕完成了《勃兰登堡协奏曲》的定稿,他在献词里写道:"约翰·塞巴斯蒂安·巴赫,您最谦卑顺从的仆人,将6首多种乐器的协奏曲,献给勃兰登堡边疆伯爵阁下克里斯蒂安·路德维希。"凭借这6首被施比塔命名为《勃兰登堡协奏曲》[8]的作品,巴赫尝试在柏林音乐教堂谋得一个职位。他想离开克滕,离开这个妻子已经不在了的地方。这种永不停歇的行动力是巴赫性格的一个内在特点。

"他否认虚无"

尽管在约翰·塞巴斯蒂安去世后,家里的经济状况非常窘迫,安娜·玛格达莱娜还是为丈夫买了一口少有人买得起的橡木棺材。7月31日，音乐家被埋在圣约翰教堂南侧靠墙、离门大约6米的地方。随着时间流逝，确切的埋葬地点已被人遗忘，如果不是1894年要扩建教堂的话，我们不会知晓巴赫被埋在了哪里。10月22日，3口橡木棺材被发现，于是作曲家的遗体就这样被发现，因为人们记得巴赫正是葬在了一口橡木棺材中。沃尔夫说，在莱比锡同年去世的大约1400人中，只有12个人的棺材是橡木的。[9] 棺木被发现后，巴赫重新被安葬于一个小石棺里，放在了圣约翰教堂的墓室中。第二次世界大战中的一次空袭将教堂摧毁成了一片废墟，但墓室幸免于难。不久后的1950年，巴赫的棺材被小范围地进行展览并转移到了圣托马斯教堂。

齐奥朗在《那个糟糕的我》（*Ese maldito yo*）中这样描述这一时刻："灵柩中的巴赫。像其他许多人一样，我以记者以及掘墓人都习以为常的冒昧方式，见到了他。自那一刻起，他头骨中眼眶的样子便一直在我脑海里盘旋。巴赫是一个否认虚无的人，但他那空空的眼眶让人感到虚无。"

根据威廉·希斯（Wilhelm His）的解剖研究，那些空空的眼眶属于一个中等身材的人。[10] 大卫·伊尔斯利（David Yearsley）在作品中特意提及巴赫的骨架，他展示了希斯拍摄的系列照片[11]，这些照片让人想起小汉斯·霍尔

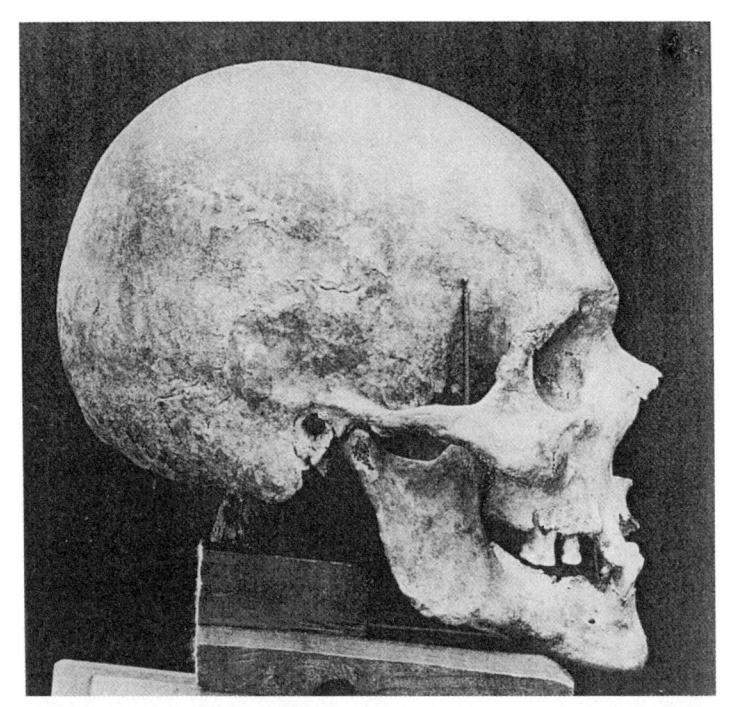

J.S. 巴赫的头骨,威廉·希斯拍摄。

拜因的《死亡字母表》(*El alfabeto de la muerte*)。雕塑家卡尔·塞夫纳(Carl Seffner)根据相传的巴赫头骨制作了一个巴赫石膏像。据说石膏像与埃利亚斯·戈特洛布·豪斯曼(Elias Gottlob Haussmann)在 1746 年为巴赫绘制的著名画像比较契合,这幅画像的 1748 年摹本状况更好一些。画像中的巴赫便是我们今天认为的巴赫的真实形象,画中的巴赫右手拿着《六声部三重卡农》(*Canon triplex a 6*,

J.S. 巴赫。埃利亚斯·戈特洛布·豪斯曼绘于1746年。

BWV 1076）的曲谱。这幅画曾归巴赫的儿子卡尔·菲利普·埃马努埃尔所有，现存于美国普林斯顿大学威廉·H.

沙伊德图书馆。尽管我们无法精确了解巴赫的真实样貌，但在20世纪中期，海因里希·贝塞勒（Heinrich Besseler）致力于巴赫的肖像研究，他基于对头骨的分析做出了自己的推测。[12]

贝塞勒认为头盖骨中突出的下颌骨以及凹陷而不对称的眼眶，都与豪斯曼画作中的样貌很是契合；他还关注到巴赫面部有一处异常，眼科中把它称为眼睑皮肤松弛症，会造成上眼睑眼袋的肿胀或松弛。这一问题会影响到右眼，就像豪斯曼的画作描绘的那样。贝塞勒由此得出结论，认为出土的遗骨确实是巴赫的头盖骨。

然而，头骨中那尤其突出的颌骨和豪斯曼在画中勾勒出的柔和轮廓似乎并不一致，倒是和一幅颇有争议的肖像画较为相似。这幅画一般认为是老约翰·恩斯特·伦奇（Johann Ernst Rentsch the Elder）所作[13]，描绘了1715年前后年轻的巴赫在魏玛宫廷的样子，但人们常常对画中人究竟是不是巴赫存疑。

塞夫纳依据这幅画创作了一个半身像，后来以此为基础并在新巴赫学会的赞助下为巴赫制作了雕像。这座雕像于1908年被放置在圣托马斯教堂的南侧，取代了1843年费利克斯·门德尔松赞助制作的纪念碑，展现出的巴赫形象倒像一个19世纪的人物，尽管佩戴着假发，却无法隐藏

J.S. 巴赫的疑似肖像（约 1715 年），老约翰·恩斯特·伦奇绘。

门德尔松于 1843 年在圣托马斯教堂树立的巴赫纪念碑。

脸庞上那丝毫不逊色于贝多芬、李斯特或瓦格纳的冷峻严肃。巴赫雕像塑造的形象仿佛一位后浪漫主义的标志性人物,他有着数学家的面庞,会用计算创作音乐,他英勇不屈,是抗争精神的代表。[14]它反映了19世纪与20世纪之交人们对巴赫的理解,当时的人们认为巴赫是一个喜怒无常的天才,是永不停歇的创作者,是新教的重要代表。巴赫与马克思英雄所见略同,他愤怒地认为社会亟须变革。这种看待巴赫的眼光在今天依然存在。

历史研究常被用来制作模子,每个时代、每种意识形态都按其需要模制事情的样子。举个例子,曼弗雷德·F. 布科夫策(Manfred F. Bukofzer)对斯特格利奇(Steglich)的巴赫研究很排斥,因为他的研究流露出"一种很奇怪的纳粹意识形态"[15]。布鲁门伯格评论说,在以色列建国30年后,《马太受难曲》在以色列的演出曾经引起争议。[16]前面提到的伊尔斯利指出,一些德国音乐学家错误地认为巴赫具有所谓的日耳曼精神,比如汉斯·约阿希姆·莫泽(Hans Joachim Moser)等学者散布言论,声称巴赫憧憬"大德意志方案"的实现。[17]关于巴赫的性格也出现了各式各样的谎言。施比塔讲述过巴赫的一件逸事,据说在一次排练中,由于管风琴师戈尔纳没有弹好一个和弦,巴赫一把摘下假发朝他扔过去;还有一次,巴赫自觉受到侮辱，于是手拿利剑与他的学生、大管演奏家盖耶斯巴赫（Geyersbach）对峙，因而留下一个脾气暴躁的名声。如果我们要谈论这类谣言，与巴赫相比，围绕着亨德尔的谣言有过之而无不及，更不用说被人诬蔑为贪婪之徒的吕利了。当看到戈尔纳作为巴赫家的亲密友人出任巴赫的遗嘱执行人时，我们就知道那些传闻都是谣言谬论。

巴赫的另一位传记作家，前面提到的施韦泽似乎把他描写成了一个性情粗暴的人，而事实上，除了工作上的几次冲突，即他与市议会的对抗，巴赫从未跟他人真正起过冲突。巴赫以一种惊人的冷静接受了市议会的一部分决策，但还有一些决策他确实无法接受，比如1730年的减薪。音乐家与批评家约翰·阿道夫·沙伊贝（Johann Adolph Scheibe）在一次研讨会上激烈地攻击巴赫，批评他冷漠、浮夸、阴郁，说巴赫用复杂的和声扼杀了音乐自然本真的样子。[18]对于这些冒犯的言论，巴赫也未予理睬。弗里德曼·奥特巴赫还批评道，巴赫不羁的个性导致他"不能尽职尽责"。他说巴赫的固执不止一次地惹来麻烦："巴赫对莱比锡的领导们也不怎么服从，态度不够尊重。"[19]相信一个人是一成不变的，并且有能力（如果可以这么说）放弃他性格冲动的一面，是一种很虚伪的行为。

巴赫的所作所为都是出于自己的需要，那个向来宽厚的巴赫常常不得不以一种务实的精神来面对各种问题。在之前提过的写给埃尔德曼的信中,巴赫痛苦地表示,希望莱比锡别再有更多的人去世了,他的态度让很多人感到惊讶,要知道按当时的风气,巴赫是可以通过在葬礼上演出赚钱的:

> 我现在的岗位大约能挣700塔勒。如果与平常相比有更多人去世的话,那么额外的收入就会相应地提高;相反,如果人们都很健康,这部分收入就会减少,比如去年的时候,葬礼上的收入就减少了100多塔勒。但就算在图林根我只赚400塔勒,都好过在这里我因为这么多人去世而拿到双倍的钱。[20]

一个职业音乐家这样想其实也是合乎逻辑的。有修养的库瑙调侃道,再没有人像音乐家们那样虔诚地为雇主祈祷,希望他们能长命百岁了,因为一个大人物去世的时候会举行官方葬礼,在此期间音乐活动会暂停数月。巴赫非常尊重的小号手赖歇之所以决定离开他在魏森费尔斯的岗位,就是因为一场这样漫长的葬礼。但由于市政府发放了额外的津贴,他最终选择留下。

第三章

记忆的艺术、无限的广阔与细微

16世纪最重要的西班牙作家之一胡安·贝尔穆多（Juan Bermudo）写道："音乐的深度、宽度与广度并未全部汇进乐器中流淌出的小溪里。"[1]音乐也并不在声音之中。音乐的关键在于在寂静中体味音乐的能力。它是一种以理性或潜意识来聆听内在意念的方式：这是音乐最主要的特质之一。在古老的象征中，寂静反复以一个聚精会神、背景全是书籍的读者形象出现，此事绝非偶然。蒙田庆幸自己在塔楼中享受的宁静，莱布尼茨为自己想象出一座安静的书城，而对于巴赫来说，我们可以想见，阅读也一定是一片休憩与沉思的天地。

可以想象巴赫在莱比锡度过的最后一段漫长岁月里，当结束了在圣托马斯学校一天的工作，傍晚过后或是夜里，家里安静下来,他便迎来了他最集中的阅读时光。在白天,家里会有各种声响:孩子们走来走去的脚步声、砰砰的关门声、斥责声、乐器的声响、学生们每日反复练习的声音。巴赫的藏书兼作曲室所在的楼层包括一个厨房、一个客厅与一个卧室。这样窘迫的居住条件对于音乐家来说很平常,显而易见,他们比其他行业的艺术家更加困难一些。

在莫扎特1771年8月24日寄给他姐姐的信中,我们可以了解到他出差时的工作条件。在莫扎特的工作室楼上住着一位小提琴家,邻家是一位声乐老师,走廊尽头住着一位双簧管演奏家,对此他倒是不以为意,还戏谑地调侃道:"在这样的环境下作曲真是有趣!它可以让人迸发许多灵感!"[2] 这是这位萨尔茨堡作曲家自己开的一个玩笑。在17世纪的世俗化环境中,创作与阅读,特别是以心灵及智识成长为目标的阅读,都非常需要一个安静的氛围,一段与世界隔绝的时光。

巴赫把那种安静化为一种内在的状态。通过他的传记可以看到,在遭遇一次次危机时,他都能坦然自若地应对来自外界的敌意,接纳层出不穷的困难。巴赫独处、自省,他有着非凡的专注力和惊人的记忆力,这有助于他创作出动人心弦的篇章结构,完成好创作中那些音乐之外的任务。阅读时既要吸收各种概念,更要运用这些概念,将它们化为自己思绪中的丰富语言。只有那些拥有逻辑框架、可以消化梳理知识的人才能实现真正的阅读。在艺术中，具体到音乐中，技术的理性与天才（daimon）的感性既对立又统一，合乎逻辑的规则可以将各种感性的念头加以梳理：完成这一过程后，作品便诞生了。巴赫具备非凡的将"思绪"编织、转变成音乐的作曲能力。

巴洛克的观念体系受到菲利普·查鲁（Philippe Charru）和克里斯托夫·西奥博尔德（Christoph Theobald）所谓"相连的两个无限"[3]的滋养，也就是将无限的广阔境界与无限的细微之处相连接。通过这种连接，所有的知识、所有的感悟全部汇为一脉，融为一体。居伊·马尔尚（Guy Marchand）曾经分析过，《C小调组曲》（Suite en do menor，BWV 997）中的《赋格曲》是一个"诠释《马太受难曲》的微观世界"，尽管曲谱的各部分富于变化，但它们都由相似的主题和内容串联起来。[4]在所有巴洛克作品或巴洛克哲学中，一端走向延展，一端走向凝聚，这一特点在巴赫音乐中十分突出。无论合乎音乐规则的展开、从低音而起的不可思议的变奏，还是多样的节奏组合、精简主题下宏大的对位，这样的音乐结构都展现出巴洛克音乐最本质的特点。巴洛克音乐常常通过对位的形式表现出来：一面向浩瀚宇宙发问，一面向心灵深处探寻；一面徜徉于天地自然，一面漫游于思想世界。帕斯卡尔常常自问：我的时间在何处可以永恒？为何我迷失了自己，而我现在又为何在这里？巴赫没有读过帕斯卡尔的文字，但他一定认同帕斯卡尔的观点："在无尽的时空中，人究竟是什么？……这个问题如同无底洞一般没有答案。我不仅想为您勾画出一个有形的宇宙，而且想让您在细微之处看到无比辽阔的天地。"[5] 所有一切都可以凝聚成一种规则，而这种规则诞生于人们的思考："我并不该在无尽的时空中找寻自我价值，而是应当在思想中找寻自我价值。"[6]

巴赫擅长抽象和概括，他的音乐充满变化与偶然。这种偶然是莱布尼茨在《单子论》（*Monadología*）中提出的，指的是用单一个体来表现整体的一种瞬间状态。[7] 在这种"瞬间状态"中，巴赫的音乐在多个方向上流动，最终汇聚成统一的效果。仿佛构成声音的单子在不同的轨道上前进，但最终殊途同归，成为完美的整体，正如米歇尔·塞尔（Michel Serres）所说，从此一切都有了意义。[8]

优秀的巴赫之所以能够巧妙地将各种理念串联起来，得益于他持之以恒的勤勉思考，尤其是在克滕时期以及在莱比锡度过的最后 20 年里，巴赫把最多的精力倾注于音乐理论方面的思考。巴赫认知的发展与其记忆术以及艺术思考能力有关。众所周知，巴赫习惯通过记忆来作曲，他的很多作品比如《平均律键盘曲集》都是在脑海里创作出来的，没有依靠乐器的辅助。

很多音乐作品，特别是从15世纪起，都是凭借记忆术诞生的，是按照中世纪的记忆术古典专著中的组合逻辑创作出来的。其中拉蒙·柳利（Ramon Llull）的影响至关重要。莱布尼茨也受到柳利主义的影响，在柳利的精神感染下，他于1666年写下了《论组合的艺术》（*Dissertatio de arte combinatoria*）。这位德国哲学家将记忆术定义为一个可感知的事物形象与要记忆的对象之间的连接。记忆术无疑是智慧的关键要素，在巴赫的时代依然有着重要的分量。在莱布尼茨的时代，莱比锡学校里的孩子们用一本夸美纽斯的"图画书"[9]来认真地学习语言，书中用图画来表现世界——天空、星星、天体现象、鸟儿、人类，万事万物以版画的形式展示出来，并用不同的语言进行标注。在《对话录》中，鹿特丹的伊拉斯谟在与教子的一次关于学习的谈话中，也提到了这样的记忆方法。他说有本手册，"里面有不同的动物形象，比如龙、狮子或者豹子，还在不同的圆圈上标注着希腊语、拉丁语、希伯来语或者其他蛮族的语言"[10]。

弗朗西斯·A.叶芝（Frances A. Yates）说训练记忆的艺术并未锚定在文艺复兴或新柏拉图主义学说中，这种传统也指向了新的方向，引向了笛卡尔和斯宾诺莎，还有前面提到的莱布尼茨和克里斯蒂安·沃尔夫。[11] 不可否认的是，记忆术促进了科学方法与记忆工具的发展，尽管它们最初以神秘宗教为灵感，比如数字象征主义、希伯来数字代码[12]、寓意画（emblem）——将精神概念简化为可感知的形象——密码、图像、象形文字，但最终成为理性推演、组建篇章的有效元素。莱布尼茨渴望创建一种基于记忆术传统的通用符号或象征语言，但那些符号是数学符号，通过它们无限的逻辑连接产生了微积分。这位哲学家想象着把微积分应用到生活与思想的各个方面，甚至宗教的难题都会消失不见："比如那些在特兰托公会议上意见相左的人就不必开战了，他们会坐下来说，'我们来计算一下吧'。"[13] 苦苦思索宇宙奥秘的帕斯卡尔认为，存在以及宇宙的很多规则都是由被他称为"几何精神"的东西来定义的，他在《自然与恩典的新体系》（*Nuevo sistema de la naturaleza y de la gracia*，1714）中提过这种大自然及宇宙的数学化，上帝不会再因为创造过什么完美的存在而享有一席之地，于是上帝也就可有可无了。

根据这一论点，亚历山大·柯瓦雷（Alexandre Koyré）在几十年前评论说，莱布尼茨的上帝是"安息的上帝"，上帝完成了他的作品并发现了它的美好，上帝是不会再做更多事情的最高存在，因为上帝已经让现实达到了可能达到的最圆满、最完美的状态。[14]莱布尼茨从不把上帝看成一个向人世间肆意发号施令的主人，没有什么是需要被改正修复的。在世界内外，一切都是无限的。上帝在星期六安息，此后他也只是观望着一切。

"谜"与黄金对位

巴索写道，理性主义其实被魔法、赫尔墨斯主义与神秘主义浸润。值得关注的是，在受路德精神影响的地方，乔尔丹诺·布鲁诺具备一定影响力，特别是布鲁诺来到德国之后。布鲁诺还在德国建立了一个叫作"乔尔丹诺派"的宗派。[15]在通向现代科学的道路上，炼金术的典籍中隐含了很多后来的象征主义和亚里士多德物理学与哲学中的概念元素。其中的核心人物，路德宗神秘主义者、人文主义者及哲学家雅各布·伯默（Jacob Böhme）[16]将上帝看作一个回声的空间，一段无边无际的音乐，像帕拉塞尔苏斯（Paracelso）常让上帝显现出来的那样。牛顿很崇拜伯默，他自己对炼金术表现出很大的兴趣，和"数学思想家"莱布尼茨一样，1666年牛顿在纽伦堡加入了玫瑰十字会。牛顿在他的作品里多次提到克里斯蒂安·罗森克鲁兹

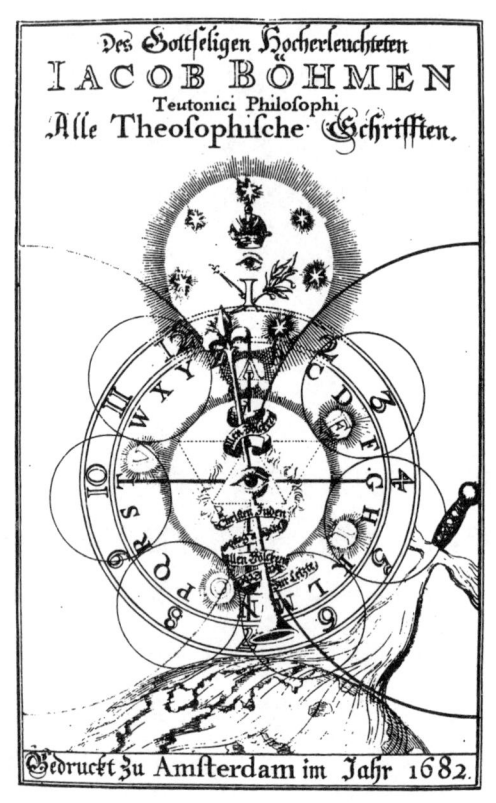

雅各布·伯默:《神智学作品集》(*Theosophische Wercken*),封面,阿姆斯特丹,1682年。

(Christian Rosenkreuz)的玫瑰十字会,他还提到了神学家约翰·瓦伦丁·安德里亚(Johann Valentin Andreae),安德里亚及其追随者的作品助力玫瑰十字会在17世纪的德国创建起来。但在18世纪时,它经由萨穆埃尔·里希特

（Samuel Richter）而壮大，最终与共济会联合，在巴赫死后大约30年变为"金玫瑰十字会"，在柏林产生尤其深刻的影响。

这些情况有助于我们理解巴赫在创作时运用到的各种方法、技术和观念体系，他常常借助几何与数学方法，从神秘主义中汲取灵感。实际上，当莱布尼茨谈到把古老的赫尔墨斯主义符号变成数学字符时，他很自然地把它称为一种"真正的神秘哲学"或是一种"单纯的魔法"。莱布尼茨对历史有着深刻的理解，他将过去的岁月用数字表现出来：在科学上进步意味着对上帝与宇宙的理解更进一步，于是便形成了所谓神秘主义与微积分之间的联盟。[17]

我们并不知道巴赫在这方面达到了什么样的程度，但不可思议的是，他竟然可以从满是深奥符号的迷宫出发，将那一个个符号填入乐谱，赋予它们各自的意义。睿智的达尔豪斯在几十年前写道，打动心灵的内在表达与最纯粹的作曲技巧密不可分。[18] 一首音乐作品既是结构，也是机体，它完全基于单纯的声音规则将感性的思绪梳理起来，反映所思所想。巴赫确实用到了一些数字技巧，用他有把握的方式玩转音乐。我们可以看到很多这样的例子。基斯·范·霍滕（Kees Van Houten）和马里努斯·卡斯贝根（Marinus Kasbergen）认为，巴赫最重要的一部分作品是以象征和数字构建起来的。[19] 它们的根基是大量隐藏的图形,是反映宇宙秩序的声音之间的关系,是遵照特定事件或日期而重新数出的小节,是王权,是天体,是描画出同心圆的对位,是沟通了植物、动物与人类这些大地上的生命脉动的节奏。

这些作家认为巴赫可能经常运用玫瑰十字会的象征意义,这些象征是他在魏玛期间了解的,也就是1713—1717年,而他在1717年差点儿丢了性命。他们表示,巴赫创作的康塔塔和管风琴众赞歌中的各种数字关系和丰富的象征意义都证明,巴赫毕生都与神秘、深奥的计算发生关联。根据这些理论,可以看到圣诞节、新年和献主节的众赞歌数量加在一起为数字307,按照玫瑰十字会的纪年,它正好与1685年对应,那一年巴赫出生。再把圣灵降临节的众赞歌数量加上,得出总数为372,与巴赫去世的年份1750年相对应。如果把基督受难日、死亡日、复活日的众赞歌数量相加,得出的数字是287,而巴赫去世的日期正好就是28-7(即7月28日):

圣灵降临节	65＝巴赫的年纪
圣诞节、新年和献主节	307＝1685
受难日＋复活节	287＝7月28日 [20]

以这个思路为线索，发现同样的对应关系也出现在《赋格的艺术》等性质完全不同的作品中。通过计算小节的数量可以发现，这部作品以玫瑰十字会纪年中的巴赫去世的年份数作为开始与结束：前4首赋格曲和最后4首卡农的小节总数各为372，中间10首赋格曲的小节总数为1 378。

对 位	
I	78
II	84　372=1750（巴赫去世的年份）
III	72
IV	138
V	90
VI	79
VII	61
VIII	188
IX	130
X	120　1378=克里斯蒂安·罗森克鲁兹的出生年份
XI	184
XIIa	56
XIIb	56
XIIIa	71
XIIIb	71
XIV	239+33
八度卡农	103
十度卡农	82　372=1750
十二度卡农	78
增时卡农	109[21]

巴赫不太可能背负着沉重的枷锁去创作，也不是非要让音乐之外的寓意来填满旋律。但这并不排除他有时候也会运用一些17—18世纪的流行技巧来作曲。我们知道迪特里希·布克斯特胡德（Dietrich Buxtehude）直到生命尽头都沉醉于数学比例，喜欢在音乐中建立数字序列之间的关联，约翰·亚当·赖因肯（Johann Adam Reinken）与海因里希·伊格纳茨·弗朗茨（Heinrich Ignaz Franz）等很多音乐家对此都有同样的热忱。这种"隐秘"的构思在中世纪音乐家特别是法-佛兰德乐派的音乐家中很普遍，比如雅各布·奥布雷赫特（Jacob Obrecht），他的《圣母护佑弥撒》（*Missa Sub tuum praesidium*）有888个小节，其中《垂怜经》（*Kyrie*）和《荣耀经》（*Gloria*）共333个小节。再举个例子，奥克冈（Ockeghem）、若斯坎（Josquin）和拉絮斯（Lasso）的作曲中也蕴含着大量音乐之外的寓意，他们运用了各种修辞手法，曲中隐藏着唯有音乐家才可能捕捉到的神秘数字关系。几百年后，在20世纪的前30年，阿诺德·勋伯格尽情运用卡巴拉，运用神秘主义的技巧赋予作品生命力。

所有的音乐流派几乎无一例外地沉醉于这种潮流，众多卓越的音乐家都将理性与非理性联系起来[22]，英国作曲家约翰·邓斯泰布尔（John Dunstable）便是其中一位，他是15世纪上半叶最活跃的音乐家之一。西班牙作曲家拉莫斯·德·帕瑞亚（Ramos de Pareja）热爱音乐符号，他喜欢运用各种象征手法，希望表演者能破解藏在曲谱中的暗语与谜题。皮特罗·瑟罗尼（Pietro Cerone）在他1613年的作品《作曲与大师》（El Melopeo y Maestro）的一章中集齐了45个谜语，有他自己原创的，也有取自若斯坎、弗朗西斯科·格雷罗（Francisco Guerrero）、乔瓦尼·马利亚·那尼诺（Giovanni Maria Nanino）或吉瑟林·丹克茨（Ghiselin Dannkerts）的谜语。胡安·德尔瓦多（Juan del Vado）的作品《图像谜题》（Empresas enigmáticas）很出名。他创作的卡农中有些暗含宗教与政治寓意，有些可能只是单纯作娱乐用，比如用12星座和时钟12个数字装饰的十二声部无终卡农。

其实科学和奇迹共同拥有着悠久的传统，共享一条隐秘的道路，经由它来思索和阐释宇宙的和谐。在处于实验主义与赫尔墨斯主义之间的巴洛克时期，音乐艺术追随着文艺复兴音乐家们的脚步，继续钟情于神秘主义与炼金术。伊尔斯利认为巴赫深谙炼金术之道，部分原因是受到他的表兄约翰·戈特弗里德·瓦尔特（Johann Gottfried Walther）的影响。[23] 瓦尔特在1730年7月去魏玛的安娜·阿玛利亚公爵夫人图书馆时，看到一本名为《艺术宝

皮特罗·瑟罗尼:《作曲与大师》,"天平的谜语",那不勒斯,1613 年。

胡安·德尔瓦多:《图像谜题》,"至高摩天轮",约 1677 年。

库》(*Kunst-Kämmerer*)的作品,书中介绍了无数神奇的乐器和科学实验,很多都以炼金术为灵感。这对瓦尔特来说是个重大发现,他把他的见闻分享给了最亲密的朋友们,比如巴赫,还有著名理论家、作曲家海因里希·博克迈耶(Heinrich Bokemeyer)。博克迈耶对神秘主义向来感兴趣,常常和瓦尔特通信。他是不伦瑞克-吕讷堡公爵的宫廷乐长，藏书近 2 000 册，其中既有书籍也有乐谱[24]；他还写了一本名为《卡农解剖学》（*Die canonische Anatomie*，1723）的有趣论著，其中谈到了对位以及对位与炼金术之间的关系。伊尔斯利说，瓦尔特很可能把这本书的部分手稿拿给巴赫看过，其中写到音乐与炼金术的异曲同工之处，炼金术士继承着传统，用音乐来实现目的。

炼金术书籍中常常涉及音乐，封面和书中也有对乐谱和乐器的展示，这些似乎都清晰印证着炼金术与音乐紧密相连[25]。萨洛蒙·特里斯莫辛（Salomon Trismosin）的著作《太阳的光辉》（*Splendor Solis*，1532—1535；1598 年出版）以及稍晚一点的作品《静默之书》（*Liber mutus*，1677），抑或米夏埃尔·迈尔（Michael Maier）的著作《阿塔兰忒的逃离》（*Atalanta fugiens*，1618）中雕刻的寓意图画都是例证。与很多炼金术士一样，米夏埃尔·迈尔也是玫瑰十字会成员。

令人惊异的是，即便到了巴赫的年代，人们依然对炼金术作品感兴趣，希望通过书籍来发现寻找魔法石的线索。就像 J. 范伦内普（J. Van Lennep）在他的经典作品中回忆的那样，在 1739 年他还能看到德语专著《隐秘的化学实验室》（*Geheimes und verborgenes chymisches Laboratorium*）的出版，这本书主要围绕炼金术以及它与音乐之间的关联

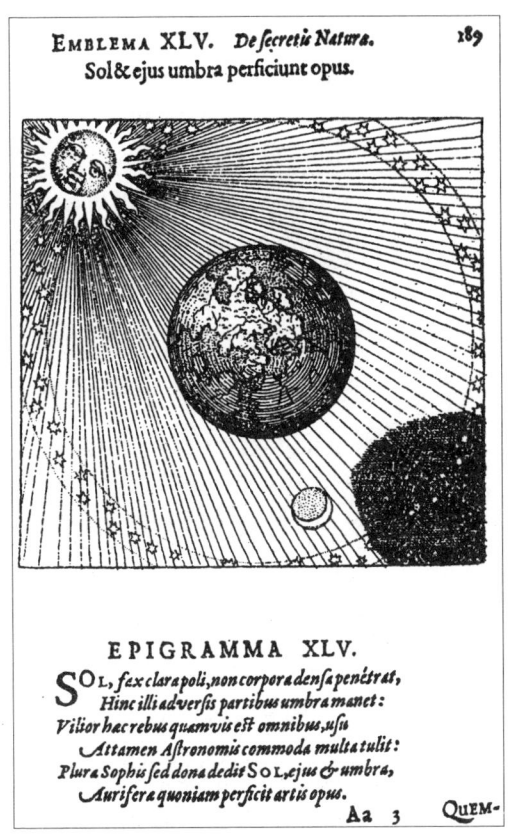

> EMBLEMA XLV. *De secretis Naturæ.*
> Sol & ejus umbra perficiunt opus.
>
> EPIGRAMMA XLV.
> SOL, fax clara poli, non corpora densa penetrat,
> Hinc illi adversis partibus umbra manet:
> Vilior hæc rebus quamvis est omnibus, usu
> Attamen Astronomis commoda multa tulit:
> Plura Sophis sed dona dedit SOL, ejus & umbra,
> Aurifera quoniam perficit artis opus.

米夏埃尔·迈尔：《阿塔兰忒的逃离》，"自然之谜"，奥本海姆，1617 年。

展开。曼图亚公爵温琴佐·贡扎加与布拉格的神圣罗马帝国皇帝鲁道夫二世为炼金术研究者提供支持，而这样的支持并不只停留在过去，到普鲁士国王腓特烈二世时期依然存在。因此，作为巴赫的同时代人，博克迈耶或瓦尔特了米夏埃尔·迈尔:《阿塔兰忒的逃离》,"自然之谜"曲谱。

解炼金术以及炼金术对音乐的影响并不奇怪,他们认为一个完美又"隐秘"的对位可以达到一种至高的心灵状态也

不奇怪。

孜孜不倦的博克迈耶还将目光投向了瓦尔特收藏的另一部手抄本专著，对位法作曲家约翰·泰勒（Johann Theile）的《音乐艺术之书》（Musikalisches Kunstbuch）。泰勒是许茨的学生，年轻时还是一位知名的歌手。他在1724年去世，一生中多次担任宫廷乐长和教堂乐监，曾在莱比锡学习过一段时间，在汉堡还有柏林的普鲁士宫廷工作过，当时他是瑙姆堡歌剧院的顾问。博克迈耶和瓦尔特都有这本书的手抄本，可以想象巴赫的藏书里也有它的部分或完整版，或者至少巴赫读过这本书。[26]泰勒在音乐上才华横溢，但人们还未曾深入研究过他。他从理论层面阐述炼金术与音乐之间的关联，通过它们来证明对位是多么复杂。树形曲谱的卡农是表现炼金术与音乐相关的一个引人注目的例证，它清晰地展现出象征赫尔墨斯主义的哲学之树（arbor philosophica）与将枝干伸向和谐宇宙的音乐之树之间的相似之处。于是，这首卡农得名为《和声树》（Harmonischer Baum）。[27]

依照这个思路，音乐家、炼金术士泰勒自然会在《音乐艺术之书》中详细阐述赋格的规则与隐秘路径。人们认为是泰勒发明了对换赋格（fuga de permutación），每个声部中都有一系列音乐主题相继进入，这些音乐主题会相应

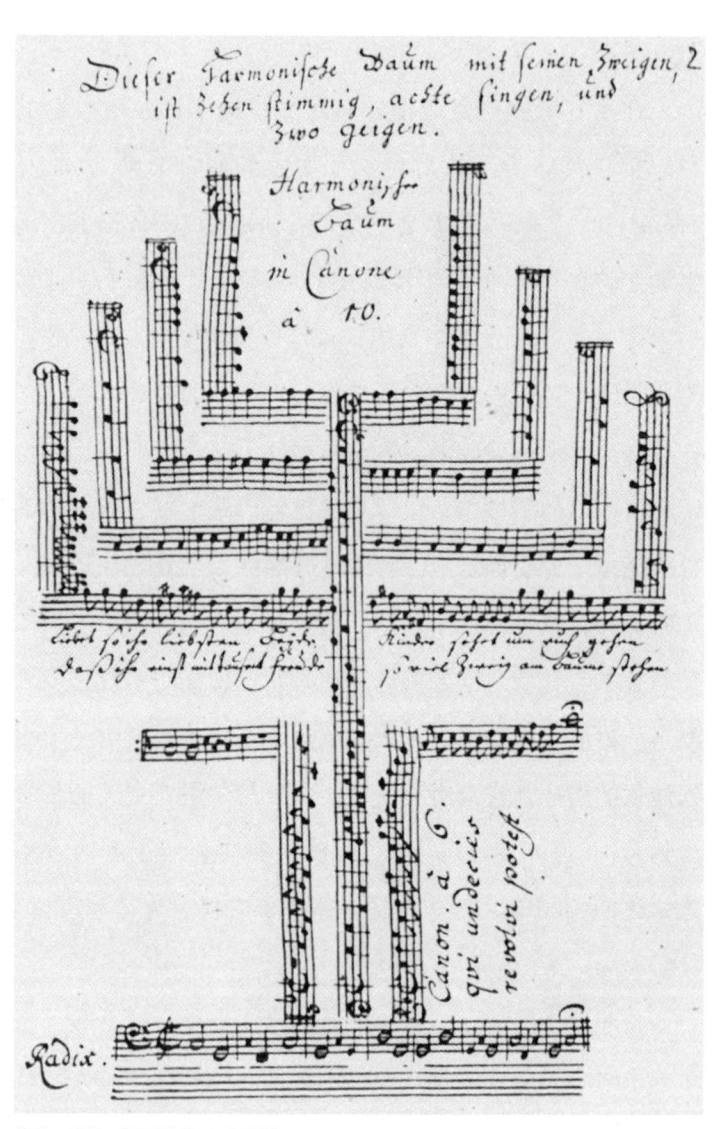

约翰·泰勒:《和声树》卡农乐谱。

地出现在各个声部中。巴赫经常使用赋格，不少人认为泰勒正是巴赫《赋格的艺术》的灵感源泉。但这个论断相当大胆，就像认为《平均律键盘曲集》的灵感来自约翰·卡斯帕·费迪南德·费舍尔（Johann Caspar Ferdinand Fischer）的《新风琴音乐的阿里阿德涅》（*Ariadne musica neo-organoedum*，1702）一样存疑。

伊尔斯利认为巴赫确实对炼金术有所了解，例证是巴赫曾在卡洛维乌斯（Calovius）评注版《圣经》的《出埃及记》第25-28章做过笔记。[28]其中叙述了帐幕的华丽配置，描写了祭司的法衣，比如亚伦的法衣，他金色、紫色、绯红色、深红色的法衣上，还装饰着珍奇的宝石——黄玉、祖母绿、蓝宝石、红宝石、钻石，此外还有缟玛瑙、贵橄榄石、碧玉、蛋白石、紫水晶、玛瑙和一种叫作缠丝玛瑙的宝石。巴赫大概算了一下，然后在页边上写道，它们值"8吨黄金"。伊尔斯利认为巴赫可能读过海因里希·邦廷（Heinrich Bünting）《〈圣经〉中的货币与度量衡》（*De monetis et mensuris sacrae scripturae*）。这本书1562年出版，1718年再版，巴赫的藏书中应该有它。书中列出了《圣经》中的贵金属、重量、货币、度量的换算方式。邦廷在序言中写道，这些知识对了解炼金术士们使用的材料和搭配的比例非常有帮助。但也许一切都只是臆测。巴赫没有在乐谱间开一个炼金房，也没从五线谱中看出变化的表格，尽管从文艺复兴开始，人们就一直在谈黄金对位、银对位、铅对位。

隐秘的众赞歌——B×A×C×H=犹太人之王耶稣

另外，我们要意识到乐谱的创作对应着一些方法，有时这些方法还比较复杂，它们是遵照创作者内心的意愿，或说是一种隐藏起来的意志构建起来的。我们看到，海尔加·托恩提到了巴赫作品中的内在隐藏关系，比如说《小提琴独奏奏鸣曲与帕蒂塔》(Sonatas y partitas para violín solo)的若干段落是从众赞歌的段落中取材，以几不可闻的"定旋律"(cantus firmus)作为基础。[29] 托恩坚信，巴赫在创作这部小提琴作品集时，既运用了几何计算，又从《旧约》和《新约》中汲取了灵感。前面提到的巴赫献给亡妻玛丽亚·芭芭拉的《D小调组曲之恰空舞曲》的前37个音符取材于马丁·路德的众赞歌《基督躺在死亡的枷锁中》，而数字37与象征耶稣的字母组合XP正好契合，因为按照拉丁字母顺序算，X=22，P=15，加起来正好是37。接下来的几小节通过下行半音音阶的系列和弦，营造出一种典型的痛苦气氛，构成了B-A-C-H动机[30]，巴赫多次用到这个动机。福克尔曾注意到《赋格的艺术》中的第18首赋格，巴赫在第193—195小节下方"用自己的姓氏"署名。

巴赫的签名并不是只在这部作品中出现过一次，在第11首赋格曲的第89—90小节我们也看到了他的签名。另外，在第6首对位曲的第43—45小节也隐藏着他的签名。

另一处留下巴赫签名的小节出自管风琴的卡农变奏（BWV 569）。

发现了《哥德堡变奏曲》(*Variaciones Goldberg*)手稿的沃尔夫评论道,基于咏叹调主题前8个基础低音的14首卡农也暗藏玄机,数字14正好是巴赫的姓氏B-A-C-H在字母表里对应的数字之和(2+1+3+8)。海因茨·赫尔曼·尼莫勒(Heinz Hermann Niemöller)认为沃尔夫的解释"与《键盘练习曲》第三部分的2×14首乐曲[1]正相契合"[31]。

巴赫对各种艺术技巧与行文风格烂熟于心,他尽情施展着创作才华。比如在《音乐的奉献》(*Ofrenda musical*)开篇题词"奉国王旨意,以给定的主题经增补

---

[1] 《键盘练习曲》第三部分只有27首乐曲,而非28首。此处疑似尼莫勒记忆有误。

创作卡农乐曲"("*Regis Jussu Cantio Et Reliqua Canonica Arte Resoluta*")中，巴赫运用了离合诗的技法，每个单词的首字母连在一起便组成了"利切卡尔"（ricercar）一词。正如埃利亚斯·卡内蒂（Elias Canetti）所说，人类总是醉心于编制谜语，因为这样就不必去创造新词了。然而，巴赫也不会拘泥于过去的方式，他可以凭借敏锐的才思，恰到好处地运用各种技法。1950年，弗里德里希·斯门德（Friedrich Smend）认为在著名的《六声部三重卡农》（*Canon triplex a 6*，BWV 1076），即在豪斯曼画作中展示的那首巴赫作品中，不同的音符组合方式会产生120种不同的结果，巴赫按照卡巴拉的方式，将代表音符的字母按照字母表的顺序变为数字。[32] 斯门德也强调，把卡农中核心小节的音符对应的数字加起来，第1小节（1+7）、第4小节和最后一节（4+7），得出的数字排列起来正好是1747，即巴赫为了加入米茨勒（Mizler）的"音乐科学协会"（Korrespondierende Sozietät der Musikalischen Wissenschaften）而呈交作品的年份，详情见后文分解。在另一篇论文中，他认为根据字母与数字的对应关系，A=1，B=2，C=3，D=4……那么将巴赫的姓氏字母相乘，B×A×C×H，结果是48（即2×1×3×8），也就是INRI四个字母（*Jesus Nazarenus Rex Judaeorum* 的缩写，意为

"拿撒勒人耶稣，犹太人之王"）对应的数字之和。

当我们回望历史时会发现，宗教改革时期对于卡巴拉的热爱在德国蔓延开来，即使到了18世纪，虔敬派教徒也依然喜欢卡巴拉。尽管并不严谨，但可以将这种源自希伯来的神秘主义姑且称为基督教神秘主义（基督教卡巴拉），皮科·德拉·米兰多拉（Pico della Mirandola）是其中的灵魂人物。这种秘密哲学在德国的传播很大程度上得益于文艺复兴时期德国最著名的学者之一约翰内斯·罗伊希林（Johannes Reuchlin）的贡献。罗伊希林别名卡普尼翁（Capnion），人称"新毕达哥拉斯"，他曾赴意大利学习希伯来语，钻研皮科以及其他与皮科同时代的意大利学者比如弗朗切斯科·乔治（Francesco Giorgi）的作品。罗伊希林在1494年发表了他的第一部神秘主义作品《创造奇迹的词》（*De verbo mirifico*），他后来献给教皇利奥十世的重要作品《论卡巴拉》（*De arte cabalistica*，1517）便以此为基础。随着时间的流逝，罗伊希林的革新思想引起了很多德国哲学家的关注，他们站在宗教改革的门口，发觉经院哲学已经穷途末路。当然，没有任何事物可以免于争议，约翰·普费弗科恩（Johann Pfefferkorn）本是犹太教徒，后改信天主教，他支持激进的反犹运动，诋毁希伯来书籍、犹太教法典，连带着也大力抨击卡巴拉作品。[33] 普费弗科恩与罗伊希林的对抗波及整个欧洲，罗伊希林在论战中占得上风，从而声名鹊起，他的言论迅速传播开来。弗朗西斯·A.叶芝把罗伊希林称为"新思想"的"英雄人物"，他准确地概括了这位德国学者的影响。他说，当"大胆"的路德想"向人们传递新教思想"时，罗伊希林有着不一样的看待宗教问题的眼光，他认为宗教本质上是神秘主义的。

弗朗切斯科·乔治是与罗伊希林同时代的著名卡巴拉学者。他给罗伊希林在内的很多德国人文主义者带来深刻的影响，此外他还影响了英国的人文主义者，这些英国学者的印记可以在罗伯特·弗拉德（Robert Fludd）身上看到。乔治是一位威尼斯修士，他创作了《论世界的和谐》（*De harmonia mundi*，1525），由于掌握了很多新的资料，在基督教的研究上也更深入，乔治比皮科走得更远，于是那些想以新的方式看待世界、探寻基督本质的人会参照乔治的思想：一切造物源自上帝，万物合一，如音乐、如数学般和谐。在乔治的作品中，柏拉图主义、天体宇宙学、伦理学和赫尔墨斯主义的思想交织在一起，旨在寻求人类与元素之间的和谐状态，实现一个以极致平衡的方式勾勒出来的和谐世界。他的理想是一个完美的宇宙，它方方面面无可挑剔，就像丢勒向往的那样。

这些既对过去思想有部分传承又包含新思想的言论，一点一点渗透进欧洲知识界，在德国的影响力尤其明显，因为基督教神秘主义有倾向福音主义的趋势。这些神秘主义思想没有白白地传播与渗透，它们促进了知识的交流与传播。像罗伊希林就给了海因里希·阿格里帕·冯·内特斯海姆（Heinrich Cornelius Agrippa von Nettesheim）灵感，后者在16世纪初开始创作他的重要作品《论神秘哲学》（De occulta philosophia，1533）的初稿。可以说阿格里帕是德国神秘哲学的先锋人物之一，他私下认识乔治。与此前境况不同，阿格里帕的影响远播德国之外，尤其在法国颇具影响。此外，我们还应该记得布鲁诺和约翰·迪伊（John Dee）的旅行，约翰·迪伊藏书非常丰富，其中不乏音乐作品以及皮科、乔治、罗伊希林和阿格里帕的作品，他的藏书室常常被各色人等，如艺术家、政客、音乐家、数学家、航海家光顾。

迪伊的父亲是为英国国王亨利八世服务的廷臣，约翰·迪伊把自己的学说带到了欧洲大陆的大部分地区，比如德国、波兰-立陶宛联邦的克拉科夫、波希米亚王国。谨慎起见，他没有去意大利，因为很久以前这类作品便在意大利遭到强烈的谴责。他在1564年发表了一部作品《象形文字的单子》（Monas hieroglyphica），献给了马克西米利安二世。这是一本炼金术和卡巴拉的汇编，以数学的方式阐释宇宙，夹杂着各种天体和数秘公式，推动了玫瑰十字会运动的发展，当然也推动了音乐的发展。它对于音乐确有影响，例证之一是当时最具争议的哲学家之一罗伯特·弗拉德也从中获得了启发。和他的同胞迪伊一样，弗拉德也是玫瑰十字会的成员。

医生、哲学家弗拉德写下了一部关于宇宙和谐的鸿篇巨制《宏观宇宙与微观宇宙的形而上学、物理学与技术史》（*Utriusque cosmi maioris scilicet et minoris metaphysica, physica atque technica historia*，1617—1624），其中他用大量的笔墨来谈论音乐，总结了文艺复兴时期的赫尔墨斯主义，成为17世纪与18世纪许多理论家的灵感源泉。他遭到了马兰·梅森（Marin Mersenne）的激烈批判。梅森也曾质疑过开普勒，批判他的作品《世界的和谐》（1619）。弗拉德认为宇宙就是一件由世界的灵魂演奏的乐器；他谈论着"人的内在与外在的和谐"，还有当"灵魂从天堂降落到人间，有如奏响一首交响乐"：

上帝赋予音乐能量，弹奏着独弦琴。琴中蕴含着内在法则，自此向外生发出万事万物的和谐乐章，产生了微观宇宙中的一切生命活动。振动的琴弦好似透明的灵魂，在宏观与微观宇宙中传递着启迪者的光芒，比如爱的声响和轻重。上帝自然地按弦、拨弦，无论广阔天地抑或一花一叶，万事万物全都被琴声联结在一起。[34]

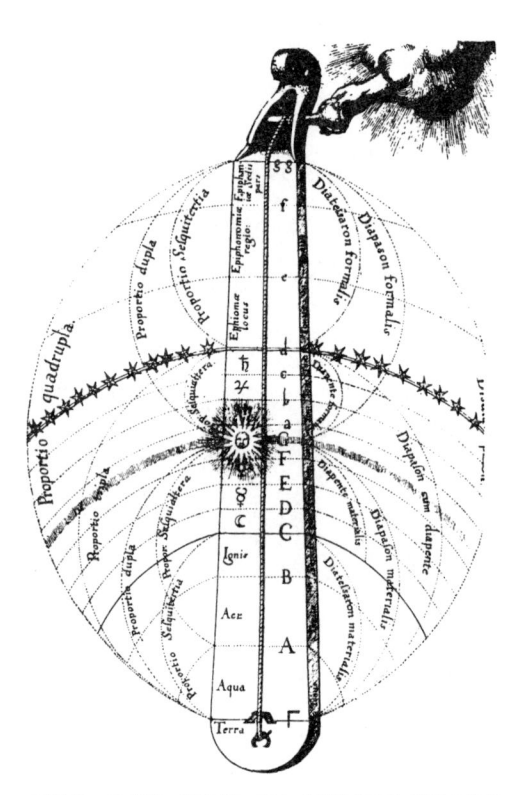

罗伯特·弗拉德，独弦琴，出自《宏观宇宙与微观宇宙的形而上学、物理学与技术史》中的"世俗的音乐"一章，奥本海姆，1617—1624年。

弗拉德受到了乔治的直接影响。在乔治的祖国意大利，文艺复兴时期的音乐家们常常从此类书籍中获得滋养，将卡巴拉融入音乐创作中，比如17世纪的犹太音乐家萨拉莫内·罗西（Salomone Rossi）就是如此。[35] 他是最受喜爱的意大利小提琴家以及作曲家之一，很长一段时间在曼图亚宫廷中工作，曼图亚宫廷常常有希伯来艺术家光顾。罗西的本名是什洛莫·梅哈·阿杜明（Shlomoh Me-ha-Adumin），在1622年和1623年之交发表了一部重要的作品集《诗篇歌和希伯来歌曲（所罗门之歌）》[*Salmi e canti ebraici (Hashirim asher lish'lomo)*]，作品一般为3—8个声部，在犹太宗教聚会上演唱。

在下一个世纪里，贝内代托·马尔切洛（Benedetto Marcello）也为《希伯来圣经》中的诗篇创造了新的视角，他依据朋友吉罗拉莫·阿斯卡尼奥·朱斯蒂尼亚尼（Girolamo Ascanio Giustiniani）提供的素材，用康塔塔风格创作了他著名的《诗歌与和声的灵感——为〈诗篇〉前（后）25首而作》[*Estro Poetico-Armonico parafrasi sopra li primi (secondi) 25 salmi*, 1724—1726]。这部作品发表于威尼斯，那里有一个重要的犹太人社群。马尔切洛，"这个热衷于对位的威尼斯贵族"，将当时的希伯来旋律用为"定旋律"。马尔切洛有可能从圣马可教堂的乐师卡洛·格罗西（Carlo Grossi）的《对话中的希伯来康塔塔》（*Cantata ebraica in dialogo*）中汲取了灵感。在格罗西出生前不久，莱昂内·莫代纳（Leone Modena）在威尼斯创立了希伯来音乐学院（1629）。我们知道威尼斯的很大一部分出版商是犹太人，因此正如我们所见，出自犹太人印刷厂的《迷途指津》和《希伯来圣经》也出现在斯宾诺莎的藏书中。

尽管路德对于犹太人并不抱有多大好感，巴赫的藏书里倒是有弗拉维乌斯·约瑟夫斯的《犹太古史》（*Antiquitates Iudaicae*），这本书对《旧约》和以色列的命运给出了特别的解读。在巴赫的时代，约瑟夫斯的作品一直备受争议，其作品的一个片段被人解读成他拥护基督教，因为他承认上帝之子来到了人间。[36] 虽然约瑟夫斯主要因为鸿篇巨制《犹太战争》（*Bellum Iudaicum*）而为人所知，但从17世纪末起，他的《犹太古史》也具有一定的影响力，在新教国家甚至也有读者，这也能解释为什么巴赫也会有这本书。

上天的隐喻与声音的数字

使用加密技巧绝不仅是巴洛克时代独有的。20世纪的阿尔班·伯格（Alban Berg）和迪米特里·肖斯塔科维奇等音乐家会使用加密技术，文艺复兴时期的一些大师也是一样，他们会运用所谓"定旋律"，即通过唱名法（用特定音节来代表音级的方法）从文本中选取一段作为主题。若斯坎在《费拉拉公爵弥撒曲》(*Missa Hercules Dux Ferrarie*)中精彩运用了这种方法。运用这些技巧，特别是和纯粹的数学传统相关的加密技巧，是巴洛克风格的真正标志。巴洛克的加密方法不仅从中世纪的"四艺"（*Quadrivium*）[1]中汲取灵感，也从毕达哥拉斯派和新柏拉图主义获得借鉴。作曲家们一般都受到这一潮流的影响，他们了解并灵活运用各种古典修辞手法，希望能将修辞融入音乐中。加上"情动"（afecto）[37]理论的加持，音乐家们希望可以在不影响音乐的纯粹与独立性的基础上，创作出一套与说话的语言相对应的音乐语言。

巴赫对这个理论与艺术的世界并不陌生，他不会忽视规则，也不会错过核心权威机构传播的著作，特别是音乐著作。可以勾勒出几代人观念体系的人物之一是神学家与理论家阿塔纳修斯·基歇尔（Athanasius Kircher），他颇具影响力的思索并不局限在日耳曼世界，代表作有1650年出版于罗马的《世界的音乐：协和音与不协和音

---

1 指算术、几何、天文、音乐。

的伟大艺术》(*Musurgia universalis, sive Ars magna consoni et dissoni*),以及 1673 年出版于肯普滕的《新语音学——艺术与自然的机械物理式结合》(*Phonurgia nova, sive Coniugium mechanico-physicum artis & naturae*)。这两部书于 1684 年在德国出版。巴赫可能读过或者至少听说过这位耶稣会教士的作品。基歇尔把音乐看成"声音的数字"(*numerus sonorus*)产物。在基歇尔那里,还有他之后许多年,可以看到一种对数字以及数字关系的毕达哥拉斯式的理念留存了下来。从让·德·穆里斯(Jean de Muris)到乔塞福·扎利诺(Gioseffo Zarlino),从约翰内斯·廷克托里斯(Johannes Tinctoris)到我们已经熟悉的罗伯特·弗拉德,这种毕达哥拉斯式的理念是在整整几代音乐家和学者支持下发展出来的。1538 年,路德在《音乐家的赞美》("*Encomion musices*")一文中就提到过这种理念,这篇文章是路德为他的朋友格奥尔格·拉乌(Georg Rhau)出版的四声部歌曲合集[38]撰写的序言,他在其中写道,如果没有"声音的数字",一切都无法存在。

库瑙在 1700 年出版的《一些〈圣经〉故事的音乐呈现》(*Musicalische Vorstellung einiger biblische Historien*)序言中,指出了在构成音乐的要素中"声音的数字"的重要性,它们具有影响听众情绪的力量。所有的音乐家都同意数字蕴含着意义，并相信它们遵从于一种级别的规则。数字4代表个体，即宇宙的原动力；在圣奥古斯丁的"四列十全"（tétrakthys，即1+2+3+4）中，前4个数字加在一起得出的和为10，数字10中包含着1，而1是一切数字和一切造物的本源。[39]

由于巴赫是一位卓越的自学者，他留意着在他周遭沸腾的一切，无论毕达哥拉斯派的思想还是其他什么思想。弗雷斯科巴尔迪（Frescobaldi）的老师是卢扎斯科·卢扎斯基（Luzzasco Luzzaschi），而亨德尔的老师是弗里德里希·威廉·察豪（Friedrich Wilhelm Zachow），但我们无法确切说出巴赫的老师是哪一位，尽管他出生于一个历史悠久的音乐之家。可以说，巴赫的学习方式是专注地观察世界，让清醒的灵魂恣意驰骋，分析并感受各种文字的魅力，向各个领域的人物靠近，比如前面提到过的布克斯特胡德，巴赫在1705—1706年期间在吕贝克拜访过他。此前不久，巴赫在吕讷堡学习的时候，可能利用过那个坐落于易北河河畔的城市给予他的机遇。在那里，圣米夏埃尔教堂学校拥有德国馆藏最丰富的图书馆之一，虽然巴赫当时年纪太小，还无法完全理解那些浩如烟海的曲目，但他在其中发现了古代和当代大师们留下的一份珍贵资料。巴赫既看到了法-佛兰德乐派的复调作曲家们留下的曲谱——他们对于音符之间关系的精湛把握改变了 15—16 世纪西方音乐的面貌，也看到了前几代艺术家的作品——许茨、罗森米勒（Rosenmüller）和克劳迪奥·蒙特威尔第（Claudio Monteverdi），或者年代更近一些的如格奥尔格·伯姆（Georg Böhm），以及 1721 年在恩顿去世的约阿希姆·格斯滕比特尔（Joachim Gerstenbüttel）。约翰·塞巴斯蒂安不仅仅是圣米夏埃尔教堂唱诗班的一个男孩或是一个聪慧的学生，那时的他已经深深沉醉于知识的魅力。

人们说当巴赫到莱比锡的时候，他一定认真读过库瑙给 1700 年出版的《一些〈圣经〉故事的音乐呈现》写的序言。在序言中，库瑙认为音乐的创作与表现常常需要代数的形式。当他这样写的时候，难道是想到了基歇尔吗？巴赫可能还读过他的前辈的其他著作，比如大约 1703 年撰写的《创作的基础》（*Fundamenta compositionis*），以及没能留存下来的《论三和弦》（*De triade harmonica*）和《论古典音乐及当代音乐中的四音音列》（*Tractatus de tetrachordo seu musica antiqua ac hodierna*）。巴赫手头有一些重要到无法让他忽视的书籍，无论音乐类的还是其他领域的作品。难道巴赫没翻阅过米夏埃尔·普雷托里乌斯（Michael Praetorius）的《音乐论述》（*Syntagma musicum*，1614—1619）吗？巴赫会不了解约翰·雅各布·普林纳

（Johann Jacob Prinner）和他 1677 年发表的《音乐的关键》(*Musicalischer Schlissl*）吗？巴赫会忽略掉约翰·泰勒或者博克迈耶的艺术作品吗？伊尔斯利已经证实了巴赫不会。为了增加他的学识，巴赫的表兄瓦尔特——当时很著名的《音乐辞典或音乐藏书》(*Musicalisches Lexikon oder musikalishe Bibliothek*，1732，以下简称《音乐辞典》）的作者，给过巴赫一些在整个德国都颇具影响力的音乐理论著作——安德烈亚斯·韦克迈斯特（Andreas Werckmeister）的作品。

这位不安分的学者敏锐地思索着音乐中的数学关系，并且拿出部分精力研究律制的问题。巴赫也对此深深着迷，他天才的想法在《平均律键盘曲集》中精彩地展现出来。在《音乐的和声学》(*Harmonologia musica*，1702）中，韦克迈斯特归纳出许多音乐理论，他认为每一种律制都可以唤起听众的不同情绪，唤起不一样的"情动"。[40] 约翰·塞巴斯蒂安似乎超越了这种理念，在《平均律键盘曲集》中，他不会因为考虑旋律的情感色彩而舍弃任何调性，而是积极地寻求解决方案。卡尔·菲利普谈到父亲时说：

> 他特别擅长给羽管键琴调音，他能调到最准确纯粹的音准，让所有的调性都优美悦耳。对巴赫来说，不

存在由于无法保证音准而需要规避某个调性的情况。[41]

巴洛克中期依然存在这样的观点，认为每个调性都对应着一种具体的情绪或状态。德尼·戈蒂埃（Denis Gaultier）在大约1652年出版于巴黎的精美鲁特琴曲集《众神的修辞》（La Rhétorique des Dieux）便是这种观点的经典呈现。马克·安托万·夏庞蒂埃（Marc Antoine Charpentier）在大约1690年出版的书籍《作曲的规则》（Règles de composition）中"调式的力量"一章也表达了同样的观点。在德国，宣扬音乐与情绪之间关联的音乐家之一是许茨的高徒克里斯托夫·伯恩哈德（Christoph Bernhard），他是大约1657年出版的《夸张作曲法专论》（Tractatus compositionis augmentatus）一书[42]的作者。

在伯恩哈德之后，即便过去很久，音乐与情绪之间的关联也依然能够激起音乐家和理论家的兴趣，比如约翰·大卫·海尼兴（Johann David Heinichen）把他的相关思考展现在作品《新发现和基本说明》（Neu erfundene und gründliche Anweisung，1711）中，此外马特松和巴赫的忠实拥趸弗里德里希·威廉·马普格也对此表现出兴趣。在18世纪下半叶，马普格在不同的作品中阐述过这个问题。然而，这些音乐家的观点并不完全一致。一些理论家和作曲家根据新的平均律，以一种更加科学的方式来探索调性。比如前文提到的费舍尔所作《新风琴音乐的阿里阿德涅》中的 20 首前奏曲和赋格曲，其中对于半音阶的处理方式更像是一种调性的探索，而没有太去考虑情绪层面的问题。

韦克迈斯特的作品是最后一批相对认同毕达哥拉斯派思想的作品了。当时间到了 18 世纪初，情况便发生了变化。巴赫并不是那么认同毕达哥拉斯派的思想，他在作曲上越来越推崇经验主义。理性的数学推演在科学面前很明显失去了曾经的辉煌，这种科学被视为一种起源于"被当作公理接受和生成的原则，而非'自然事实'"[43]的建构。我们要再次强调，巴赫首先是一位娴熟的音乐家，他不仅精通演奏而且擅长作曲，他的思想深度令人叹为观止。他在键盘上恢宏的即兴演奏深深打动着听众的心灵，这些演奏并不是数学计算的结果。当巴赫即兴弹上一首管风琴曲或羽管键琴曲时，他的灵感不仅仅来自他的智慧头脑，更来自他作为一位成熟音乐家的非凡能力。并不是数学或者象征的先验论让旋律流动起来。当 1747 年巴赫拜访普鲁士国王腓特烈大帝的宫廷时，他即兴演奏的赋格曲惊艳了全场。J. F. 多布（J. F. Daube）在 1756 年出版的《三和弦通奏低音》（*General-Bass in drey Accorden*）中评论道：

对他来说,至上的声音应该闪耀光芒。他可以通过高超的才华为伴奏赋予生命。不管用左手还是右手弹奏,或是即兴演奏一段对题,他可以凭借精湛的技巧模仿至上的声音,而任何一个听众都会以为这是一段精心准备良久的作品。[44]

在《讣告》中我们读到,在心情不错的时候,巴赫曾凭借"卓越的和声能力",即兴为其他音乐家伴奏。有一次,在原作曲家不介意的情况下,他还即兴"把一些数字低音部分较为薄弱的三重奏改编成了一首完美的四重奏"[45]。

巴赫在柏林近郊的波茨坦无忧宫为普鲁士国王即兴演奏。

尽管在 18 世纪初，数学在音乐领域的影响力确实大不如前，但莱布尼茨以及后来的拉莫和欧拉（Euler）都一直认为在音乐的和声与宇宙之间确实存在一种关联[46]，当时很多颇为活跃的人物像费奇诺（Ficino）、皮科·德拉·米兰多拉、布鲁诺也持这样的观点。这个思想传统留下了不可磨灭的印记，像热烈果敢的小提琴家朱塞佩·塔尔蒂尼（Giuseppe Tartini），他创作了《基于圆的柏拉图哲学》（*Scienza platonica fondata nel cerchio*，1770），他和天文学家卡利（Carli）展开了漫长的争辩。1724 年，巴勃罗·纳萨雷（Pablo Nasarre）笃定地说，"众神与人类都受到和声的滋养"，知晓"人间的音乐来自众神的影响后"可以更好地理解音乐。[47] 马特松尝试让一切变得有序，他认为思辨才是真正的潮流。[48] 受洛克作品的影响，在启蒙运动带来的新鲜气息中，他想终结"上天与数字"的隐喻，他认为音乐是完全以经验主义为基础的，数学应当为经验服务，而仅仅在技巧方面发挥作用即可。巴赫却逆流而上，以一种唯科学主义的语言发展着他的研究。用约翰·凯奇的话来说，音乐创作的目的并非仅仅在于对意图的关注，更在于对声音本身的关注。[49]

通过《平均律键盘曲集》，巴赫向人们展示了调性的范围其实是可以扩大的，调性不仅可以与情绪呼应，更可以与心灵契合。无论在怎样的框架结构上生成的旋律，都可以放飞思绪与感受。那时候常见的调性有 17 个，但巴赫创造出一套涵盖 24 个调性的逻辑体系，并为后世所接受。那些过去不为人所知的、由这位作曲家探索出的调性是：升 C 大调、升 C 小调、降 E 小调、升 F 大调、降 A 大调、降 A 小调、降 B 小调。

谈到马特松，我们应当强调一下当他在成年时思想的反转，即认为音乐应当以经验主义为依托，他在写作《完美的乐监》(*Der vollkommene Capellmeister*，1739) 之前，曾认为在 18 世纪上半叶的衰退中，经验对于音乐不那么重要。比如在《新成立的乐团》(*Das neu-eröffnete Orchestre*，1713) 中，他认同一个过去的观点，即音乐的节拍是以心脏的脉动为基础的。但后来，马特松改变了想法，因为他认为音乐的节拍是跟随直觉发生变化的。在 1713 年的书中，马特松为每一个调性归类，指出它们的具体特点。他形容 C 大调不太精致，适合欢乐的场景；C 小调是甜美甚至伤感的，仿佛梦境一般；D 大调适合战争的庆典，作为华丽作品的序曲；D 小调可以营造虔诚肃穆的宗教音乐氛围；降 E 大调是悲怆的，浸染着一种深刻的痛苦；F 大调可以滋长崇高的情感，比如慷慨、恒心与爱；F 小调则擅长表现一种柔情、一种心灵深处的焦虑与沮丧。他认为最美

约翰·马特松:《完美的乐监》,汉堡,1739 年。

的调性当属 G 小调,因为它有时洋溢着欢乐迷人,有时奔涌出截然不同的情感,比如温柔的暴烈或是孤苦无依。当谈到巴赫非常钟情的 B 小调时,他说它是哀愁而忧郁的,鲜为作曲家运用。[50] 马特松认为所有的调性,加起来一共 17 个,都有自己的一种特点。然而,我们聆听《平均律键盘曲集》时发现，所有这些所谓的特点全部消失了，一切都没有了意义。

不会计算的头脑

18世纪上半叶出现了各种各样的音乐理论，美学上的争论愈演愈烈，改变了欧洲的乐坛面貌。不计其数的杂志涌现出来，发表的言论变成投掷出去的武器，而乐谱与专著也常常沦为最刻薄的评论家们瞄准的对象。为了与哲学家们对抗，法国作曲家拉莫不得不用上击剑大师的手段，而德国的情况也没有什么不同。在西班牙，形势看起来没那么严峻，但尖锐的批评声同样存在。比如，弗朗西斯科·瓦尔斯（Francisco Valls）1702年的作品《阿雷佐音阶弥撒》（*Missa Scala Aretina*）中使用的和声非常特别，引发了广泛的争论。亚历山德罗·斯卡拉蒂（Alessandro Scarlatti）还在1717年写下《关于艺术中一个特别案例的音乐探讨》（"Discorso di musica sopra un caso particolare in arte"）一文来声援瓦尔斯。很久以后，克恩伯格在1779年还特意把这位那不勒斯大师的文章[51]翻译了出来。

尽管游离在争辩之外，巴赫一直认真关注着周遭发生的一切。在巴赫的音乐中也是可以找到一种统领全篇的指导思想的，它们有时以一种含蓄的方式蕴含在旋律之中，但巴赫绝非仅仅仰仗机械的计算，他更多是依靠机敏灵动的直觉来作曲。他敏锐的头脑可以处理最复杂的音乐结构，甚至《谜语卡农》（Cánones enigmáticos）那样理论性很强的作品也不在话下。克洛德·列维-斯特劳斯（Claude Lévi-Strauss）认为，当科学与音乐相遇，科学会碰壁，因为音乐是无法被定义的。他的观点有一定道理，因为严格来说，在音乐的概念中，逻辑确实没有一席之地。哲学家乔治·斯坦纳（George Steiner）认为，音乐并不具备某种具体的含义，因此，这种声音的艺术其实是一种对于知识的不懈突破。这位《安提戈涅》（Antigones，1984）的作者说，大部分宗教作品，无论实体还是非实体的作品，都是为了"增添上帝的荣耀"而被创造出来的，它们有时候会脱离理性：音乐在本质上便与这种直觉联系在一起。[52] 音乐本身自成一体，它有一种内在的统一性：仅仅从表面去理解音乐语言以及音乐的内在统一性是远远不够的，它们远比听众所感知到的具体内容要深刻得多。

对于巴赫这位伟大的德国音乐家，人们有着各种各样的评价。有人认为他是一位数学家或建筑师，有人认为他是一位苦行僧，还有人认为他是一位魔法师，一位创造着象征符号的神秘主义者，因为他将各种概念连成一条没有尽头的独特链条，他可以同时唤起人们对于外在和内在世界的感知。然而，我们不能将这些评价全盘接受下来再去解读巴赫，因为这会让事实变得含混不清：我们不应该忘记所有的象征、所有的符号都对应着一种武断的立场。巴赫的创作从心而动，他从未接受过音乐上的教条主义，从未以教条主义为出发点去思考创作任何内容。莱布尼茨关于音乐的名言与巴赫非常契合："音乐是在不会计算的头脑中进行的一种无意识计算。"[53] 当巴赫在构思音乐结构的时候，他大脑中数学频道的直觉便活跃了起来，也就是说，他常常在无意识中进行计算，把所有元素和谐地融合在一起，他认为各种碎片、各种不同最终都会走向统一。

卡尔·菲利普·埃马努埃尔在《讣告》的补充文字中写道："去世的父亲……与所有真正的音乐家一样，并不热衷于枯燥的数学问题。"[54] 其实在初版的《讣告》中，卡尔就提到："我们去世的父亲巴赫不把精力放在深入的音乐理论研究上。"[55] 当巴赫做一些数学上的演绎推论时，他其实是想如弗雷斯科巴尔迪与扬·斯韦林克（Jan Sweelinck）一般尝试一下组合的艺术（*ars combinatoria*）。由于运用了数学上的推演，巴赫的作品得到了更大的传播，比如镜像赋格，比如逆行对位、增时或减时对位。巴赫在对位中使用的主题变奏越来越深奥复杂，比如倒影逆行和被称为"螃蟹卡农"的逆行卡农（canon cancrizans）。之所以得名"螃蟹卡农"，是因为一个声部与自己的逆行形式形成对位，对题（comes，拉丁语，意为"伙伴"）也就是第二段主题，从右向左逆行呈现出第一段的主题（dux，拉丁语，意为"导引"）。[56]14 世纪时便已有音乐家运用这种逆行形式，它在十二音体系音乐中非常重要，许多与巴赫同时代的音乐家都对此颇为喜爱。巴赫在《音乐的奉献》中尽情展现了逆行卡农，最著名的呈现便是"第一首二声部卡农"。

巴赫在《音乐的奉献》中的另一首卡农（BWV 1079.6）中还写道，"找寻吧，你们终将找到"，并热切地探究隐藏在一个个音乐小节中的奥秘。

这些作品常常令研究者不禁发问[57]：是否在巴赫的内心深处有一股对于构筑登峰造极的建筑之美的热望，或者对于数字象征学有一种形而上的求索？巴赫的作品中是否充盈着一种纯粹的实验主义、一种科学式的探究、一种对于抽象的追求？如果用莱布尼茨或斯宾诺莎的方式去解读，那么答案似乎很清晰，就是理性的思考与感性的心灵并不矛盾，后者不过是另一种形而上的表达方式：一部作品越趋向完美，它就会越显得真实或实在，它就会越靠近上帝，越靠近唯一的实体。创作真正的音乐就是创作一种可以命名万物、描绘一切的语言。当然，这种创作也并不局限在音乐作品的创作上。对于巴赫来说，实验是一种寻求突破的方式，也是一种实现超越的方式。

巴赫在计算方面天赋异禀，因此他总会不自觉地将数学融入作曲中，但这种融入并不像人们所说的那样频繁。不仅巴赫如此，20世纪喜欢推演的音乐家也是一样，大多数人作曲时都不是在冷冰冰地运用数学，他们对"枯燥的数学问题"并不感兴趣。对于音乐家来说，一部作品并不是一个简单的思辨结果，而是让声音恰如其分地配合在一起，形成最动人的和声。卡尔·海因里希·格劳恩曾在1747年和1751年给泰勒曼写过信，信中也表达了同样的观点。格劳恩曾加入巴赫的学生洛伦茨·克里斯托夫·米茨勒（Lorenz Christoph Mizler）于1738年创办的"音乐科学协会"。米茨勒在莱比锡学习了神学，1736年成为莱比锡大学的神学系负责人。他身上有着很典型的时代特征，思想上受到了克里斯蒂安·沃尔夫和戈特舍德的影响。米茨勒有非常理性的一面，但同时也认同毕达哥拉斯派的理念，他在数学中看到了音乐的本质。

研究巴赫的学者常常非常关注米茨勒其人。尽管他的影响力也许言过其实，但他确实集结起一群有影响力的音乐家加入协会，为协会增添光彩。亨德尔是协会的荣誉会员。一批当时颇具名望的音乐家比如格劳恩、泰勒曼、施罗特（Schröter）、费舍尔、施特尔策尔（Stölzel）、索尔格（Sorge）、博克迈耶都是协会成员。同样参与进来的还有利奥波德·莫扎特（Leopold Mozart），但莫扎特并没有正式加入协会，原因我们并不知晓。1747年，在米茨勒的鼓动下，巴赫加入了协会。米茨勒对数学有着极大的热爱，以至于他常常从纯数学的角度去分析音乐作品，当然这种分析并不时时准确。

想要加入这个不到20人的作曲家协会，需要提交一部有推演性质的作品，巴赫为此提交的是《六声部三重卡农》手稿。协会的音乐家们每年都应当创作一部作品，于是人们常说，恢宏的卡农变奏曲《我从天堂降临人间》（*Vom Himmel hoch, da komm ich her*，BWV 769；斯特拉文斯基在1956年曾改编这部作品），以及《音乐的奉献》和《赋格的艺术》，都是在协会的活动和米茨勒这位年轻的协会创办者的推动下诞生的。但巴赫的这几部鸿篇巨制，特别后两部作品的诞生源自他加入了一个资历尚浅的协会，这样的说法带着过多的逸事色彩，令人难以信服，最多也就《六声部三重卡农》这部作品是巴赫应米茨勒之请而创作的。巴赫的创作一定源自更大的机缘，但我们也并不想忽视米茨勒发挥的作用。米茨勒的内心有一股热情，他支持启蒙运动，做事颇有韧性。他的作品《新挖掘的音乐藏书》（*Neueröffnete Musikalische Bibliothek*）便是他坚韧品质的印证。书中的文字，无论评论性的内容还是历史信息，比如出现在1754年版本中的《讣告》，在今天都依然具有极其重要的文献价值。在（1737年出版的）该书第2册中，可以读到莱布尼茨对于音乐的观点。莱布尼茨认为，音乐的创作是一个"不会计算"的过程。这本书的第一批编辑

《六声部三重卡农》（BWV 1076）手稿。

团队有欧拉、马特松、沙伊贝,更有戈特舍德持续的助力。米茨勒在后期慢慢淡出了乐坛。他在莱比锡讲授的音乐课程不大受欢迎,于是他不得不在1743年转而为波兰的马瓦霍夫斯基伯爵效力。1752年,米茨勒又在华沙的宫廷里改行做起了医生。

18世纪中叶,一个像米茨勒这样通才式的人物,在各个文化领域尤其音乐领域相当常见。在那个年代,各种理论如奔腾河流浸润四方,各种体裁、流派以及音乐家之间的争论喋喋不休。各种假说和类比蔚然成风,轻而易举便能激起分歧。其中一个类比是音乐与修辞学之间的类比。人们公认巴洛克音乐,特别是17世纪中期的巴洛克音乐,在形式、体裁和风格上都与修辞学相关联。可以说音乐与修辞之间的关联是巴洛克音乐理性主义的突出特征。1416年,佛罗伦萨的人文主义者波焦·布拉乔利尼(Poggio Bracciolini)在瑞士圣加仑修道院将昆体良的《雄辩术原理》(Institutio oratoria)重新带回大众视野。文艺复兴时期此书反响热烈,这部修辞学教义为各个学科带来了启迪,对音乐的发展影响也很大。从词语到句子、一行行写下或说出的言语、人们感知到的情绪,都可以通过修辞手法用音乐表达出来。

人们开始重温许多大师的文字,比如西塞罗的《论创造力》(*De inventione*) 以及伊索克拉底 (Isócrates) 的作品。伊索克拉底始终认为语言自身的音乐性也可以展现它的风格。巴赫 40 多岁时，安德烈亚斯·赫布斯特 (Andreas Herbst) 一直在德国积极传扬这些大师的理念。1643 年出版的《诗歌的音乐》(*Musica Poetica*) 也表达了类似的理念，这本书一定程度上借鉴了约阿希姆·布尔迈斯特 (Joachim Burmeister) 1606 年出版的同名作品。基歇尔在《世界的音乐》中也研究过修辞与音乐之间的关系。与他同时代的克里斯托夫·伯恩哈德在《详述协和音与不协和音的应用》(*Ausführlicher Berich vom Gebrauche der Con- und Dissonancien*) 中也研究过这个问题。于是渐渐地，这样的理念形成了一种信条，许多人认为音乐作品就是按照创作、排列、表达、记忆与演绎的顺序来发展的。当沙伊贝批判巴赫，说他创作的曲谱中"音符乱七八糟"时，巴赫的友人伯恩鲍姆 (Birnbaum) 挺身而出，他写道：

> 如果有幸近距离认识这位宫廷作曲家，能在现场聆听欣赏他的作品，相信智慧的听众定会做出比音乐批评家（沙伊贝）更加客观中肯的评价。巴赫深深地理解音乐与修辞之间的相通之处。在他的作品中，人

们可以尽情欣赏音乐与修辞的呼应，为他竟能将二者如此精准地表现出来而赞叹不已。这位伟大的作曲家有着登峰造极的诗学造诣。[58]

一些特定的音符组合和音效能够引导出一种情绪，有时这便被当成一种修辞的运用，因为人们借助这些音符组合来变换基调，表达情动。克里斯蒂安·沃尔夫把它们称为表达"喜爱与反感"的手法，它们可以进一步渲染"喜爱与厌恶"。[59]上行音阶可以让情绪突出、增强，而下行音阶则让情绪弱化、消散。一连串的小二度与不协和音程的跳跃可以表现悲伤。含混的音调可以传递疑惑的感觉；一个明显的上行音程可以表现惊叹，六度上行音程可表现沉重的痛楚；突然的休止或是漫长的休止可以表现戛然而止。[60]旋律的循环可以表现混乱的状态，也可以生动地展现时间的进程。瓦尔特·本雅明认为，这种圆盘一般循环往复的节奏感在巴赫的音乐甚至巴赫创作的康塔塔歌词中都有体现。[61]

然而，尽管作曲家们有如此丰富的思考，他们并不会拘泥于任何范式，因为死板的结构与音乐的本质相背离。音乐的语言有着如此广袤的生命力，它不会被任何规则束缚。近年来人们常说《音乐的奉献》是严格遵循《雄辩术原理》中提出的理念创作出来的[62]，这种观点并不准确。因为如果当真如此，乐谱一定会大大受到局限，用纽鲍尔（Neubauer）的话说，那样就不会在18世纪实现音乐艺术的彻底"解放"了。以下是《音乐的奉献》与昆体良雄辩术核心要点之间的对应关系：

II	三声部利切卡尔	开篇
	无终卡农	短篇叙事
	卡农 I-V	长篇叙事（重复叙事）
	赋格型卡农	（暂时）偏题
II	六声部利切卡尔	开篇 II（开场白）
	二声部和四声部卡农	争论（证明＋辩论）
	奏鸣曲	抒情结尾
	无终卡农	重复结尾

毫无疑问，昆体良的《雄辩术原理》颇具影响力。大体来讲，过去以音乐为主题的作品都享有很大的声望，常常成为认真研究的对象。不仅书写音乐主题的文字作品很多，将古典音乐书籍描摹进去的画作也不在少数，比如我们此前提到的朱塞佩·玛丽亚·克雷斯皮1715年创作的油画便是如此，画的左下方有一本厚厚的书，书脊上的题目为《阿里斯提德斯·昆提利安的〈乐记〉》（*Musica di Aristide Quintiliano*）。但我们不要把他与写作《雄辩术原

理》的昆体良混淆了。昆提利安是公元 2 世纪的思想家、理论家，他写下了妙趣横生的 3 卷本音乐著作[63]，从文艺复兴开始就广泛被人研究。

第四章

上帝——镜前的哲学家

卡尔·菲利普在《讣告》中提到,父亲在没有键盘辅助的情况下创作了大量曲谱。巴赫不需要身边有键盘,就可以在脑海中构思旋律,聆听音乐。卡尔曾发给福克尔一些《讣告》的补充材料,为他的巴赫传记创作提供细节上的参考。卡尔在其中写道:

> 除了一些确实需要键盘即兴演奏的曲目,大多数曲目父亲都是在没有乐器的情况下完成创作的。当然,之后他会用乐器演奏出来,检验一下效果。[1]

18世纪末,恩斯特·路德维希·格贝尔(Ernst Ludwig Gerber)便在《音乐家辞典》(*Historisch-biographisches Lexikon* der Tönkünstler，1790）中写道：如果白天无法弹奏，那么巴赫会在晚上作曲——

《平均律键盘曲集》就是这样诞生的。这本曲集包含赋格曲与前奏曲，囊括了24个调式。在一个烦闷无聊的地方，巴赫身边什么乐器都没有，于是他索性创作了这部取悦自己的作品。[2]

1717年的11月和12月，当巴赫开始构思这部重要作品的第一卷时，当时的他很可能在魏玛身陷囹圄。由于共同执政的威廉·恩斯特公爵和恩斯特·奥古斯特公爵二人关系不和，巴赫在魏玛宫廷的前途变得不大明朗，于是他决定辞职。威廉·恩斯特公爵勃然大怒，11月6日，他以不服管教为由下令逮捕巴赫，直到12月2日才将巴赫释放出狱。巴赫几乎没有多少时间收拾行囊便匆匆赶去克滕。尽管遇到艰难险阻，我们看到这位大师对于音乐始终保持着惊人的专注。一生中无论境遇如何，巴赫都能克服万难沉潜在音乐中。倘若我们能够知晓巴赫阅读过哪些书就好了，这样便可以更好地理解他的音乐作品中蕴含的意图和形式上的解决方案。在他的乌鸦羽毛笔或是鹅毛笔旁，放着用来刮去笔误的小刀、铅笔、削笔刀、墨水瓶和纸张，大概还有一些小册子，上面有他认真阅读后写下的笔记，正如《讣告》中所说："巴赫对于求知有着极大的热情，特别是青年时期，他总是彻夜学习。"[3]

巴赫孜孜不倦地阅读，读书时留下大量的评注。他在 1733 年买到了亚伯拉罕·卡洛夫（Abraham Calov）也就是卡洛维乌斯（Calovius）在 1681—1682 年出版的 3 卷本《伟大的德语〈圣经〉》（*Grosse Teütsche Bibel*），书中散落着他阅读后的思考痕迹。他还阅读过罗斯托克的神学家海因里希·穆勒（Heinrich Müller）的作品，尤其是 1681 年在法兰克福和他的家乡罗斯托克出版的《对于约瑟夫不幸的布道》（*Sermones sobre las desdichas de José*）[4]，他也在书页的空白处写下了自己的感想。巴赫还在 1742 年的拍卖会上买了一些路德的书籍，比如《荣光的马丁·路德博士的德语著作》（*Teütsche und herrliche Schrifften des seeligen Dr. M. Lutheri*）。巴赫说卡洛维乌斯在写作《伟大的德语〈圣经〉》时借鉴了路德的文字。在一张发票上有巴赫留下的笔迹，他写道：

　　1742 年 9 月的拍卖会上，我花 10 塔勒买到了 M. 路德博士的德语著作（来自大神学家、主教亚伯拉罕·卡洛维乌斯在维滕贝格的藏书。他很可能借助路

亚伯拉罕·卡洛维乌斯:《伟大的德语〈圣经〉》,第一卷,维滕贝格,1618年。

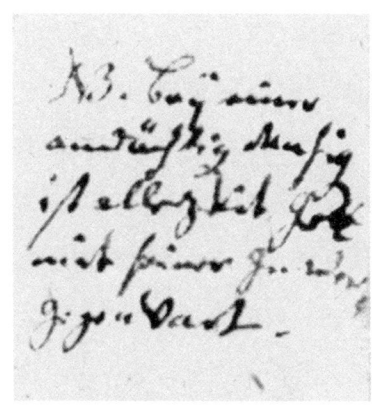

J.S. 巴赫在卡洛维乌斯《伟大的德语〈圣经〉》上空白处的笔迹。

德的著作来编制他的《伟大的德语〈圣经〉》，去世后将这些书稿留给了大神学家 J. F. 迈耶博士）。——约翰·塞巴斯蒂安·巴赫[5]

几十年前这部卡洛维乌斯的著作被挖掘出来，并在 1969 年的海德堡巴赫节上首次展出。[6] 这部作品让人们对于巴赫的神学思想特别是他对于路德宗的理解有了一些新的解读。近年来，人们在这一问题上众说纷纭，有人说巴赫是一位虔诚的信徒，是信仰驱动着他的音乐创作；有人说巴赫是一位相当务实的人，他是出于工作需要才创作了数量繁多的教会音乐作品；还有人说巴赫的作品中闪耀着启蒙运动的思想。但巴赫并不能被这样简单地定义，真实的巴赫是丰富而深刻的。

把巴赫看成一个虔诚忘我的信徒，或认为他是一个务实又出色的公职人员，只是为了他在莱比锡的工作才去翻阅《圣经》，这样的想法都经不起推敲。毫无疑问，巴赫有着开放的襟怀，他并不愿意封闭在自己的小世界里。他求知若渴，四处求索，无论他创作的宗教音乐还是世俗音乐，器乐还是宫廷音乐，都淋漓尽致地展现出巴赫音乐的多样性。试想一下，风格大相径庭的《B小调弥撒》《大提琴组曲》《马太受难曲》和《音乐的奉献》竟然全出自巴赫一人之手，真令人惊叹不已。也很少有人相信《和谐的三和弦》(*Trias harmonica*，BWV 1072)卡农与《愿闲话停息》(*Schweigt stille, plaudert nicht*)即《咖啡康塔塔》竟是同一位作曲家的作品。

留存下来的巴赫书单只是他的一部分读物，并不能完全反映他广阔的知识面。这些图书大多数是宗教和伦理学的书籍，其中一些书籍在观点上还存在分歧：他的书单里既有阿塔那修斯·基歇尔也有马兰·梅森的作品；既有詹巴蒂斯塔·维科（Giambattista Vico）的杂记，也有佩皮斯和斯威夫特的书籍；既有吉罗拉莫·卡尔达诺（Girolamo Cardano），也有罗伯特·伯顿（Robert Burton）的作品。

于是，布鲁门伯格写道，书架上仿佛进行着一场智慧的竞赛，并肩而立的书籍摩拳擦掌，展开较量。[7]

关于巴赫，也许人们会首先好奇他究竟是如何看待上帝的，他把上帝当成是统领世界的存在、世间万物的最高实体、命运的源泉，还是面对那些无法解释的现象时可以诉诸的唯一语言。与当时的时代精神一致，巴赫坚信在秩序与完美中，在追求"绝对"（哲学概念）的过程中可以理解上帝的观念。巴赫深信造物之善与圣奥古斯丁所谓"秩序的辉煌"（Splendor ordinis）。巴赫的音乐是一个神启，是一座惊艳的建筑，完美融合了形而上与形而下、数学与直觉。巴赫的音乐展现着一切，但一切又无法被证明，就像库尔特·哥德尔（Kurt Gödel）的定理一样：人们可以直观感觉到一个公式是真，却无法证明其真。哥德尔在1930—1940年提出的这个定理与巴赫的音乐非常契合。

在这位创作了《哥德堡变奏曲》的音乐家身上，理性与感性高度共存（帕斯卡尔将后者称为"心灵的理性"），艺术才思与数学计算之间达成了一种奇妙的平衡。莱布尼茨在《人类理智新论》（Nuevo tratado sobre el entendimiento humano）开篇写下的话很有启发性，他说自己与伽桑狄（Gassendi）以及笛卡尔派的理念不同，他认为自己发现了"一个新方法"，凭借这个方法，看似矛盾的"柏拉图与德谟克利特，亚里士多德与笛卡尔，经院哲学与现代哲学家，都可以调和在一起，就连神学、伦理与理性也可以相互交融……"[8] 突破性的音程关系，形式独特的赋格曲，将无数旋律汇成和谐整体的利切卡尔或增时卡农也许都是对于上帝的一种回应。这个上帝是从帕斯卡尔到斯宾诺莎，从伽桑狄到沃尔夫这些17—18世纪人物心目中的上帝。他们所理解的这位至高无上的上帝是自然、自由而多元的，必要时追求平衡与对称，相信宇宙中万物有序。在当时的观念里，上帝越来越成为一个理性思辨的对象，哲学意义的上帝渐渐超越了宗教意义的上帝。

当巴赫在键盘前即兴演奏的时候，上帝好像就在那里。巴赫似乎想去证明，直线与曲线并没有天壤之别，它们不过是构成一个相同结构的不同部分，协和音与不协和音也是一样的，它们共同交织成一首乐曲。巴赫并不需要一部作品的完成，因为对他来说，上帝就是永恒的造物，永不停歇地把思考与感受联结在一起。这些奔涌的思考与感受让他坚信，只有"变化"才是世间的永恒。因此，巴赫的理念便是跟着感觉，从心而动。莱布尼茨曾在一本篇幅不长的书的前几页写道："在上帝身上，一切都是自然生发出来的。"[9] 巴赫在一篇关于基础低音的文字中说，哲学的上帝是对无限、绝对、理性的计算，以及天地和谐的表达：

基础低音是音乐中最完美的基础。在琴键上双手配合，左手弹奏主旋律，右手负责协和音与不协和音，为了上帝的荣耀，为了灵魂应得的欢愉而演绎出动人的和声。基础低音的终极目的，与其他音符一样，都是为了上帝的荣耀，为了心灵的新生而奏响。[10]

巴洛克时期的音乐家都秉持这样的理念。事实上，巴赫的这段话是对弗里德里希·埃哈德·尼特（Friedrich Erhard Niedt）1700年在汉堡发表的《音乐指导》（*Musicalischer Handleitung*）中观点的延伸。在教学生涯中，巴赫可能曾把这本书当作教学材料，后来他还在书上做过批注。巴赫认为，无论宗教音乐还是世俗音乐，它们依据符合规则的结构搭建而成，一步步走近被称为上帝的完美存在。协和音与不协和音的配合才能实现"动人的和声"，才能勾勒出动人的乐章，带我们感受那极致的快乐，莱布尼茨也认同这种理念。在巴赫的很多乐谱如《平均律键盘曲集》或《B小调弥撒》中出现的 S.D.G.（*Soli Deo Gloria*，即"荣耀只属于上帝"）让人们可以感受到，作品的终极目的就是完美和"灵魂应得的欢愉"。各种音符或和弦被重新组合在一起，形成动人的和声。尽管在巴赫的时代，这些献词的创作已经形成了一种范式，但他的音乐别具新意。在聆听巴赫的时候，伴随着美妙绝伦的音乐，我们仿佛置身完美之境。

莱布尼茨单子论的结构理念与巴赫的音乐结构有很多异曲同工之处。巴赫在创作中用到无数的音乐元素，唯一的目的就是创造完美的存在。[11] 莱布尼茨认为，人们从一座城市的不同地方去观察它时，每次看到的风景好像都会有些不同，城市"会因为视角的多元而变得丰富"。也许人们会误以为"有许多个世界存在，但其实它们只是同一个世界在不同视角下呈现出的不同面貌而已"[12]。莱布尼茨坚信，这样多元的面貌只有在"尽可能多元的规则"下才能被呈现出来，唯有如此，才能"达到可以抵达的完美"[13]。

巴赫认同莱布尼茨的理念。聆听他的音乐时，我们总会在不经意间感受到那种多元的规则。那种"完美"的结构是如此动人，许多人并不是信徒，但他们不止一次地感叹，巴赫的音乐令人仿佛置身于一座至高的心灵殿堂。正因为如此，巴赫的音乐超越了信仰，所有教义和信条全都不复存在，一切都自由地生长，时空的界限消失不见，所谓时空的边界也不过是人造的概念而已。巴赫让人们看到，一切都不是我们看到的样子，如果确实有什么是真实存在的，那就是永恒的、无穷无尽的变化，这变化是无数偶然产生的世界或宇宙的镜像。没有什么一定要抵达的地方,没有什么坚定不移的方向,前进或后退都不过是天体在运转而已。所谓 reflectere,既是"映照"(reflejar),也是"思索"(reflexionar)和"沉思"(meditar),也就是说,要去"重新思索出"一个让一切变得更好的规则。一切存在都是"一面永远鲜活的镜子"[14],而上帝映照在一切造物之中。哲学家莱布尼茨借鉴了拉斐尔·米拉米(Raphaël Mirami)在《镜子的科学》(Scienza degli specchi,1582)中提出的通用棱镜观点,即认为物质可以被无限地分割下去,每个小部分又可以无穷无尽地继续分割下去:

> 物质的每一部分都好像一座枝繁叶茂的花园,或一个满是鱼儿的池塘,而每根枝条、每条鱼、每个气泡自己本身也是一座小花园,或是一个小池塘。[15]

一切都是在井然有序中实现的。巴赫音乐中的每个音符都是如此,如镜像一般,汇聚成和谐的声音,为"上帝的荣耀"与"灵魂应得的欢愉"而鸣响。吉尔·德勒兹说单子是一个可逆、可倒转的数字,它是和谐的,可以表现各种关系;它是世界的镜像,是"倒转过来的上帝"[16],是无穷的反面;它不是 $\infty/1$,而是 $1/\infty$。德勒兹说,莱布尼茨在 1687 年 4 月写给阿尔诺的信中提到，在一场音乐会中，每个单子（音符）都唱出各自的歌，它们各自为政，却奏响最完美的旋律。

巴赫的音乐中交织着各种各样的观念，有唯物论也有其他截然不同的观念。尼采在巴塞尔听到《马太受难曲》时，心灵感受到深深的震撼。100 年后的加布里埃尔·马塞尔（Gabriel Marcel）和保罗·策兰（Paul Celan）也是如此。在作曲家中，施托克豪森（Stockhausen）、莫顿·费尔德曼（Morton Feldman）、斯特拉文斯基和肖斯塔科维奇也深深地理解巴赫。布鲁门伯格把齐奥朗这样狂热的巴赫拥趸称为"最后的厌世者"和"上帝的诽谤者"[17]。布鲁门伯格写道，音乐家巴赫把统领宇宙的上帝放在了一个边界地带，上帝即便存在，也不属于那里。我们在巴赫的音乐中看到一个安息的上帝，也就是前文提到的柯瓦雷所说的概念。巴赫的音乐一边抓紧我们，一边放逐我们，在不知不觉间一边消解上帝，又一边靠近上帝。一切教义、一切信条，无论不可知论的主张，还是认为上帝太过尊贵、无暇顾及人间的亚里士多德派理念，所有一切都被巴赫通通抛开。音乐就是音乐本身。

"极致的和谐"

仅从巴赫的藏书清单来了解他的神学、哲学以及音乐观念是不妥当的,因为这样观察出来的结果与实情有偏差。我们知道巴赫常常光顾圣托马斯学校校长约翰·奥古斯特·埃内斯蒂的藏书室,其中有很多柏拉图哲学的书籍,比如库萨的尼古拉（Nicolás de Cusa）、费奇诺以及皮科·德拉·米兰多拉的作品,也有赫尔墨斯主义和卡巴拉主义的作品。[18] 巴赫拥有的精神财富远比一份仅有几本神学书籍的清单丰饶得多。

1695—1700年,当巴赫还是个孩子并在奥尔德鲁夫中学上学时,和其他同学一样,除了修辞、宗教和逻辑课程,他也学习了拉丁语。到吕讷堡后,他还学习了算术和希腊语。在那里,他研习了西塞罗和他的《反喀提林》（De Catilina）、《书信集》（Epistolae）和《论义务》（De officiis）,阅读了伊索克拉底和最优雅的希腊哀歌诗人之一墨伽拉的忒奥格尼斯（Teognis de Megara）的作品。此外,他还阅读了昆图斯·库尔提乌斯·鲁弗斯写的亚历山大大帝的故事,发表道德言论的诗人福西尼德（Focílides）的作品,以及底比斯的塞贝斯（Cebes de Tebas）的作品。塞贝斯是思想比较倾向于苏格拉底派的一位毕达哥拉斯派作家，常出现在柏拉图的《斐多篇》和《克里托篇》中。巴赫有一本1680年在哥廷根出版的海因里希·托勒（Heinrich Tolle）的《哥廷根修辞》（Rethorica Gottingensis），作为亚里士多德哲学理论的参考书。他也读到了古罗马诗人贺拉斯的作品。维吉尔《埃涅阿斯纪》的第4卷，也就是书写埃涅阿斯离开后狄多深感绝望的部分，尤其勾起巴赫的兴趣。从弗朗切斯科·卡瓦利（Francesco Cavalli）到珀塞尔，从亚历山德罗·斯卡拉蒂、格劳普纳到与尼古拉·波尔波拉（Nicola Porpora）同时代的许多那不勒斯音乐家，鲜有维吉尔笔下的人物能像狄多这位迦太基女王一样，在巴洛克音乐中留下如此浓墨重彩的印记。

古人都说书籍是灵魂的良药，那么毫无疑问，巴赫的精神世界受到多方的滋养。学校的推荐书目里也有路德的作品，还有1610年维滕贝格出版的莱昂哈德·胡特（Leonhard Hutter）的《神学纲要》（Compendium locorum theologicorum），书中对路德思想做了神学上的解读。[19]巴赫在阅读上涉猎很广，因此我们应当以谨慎的态度来看待流传下来的巴赫书单，他从学生时代起就已经博览群书，长大后也很可能通过购买或者借阅的方式重温这些作品。我们并不知道施比塔基于什么原因得出是巴赫的儿子

宗教书籍[20]

对开本	塔勒	格罗申
卡洛维乌斯《文集》(Escritos), 3 卷本	2	-
开姆尼茨《特兰托公会议研究》(Examen Concilii Tridentini)	-	16
路德《路德作品集》(Obras), 7 卷本	5	-
路德《路德作品集》, 8 卷本	4	-
路德《桌边谈话录》	-	16
路德《〈诗篇〉评论》(Comentario de los Salmos)(第 3 部分)	-	16
路德《家庭布道文集》(Sermonario doméstico)	1	-
穆勒《锁起的锁链》(Cadenas cerradas)	1	-
陶勒(Tauler)《布道》(Sermones)	-	4
朔布莱雷(Scheublerei)《金矿》(La mina de oro)(第 2 部分), 2 卷本	1	8
平蒂吉乌斯(Pintigius)《〈圣经〉之旅》(Viaje por las Sagradas Escrituras)	-	8
奥莱里乌斯(Olearius)《〈圣经〉精髓》(La gran Llave de todas las Sagradas Escrituras), 3 卷本	2	-
约瑟夫斯《犹太古史》	2	
四开本	塔勒	格罗申
普法伊费尔《基督教福音派》(La escuela evangélica de los cristianos)	1	-
普法伊费尔《福音的宝藏》(El tesoro evangélico)	-	16
普法伊费尔《婚姻的学问》(La escuela del matrimonio)	-	4
普法伊费尔《福音之眼的瞳孔》(La pupila del ojo evangélico)	-	16
普法伊费尔《〈圣经〉的本质与意义》(Esencia y substancia de las Sagradas Escrituras)	1	-

续表

穆勒《对于约瑟夫不幸的布道》	–	16
穆勒《锁起的锁链》（Cadenas cerradas）	1	–
穆勒《无神论》（Atheismus）	–	4
穆勒《犹太教》（Judaismus）	–	16
斯廷格（Stenger）《布道集》（Sermonario）	1	–
斯廷格《奥格斯堡信纲的基本原则》（Bases de la Confesión de Augsburgo）	–	16
盖尔（Geier）《时间与永恒》（El tiempo y la eternidad）	–	16
兰巴赫（Rambach）《思索》（Reflexiones）	1	–
兰巴赫《对神的建议的思考》（Reflexiones acerca del Consejo Divino）	–	16
路德《日常布道》（Sermonario doméstico）	–	16
弗罗伯（Frober）《赞美诗》（Salmos）	–	4
各种布道词		4
亚当（Adam）《黄金眼的瞳孔》（La pupila del ojo áureo）	–	4
迈萨特（Meissart）《告诫》（Avisos）	–	4
海尼施（Heinisch）《约翰启示录》（El Apocalipsis de Juan）	–	4
贾克勒（Jauckler）《基督教教育的准则》（El recto curso de la enseñanza cristiana）	–	1
八开本	塔勒	格罗申
弗兰克（Francke）《家庭布道》（Sermonario doméstico）	–	8
普法伊费尔《基督教福音派》（La escuela evangélica de los cristianos）	–	8
普法伊费尔《反加尔文》（Anti Calvin）	–	8
普法伊费尔《基督教》（Cristianismo）	–	8

续表

普法伊费尔《反忧郁》（Anti-Melancholicus）	-	8
兰巴赫《关于耶稣哭泣的思索》（Reflexiones sobre el llanto de Jesús）	-	8
穆勒《爱之吻或神圣的爱火》（Llama de amor）	-	8
穆勒《慰藉的时光》（Las horas consolatoria）	-	8
穆勒《上帝的建议》（Consejo Divino）	-	4
穆勒《为路德辩护》（Lutherus Defensus）	-	8
格哈特（Gerhardt）《虔敬派》（Schola Pietatis），5卷本	-	12
诺伊迈斯特（Neumeister）《上帝的餐桌》（La Mesa del Señor）	-	8
诺伊迈斯特《圣洗礼的教义》（La doctrina del Santo Bautismo）	-	8
斯彭内尔（Spener）《反教皇制度》（El celo contra el papismo）	-	8
亨尼厄斯（Hunnius）《信仰教育的纯粹》（La pureza en la enseñanza de la Fe）	-	4
克林格（Klinge）《反对背叛路德宗的告诫》（Aviso contra la apostasía de la religión luterana）	-	4
阿恩特（Arndt）《基督教的真理》（La verdad del Cristianismo）	-	8
瓦格纳（Wagner）《莱比锡歌集》（El Libro de canto de Leipzig），8卷本	1	-
总计	38	17

威廉·弗里德曼和卡尔·菲利普·埃马努埃尔主要保管巴赫书籍的结论的。有可能这两位确实保管了巴赫的一部分书籍，但并不能排除其他亲友也作为纪念留存着某些书籍的可能，安娜·玛格达莱娜也有可能把书赠送或者卖给感兴趣的人。由于四处分发，留下来的藏书量有限，另外，莱比锡大学的工作人员只挑了一些价格不菲或是起到教学与教化作用的书籍记录在清单里，但清单内外的书籍其实都很重要。一些诗集、康塔塔曲谱、简短的篇章，比如莱布尼茨的《论智慧》，巴赫是应该拥有这些作品的，但都没能被记录在清单中。[21]

这样的评估方式也适合应用到其他方面，比如对巴赫的乐器的评估。按照记录，巴赫的家里竟然没有任何一件管乐器。其实他家里的确是有管乐器的，但大多数都很便宜，所以被忽略不计。[22] 此外，清单里没有包括楔槌键琴（clavicordio）也很引人注目。楔槌键琴是巴赫非常看重的乐器，在当时的德国也是很普及的室内乐器。这些疏漏都表现出这份清单是相当草率的，而清单上的键琴（clave）有时候其实指的是楔槌键琴。这种草率也影响了书籍的记录，因为比起一本书，一根银手杖、一件家具或是一个烟盒都更受到重视。清单上的书籍总价只有38塔勒17格罗申，这相当于一架非常简易的羽管键琴的价格。

（上）羽管键琴，又叫拨弦古钢琴、大键琴，琴弦被拨动而发声，音色清晰、明亮，因此在教堂和宫廷演出中广泛使用；（下）楔槌键琴，又叫击弦古钢琴、小键琴，琴弦被小槌敲击而发声，其音色轻柔，音量较弱，适合演奏温馨抒情的室内乐。两种乐器自16世纪末开始盛行，直至18世纪末才逐渐被现代钢琴取代。

沃尔夫认为巴赫的遗产继承者把那些最吸引人的书籍拿走了，于是就只有一些深奥的神学书籍留了下来。[23]那么各种题材的文学作品或是其他门类的作品，比如音乐理论书籍，或是与巴赫很精通的管风琴制作相关的书籍都去了哪里呢？回答这些问题，只能依靠一些并不能靠得住的猜想、直觉或是假设了。尽管无法知晓巴赫读过的所有书籍，但一想到巴赫那样学识渊博，想必他一定是通过广泛的阅读学习，吸收文化精髓，形成了对当时神学领域以及其他各领域思想的理解。也许他对理性主义的哲学传统并没有一个非常坚实的了解，但他受到了理性主义的熏陶与滋养。没有人能脱离他所处的时代生活。利盖蒂在创作《钢琴练习曲》（*Estudios para piano*，1997）之前可能并没有读过同时代哲学家比如理查德·罗蒂（Richard Rorty）的文字，施尼特克（Schnittke）可能也没事先读过汉娜·阿伦特或伽达默尔的作品，但这些哲学家的思想可能已经潜移默化地融进了音乐家们的曲谱中。

很奇怪的是，巴赫的书单上竟然没有出现任何一本神学家克里斯托夫·沃勒（Christoph Wolle）的书。沃勒是圣托马斯教堂的执事长，是巴赫的朋友，也是他的忏悔神父。另外，清单上也未列出什么哲学书籍。尽管如此，巴赫还是很有可能阅读过当时在德国拥有最多读者的哲学家克里斯蒂安·沃尔夫的作品。沃尔夫细致分析、解读、改写了很多莱布尼茨的理论。沃尔夫在1710—1750年之间用德文和拉丁文发表了很多作品,迅速在知识分子中流传开来,形成了一股强劲的思潮。他在哈雷教授数学、自然科学、建筑和物理。受到沃尔夫理念的影响,他班上的神学生不止一次地向老师们发问如何定义上帝,上帝的观念是如何显现的,这让老师们大为光火。当巴赫在1723年5月到达莱比锡的时候,沃尔夫这位哲学家不得不在被绞死的威胁下于11月离开普鲁士。以弗兰克为首的虔敬派抨击沃尔夫是无神论和宿命论者,不久以后,图宾根和耶拿的哲学和神学系谴责他的理论,认为他是斯宾诺莎派。直到国王腓特烈·威廉一世于1736年宣布禁止发表攻击沃尔夫的言论后,一切才平息下来。纷纷扰扰的质疑和争议让沃尔夫的观念体系得到了最好的宣传。

约翰·巴特(John Butt)认为,如果巴赫藏书里应该有一本哲学书的话,那么它应该是一本沃尔夫的作品,因为他的作品广为传播,是戈特舍德和鲍姆加登(Baumgarten)很多观念的源头。[24] 在音乐领域,沃尔夫影响了很多作曲家和理论家,比如米茨勒和巴赫的朋友伯恩鲍姆。在与沙伊贝的论战中,伯恩鲍姆还把沃尔夫的言论作为论据。沃尔夫曾经发表过比莱布尼茨更为深刻的审美理论。也许正因如此，在一个充斥着美学争论的年代，沃尔夫的作品收获了一众追随者。和莱布尼茨一样，沃尔夫也相信完美是通过规则打造出来的，并且在同一个时空中有各种各样的规则共存。当规则以最恰当的形式表现出来时，那便是"极致的和谐"[25]。巴赫的音乐，特别是那些具备理论推演性质的作品，以及一部分键盘乐代表作，都展现出与沃尔夫观念的契合。沃尔夫认为，"形式是在为空间划定边界时产生的"。当然这种说法值得推敲，因为一切有形体的事物，当它们被"塑造、整理"的时候，自然而然就具备了形式。沃尔夫说各个部分之间可以相互变换，于是无论外在世界还是内在世界都在"和谐"中变化着，了解这种和谐的变化才能理解内在的本质。世界的本质并不发生任何改变，世间的种种变化影响的是结构。由于万事万物处于永恒的交互中，处于一种对位中，因此世界仿佛一架机器：

> 展现这一点并不难。一架机器基于结构而运转，而世界同样基于结构而变化。……世间万物皆是在时空中相互依存，一切都是由结构而起。世界上确实有真实的存在，原因就在于世界如机器一般运转。如果世界不再变化，那么它与幻梦毫无差别。[26]

和巴赫一样，沃尔夫认为一切的完美都是为了追求一个神圣的目标，因此首先要调动才思，然后再去发挥情动的作用。他强调灵魂即便受到身体的牵引，也"主要还是受制于神经和大脑"[27]。也就是说，我们身体中有一块牵动着我们灵魂的地方，它让我们通过最好的途径来达到目的，实现最终的目标。一首乐曲、一座建筑、一篇诗歌都是通过模仿上帝创造出来的。多谋善虑的上帝以科学家般的静默，一边创造，一边亲自体验着自己不断创造出来的事物：

> 事物的本质是形式，上帝通过形式来实现目的，而目的又都合乎事物的本质，于是上帝无时无刻不在通过形式来实现目的。[28]

完美的作品不容出错，它需要最精确的计算和最细微的直觉。那到底什么是错误呢？所谓错误就是对真实情况的虚假反映。

也许，诗人们

沃尔夫的名字没有出现在巴赫的书单里，原因可能是几乎只有在大学和哲学圈内才会探讨他的观念。然而，书单中其他一些看似无关紧要的缺失也许可以提供给我们一些线索。巴赫非常喜欢阅读宗教诗歌，但奇怪的是，书单中竟然只有一本保罗·弗莱明（Paul Fleming，或 Paul Flemming）的书，还是保罗去世 20 年后也即 1660 年出版的。早在 1641 年，奥莱里乌斯就为这位忧郁、高深、早逝的萨克森作家出版了纪念版的《诗歌》（*Poetische Gedichte*）。与很多同时代的诗人一样，三十年战争造成的衰退让弗莱明看待世界的眼光充满了哀伤的色调。那个年代的抒情诗人，如保罗·格哈德（Paul Gerhard）、戈特弗里德·阿诺德（Gottfried Arnold）和西蒙·达赫（Simon Dach）都在寻求一种慰藉。于是他们将死亡看作上帝的意志，进而带着极致的欣喜与从容去接受死亡。这种非常虔敬派的思想倾向在弗莱明身上很明显，1660 年在瑙姆堡出版的他的作品《宗教与世俗诗歌》（*Geist- und Weltliche Poemata*）即是印证。巴赫与弗莱明曾有过多次接触，巴赫是他的文化和宗教圈子里的成员。于是，在 1734 年的康塔塔《在我所有的行为中》（*In allen meinen Taten*，BWV

97）里，巴赫以弗莱明的诗句创作了众赞歌《哦，世界，我定要离开你》（"O Welt, ich muss dich lassen"）。

约翰·赫尔曼·沙因（Johann Hermann Schein）在1627年就用过这首诗，沙因刚好在莱比锡结识了弗莱明。巴赫可能是通过沙因了解到弗莱明的。这样一首凝思、坚定又内敛的诗歌与巴赫的气质颇为契合。在当时，弄到一本弗莱明的书并不难。各色零散的小书和册子中，随处可见他的文字。

巴赫不大可能只通过众赞歌集来了解德语诗歌。素爱读书的他想来不会对它们只是浅尝辄止。即便不是通览全作，巴赫应该也读过马丁·奥皮茨（Martin Opitz，1597—1639）[1]和安德烈亚斯·格吕菲乌斯的作品。他对组建了易北河天鹅会的文学大家约翰·里斯特（Johann Rist）的了

---

[1] 德国诗人、文学理论家。

解也不会只局限在众赞歌上[29]，巴赫不会错过他的挽歌长篇和凝练的宗教诗歌。巴赫也一定读过当时被人们广为阅读的塞涅卡派学者丹尼尔·卡斯帕·冯·洛恩施泰因（Daniel Casper von Lohenstein）的悲剧作品，还有当时颇具人气的诙谐冒险家汉斯·雅各布·冯·格里美尔斯豪森（Hans Jacob von Grimmelshausen）的小说《痴儿西木传》（1669）。这部小说不管在天主教徒还是新教徒中都那么受欢迎，因而直到18世纪还在继续出版。这些作家和其他许多无法悉数列出的作家都是17世纪文学传统的缔造者，这股强劲的文学传统对于德国文学影响深远。

谈到当时广泛流传的众赞歌集，众所周知，巴赫对于当时路德宗最杰出的诗人保罗·格哈德的诗歌很感兴趣。格哈德自1667年出版《宗教赞歌集》（*Geistliche Andachten*）后就很有名气。这本书中共有120首众赞歌，在出版后很快受到了音乐家们的青睐。在《宗教赞歌集》出版前，柏林圣尼古拉斯教堂的乐监约翰·克鲁格（Johann Crüger）就引用过格哈德这位神秘主义诗人的诗歌。[30] 格哈德因为毫不掩饰的虔敬派倾向曾遭到过抨击。当格哈德已经40多岁、年纪不小的时候，他才谋到一个教会的职位，但也没能干得长远。1666年，勃兰登堡选帝侯弗里德里希·威廉不断给他施压，让他接受加尔文宗，于是他决定辞职。失去工作后，他靠着旧教区的接济度日，妻子和三个孩子的去世又给了他沉重的打击。当被任命为吕本的执事长时，他已经是风烛残年。8年后，也就是1676年，格哈德去世。

格哈德在德国的时候，常常与克鲁格相聚，但他和乐团下一任乐监约翰·格奥尔格·埃贝林（Johann Georg Ebeling）结下了更为深厚的友谊。埃贝林是一位很有文化的作曲家，在1666—1667年期间发表了他最恢宏的作品——《保罗·格哈德宗教赞歌集》（*Pauli Gerhardi geistliche Andachten*），这是改编自格哈德四声部赞歌的作品集，加入了两个可以自由演奏的器乐声部。这部作品对于做宗教音乐的很多音乐家来说都是重要的灵感源泉。以此为源头，巴赫关注到了格哈德的诗歌，运用在许多重要作品中，比

如《马太受难曲》著名的第 54 首众赞歌《哦，满是伤口和鲜血的头颅啊》("O Haupt voll Blut und Wunden")中。

巴赫曾经 15 次用到这首众赞歌：《马太受难曲》用过 5 次，《圣诞清唱剧》用过 2 次，剩下的 8 次是在其他作品中运用过不同的唱段。值得一提的是，这首 17 世纪最流行的众赞歌最初的原型竟是一首爱情歌曲——《我的思绪如此混沌》(*Mein Gemüth ist mir verwirret*)。作曲家是汉斯·利奥·哈斯勒（Hans Leo Hassler），他的父亲是一位音乐家，也是一位钻石雕刻师。这首众赞歌于 1601 年发表后，很快就成了传统路德派的代表性作品。[31] 巴赫无疑非常欣赏格哈德（格哈德是奥皮茨的拥趸），所以巴赫为诗歌《上帝赐予你宁静与满足》(*Gib dich zufrieden und sei stille in dem Gotte deines Lebens*) 创作了两首"抒发内心情感"的作品，收录在《献给安娜·玛格达莱娜·巴赫的键盘小曲集》中。

格哈德一代的诗人中弥漫着一种遁世感，"放下"一词常常出现。这种论调源自神秘主义。在他们的诗歌中，或在巴赫的一些咏叹调中，我们可以体会到一种对于挣脱的渴望，对于消解的渴望，对于双脚赤裸地行走的渴望。比如这段格哈德的诗歌，当"天空的房间"光亮暗了下来，夜晚降临，这时候上帝呼唤着他，他说道：

身体准备休憩，

衣服和鞋子

我现在脱下，

这赤条条的就是死亡的模样。[32]

路德宗很倾心于这样的论调，在路德的一次演讲中，他还提到要运用"死亡的艺术"来面对死亡。巴赫的康塔塔和受难曲，与他同时代很多作曲家的一样，都表现出一种寻求灵魂解脱的渴望和一种视死如归的态度。

从中世纪的勒伊斯布鲁克、埃克哈特和约翰内斯·陶勒（Johannes Tauler），到与圣女大德兰（Teresa de Ávila）和十字若望（san Juan de la Cruz）同时代的雅各布·伯默和安格鲁斯·西勒修斯［Angelus Silesius，即约翰内斯·舍夫勒（Johannes Scheffler）］，这种对于灵魂解脱的渴望在整个神秘主义的欧洲蔓延，浇灌着广阔的土地。当回溯这些名字和作品时，我们会发现巴赫的书单中有约翰内斯·陶勒的《布道》（*Die Predigten*）。

上面提到的作家都支持退隐，他们认为信仰本身就已经足够我们靠近上帝了，经文并非必不可少。路德非常推崇这种理念，以至于很多路德的追随者比如约翰·阿恩特（Johann Arndt）都以近乎激进的方式来表达这种理约翰内斯·陶勒:《布道》,拉丁文初版,科隆,1548 年。

念,此人的名字也出现在巴赫的书单中。路德在作品中通过各种方式来传达这一理念:他在1530年的《论翻译的艺术》中写道,"无需经文,信仰即可自证"[33];在1519年,他把《死前布道》("Ein Sermon von der Bereitung zum Sterben")寄给了萨克森选帝侯"智者"弗里德里希三世的宫廷顾问马库斯·沙特。

一个鲜活的生命——音乐在枝条上绽放

在静谧的图书馆中,陪伴着巴赫的不只是宗教类书籍。巴赫也可能读过西格蒙德·冯·伯肯(Sigmund von Birken)和克里斯蒂安·霍夫曼·冯·霍夫曼斯瓦尔道(Christian Hoffmann von Hofmannswaldau)的诗集。巴洛克时期很流行的哲思类诗歌,在18世纪上半叶依然很受欢迎。

此外,难道巴赫的书单里会没有他的合作者克里斯蒂安·弗里德里希·亨里奇(Christian Friederich Henrici)的作品吗?亨里奇以其笔名皮康德(Picander)闻名于世,为大约30首巴赫作品创作了歌词,比如《马太受难曲》以及多首康塔塔佳作,包括《上帝,你的名字就是荣耀》(*Gott, wie dein Name, so ist auch dein Ruhm*,BWV 171)。最后,克里斯蒂安·弗里德里希·亨里奇(皮康德):《教化曲集》(*Sammlung Erbaulicher Gebanden*),莱比锡,1724—1725年。

萨洛莫·弗兰克:《宗教与世俗诗歌》(*Geist und Weltliche Poesien*),封面,1716 年。

书单里还应当有其他巴赫的日常合作者，比如早于皮康德的萨洛莫·弗兰克（Salomo Franck）、玛丽安·冯·齐格勒（Marianne von Ziegler）和埃尔德曼·诺伊迈斯特（Erdmann Neumeister）的作品 [34]。诺伊迈斯特《取代教堂音乐的宗教康塔塔》（*Geistliche Cantaten statt einer Kirchen-Musik*）中的 5 部教会仪式作品（1700—1716）也有可能成为巴赫的读物。它们在 1716—1717 年期间发表于莱比锡，收录于《教堂五次祷告》（*Fünffache Kirchen-Andachten*）。作为一位有着相当分量的作家，诺伊迈斯特获得了音乐家的关注，其中很多是像克里格（Krieger）、斯托尔泽尔和泰勒曼这样的著名音乐家。

　　诺伊迈斯特的理念迷人又富有新意：他以世俗康塔塔和意大利歌剧为灵感，将这两种题材中的元素融入教会康塔塔中，创作出牧歌风格的宣叙调以及返始咏叹调。这股世俗音乐的潮流形成了一种愉快的混搭音乐风格，甚至对信奉正统路德宗并且排斥世俗音乐的作曲家也产生了影响。以库瑙为例，尽管在《一些〈圣经〉故事的音乐呈现》序言中，他表现出对于世俗音乐元素的一种怀疑态度，但我们看到库瑙的很多康塔塔中都是包含宣叙调和返始咏叹调的。这是什么缘故呢？库瑙的理由是它们有助于促进信徒对于宗教文本的理解。然而，巴赫却没有怎么用到诺伊迈斯特这位大学者的文字作为歌词。如此看来，它们似乎不大合巴赫的口味，这可能是因为这位诗人过于离经叛道，不认同虔敬派的理念。

尽管如此，巴赫有一本这位作家的书——《上帝的餐桌》。书的价格是 8 个格罗申。巴赫想必对这位神学家抱有好感，因为当巴赫来到诺伊迈斯特所在的汉堡争取职位时，得到了诺伊迈斯特的鼎力支持，后者"竭尽全力让这座城市不要遗失一颗如此耀眼的明珠"[35]。一段为人所知的往事是，诺伊迈斯特在一次布道时，当众直接表达了对巴赫的欣赏，还顺带谴责了圣雅各教堂在遴选管风琴师时，不是以才能而是以金钱利益为准绳。马特松写道：

> （诺伊迈斯特）为圣诞的福音音乐创作了精彩绝伦的歌词，于是自然而然地，他有机会对于巴赫落选一事发表观点。在布道接近尾声时，他打了一个新奇的比方：我坚信，这位艺术家自天堂降落人间，以神圣的方式触碰到伯利恒的一个天使。尽管他因为没有钱财而未能成为圣雅各教堂的管风琴师，但他未来定会再次飞向远方。[36]

巴赫酷爱读书，会喝点烧酒或葡萄酒，会用烟斗吸烟，会在齐默尔曼咖啡馆里和音乐社的学生们，有时和他的孩子们，一道为听众上演曲风新奇的键盘曲音乐会。这样的一个人，他读过的诗篇不会仅限于古老的众赞歌集，或是保罗·瓦格纳（Paul Wagner）的《莱比锡歌集》。

巴赫的书单里还有瓦格纳1697年在莱比锡发表的大部头作品集，这部作品集的全名为《虔诚灵魂的精神之火与全部的牺牲》（Andächtiger Seelen geistlisches Brand- und Gantz-Opfer），共8卷，包含5 000首众赞歌。在书单中的德语名称为"瓦格纳的8卷本莱比锡众赞歌"（Wagneri Leipziger Gesang Buch, 8. Bände）。它是一部众赞歌合集，其中最早期的作品可以追溯到格奥尔格·拉乌的作品[37]和瓦伦丁·巴布斯特（Valentin Babst）的作品[38]。这两位曾将路德的36首歌曲纳入自己编写的作品集中，其中有23首此前就已经出现在一部当时广为流传的圣歌集中。这部圣歌集中有一篇奥斯定会修士的序言。这本圣歌集就是1524年于路德宗城市维滕贝格问世的《圣歌小集》（Geystlyche Gesangk Buchleyn），作曲家约翰·瓦尔特（Johann Walter）是这本书的音乐顾问。

1523年，路德给他的朋友施帕尔特诺写了一封信，信中表达了他想用德语为德国人民创作歌曲的心愿，他要用

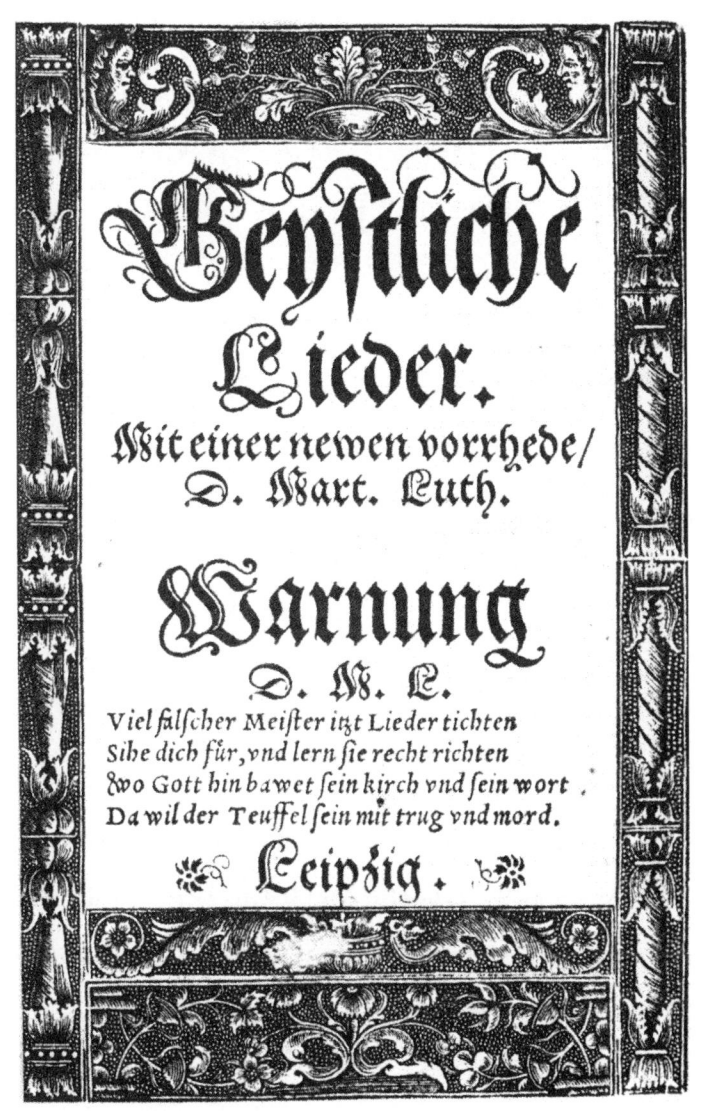

马丁·路德:《宗教歌曲》(Geystliche Lieder),瓦伦丁·巴布斯特编辑,莱比锡,1545年。

"本土语言书写为普通人而作的圣歌"。1523—1524年期间,《8首圣歌集》(Achtliederbuch) 在纽伦堡出版,自此开启了新教音乐的圣歌传统。此后,戈特弗里德·沃佩利乌斯 (Gottfried Vopelius) 于 1682 年发表了新教音乐的重量级作品《新莱比锡圣歌集》(Neu Leipziger Gesangbuch),它对于了解 17 世纪的莱比锡宗教音乐有着非凡的重要性,曾为巴赫所用。在这部圣歌集中,除了众赞歌外,还以 1 000 多页的篇幅呈现出当时最著名的音乐家如约翰·瓦尔特、罗森米勒、克鲁格、舍勒、许茨、普雷托里乌斯和沙因的作品。我们可以想象在瓦格纳推出作品集之前,有多少此类作品集的出版,而瓦格纳的版本最终获得了莱比锡大学神学院的认可。

当然,认为巴赫一定读过书单以外的作品是有些冒险的想法,但相信巴赫至少知晓当时的著名人物,也许读过一些他们的作品。难道巴赫会不知道 17 世纪德国最重要的神秘主义学者安格鲁斯·西勒修斯的名字?虽然西勒修斯在 1653 年与路德宗相背离,但这并不意味着巴赫就会因此而排斥他。我们看到《B 小调弥撒》最初是为德累斯顿的天主教堂而创作的,巴赫作为"装备"的曲谱很多都出自天主教作曲家。尽管巴赫倾心于路德派,这并不妨碍他欣赏帕莱斯特里纳 (Palestrina) 的作品,或是佩尔戈莱西的《圣母悼歌》(Stabat Mater)，巴赫将后者改编成德语版本（BWV 1083）（请参阅附录"'和声小迷宫'：与巴赫相关的作曲家们"）。复调音乐大师路德维希·森夫尔（Ludwig Senfl）虽然对于宗教改革抱有理解，但他可能永远不会与天主教相背离，这并没有影响他与路德成为朋友。众所周知，为龙萨（Ronsard）的几篇十四行诗配乐的克劳德·古迪梅尔（Claude Goudimel）曾经为天主教罗马的礼拜仪式创作过多部弥撒曲、多首经文歌和一首精彩的《圣母颂歌》(Magnificat)。他在晚年则致力于为克莱芒·马罗（Clément Marot）和西奥多利·德·贝兹（Théodore de Bèze）等胡格诺派诗人翻译的圣咏集谱曲。再者，像管风琴师约翰·斯塔登（Johann Staden），既为天主教也为路德宗工作过。在意大利，天主教音乐影响深远，许茨推崇路德宗，但他创作的宗教曲目中带有明显的天主教音乐印记。

巴赫出生的8年前，也就是1677年，西勒修斯离开了人世，此时他的诗歌已经问世了。1701年，他的《基路伯的行者》(Cherubinischer Wandersmann)出版，这是一部特别重要的警句集，这部作品让他进一步声名远播，影响范围超出反宗教改革派的圈子。值得一提的是，这本书的编辑工作是由著名诗人戈特弗里德·阿诺德完成的。他信奉路德宗，但他在思想上倾向虔敬派，与虔敬派代表人物雅各布·斯彭内尔是好友，这让他常常卷入与路德宗正统派的冲突中。巴赫的书单中是有一本斯彭内尔的书籍的。这些都可以证明各种流派可以共存，最终殊途同归：精神上的思考是引领人们在造物中感受上帝无处不在的途径之一，在生命中感受那无限的完美造物。斯彭内尔、斯宾诺莎、莱布尼茨和巴赫这些来自不同领域的人物都认同这一理念。

这种生生不息的完美触动了西勒修斯，于是他创作了一部关于精神思考的诗集。他认为当一个人忘记了时间，就可以感受到永恒[39]；在追寻绝对的过程中，"时间消失，上帝降临"[40]，因为只有在"无"的状态下才可以感受天堂，一旦置身于时间中，便会打破生生不息的造物。"上帝在枝条上绽放"[41]且永不凋零。巴赫也是如此，他以斯宾诺莎的方式创作，一曲终了，还会有无限的变化生发出来，在原有的结构上延伸，一次又一次地走向完美。无论演绎自己的还是莱格伦齐（Legrenzi）、阿尔比诺尼（Albinoni）、赖因肯、泰勒曼等其他作曲家的作品都是如此。当曲谱被一次次重新演奏，音乐会获得新的生命，因为在追寻完美的过程中，音乐如生命般不断"成长"。《B小调弥撒》之《羔羊颂》（*Agnus Dei*）咏叹调[42]的神秘旋律难道不是契合下面这个西勒修斯的警句吗？——"你知道我和上帝之间唯一的差别吗？一言以蔽之，不就在于是否可以用他者的眼光看待世界吗？"[43]

"多元造就美感。声部越丰富，歌曲便越美妙。"[44]巴赫难道会不认同西勒修斯这个观点吗？西勒修斯还写道："当心与口达到真正默契的时候，最美好的音乐便诞生了。"[45]路德也常表达类似的观点。巴赫对此也心有戚戚。巴赫在《敬告读者》（"Advertencia al lector"）中不停地推荐人们去阅读勒伊斯布鲁克、赫普（Herp）、桑迪奥（Sandeo）和陶勒的作品。巴赫不止一次地引用陶勒的作品。此外，学者坎塔格雷（Cantagrel）曾经提到，托马斯·厄·肯培（Tomás de Kempis）对人与上帝的区别也有过自己的思考。[46]路德也曾经借鉴肯培的思想。巴赫难道会没有肯培的《效法基督》（De imitatione Christi）吗？这部作品可以说从北到南照亮了基督教精神所及的每一处角落。1542年，格拉纳达的路易斯（Luis de Granada）修士翻译过这部作品。100年后，胡安·尤西比奥·尼伦贝格（Juan Eusebio Nieremberg）也翻译了这部作品。除了宗教作品外，尼伦贝格还出版过几部科学思想类作品，其中一部是《隐秘的哲学》（*Oculta filosofía*，1634），书中有几章的主题为音乐的疗愈效果，以及它对人类和自然的影响。[47]

最后，关于巴赫的精神世界，坎塔格雷还思考过，是否巴赫对扬·阿姆斯·夸美纽斯（Jan Amós Komensky）的了解只限于他手上那本1662年出版的、广为流传的拉丁文作品《拉丁语入门》（*Latinitatis Vestibulum sive primi ad latinam linguam aditus*）。[48] 巴赫年轻的时候在吕讷堡研读过这位捷克人文学者的作品。梳理拉丁语教学的方法源自夸美纽斯在1631年出版的书籍《语言入门》（*Janua Linguarum Reserata*）。在巴赫所在的文化圈内，这位来自捷克摩拉维亚的作家可能没有受到太多关注。但事实上，这位学者的观点与巴赫非常相近，他认为神秘的观念论可以与科学的实在论相调和。

波希米亚对于新教徒的迫害以及三十年战争的爆发，让备受折磨的夸美纽斯不得不奔赴波兰。1621年，他生活的城市富尔内克惨遭西班牙军队洗劫，他的家、他的藏书全部毁于战火。1622年，黑死病夺去了他的妻子和两个孩子的生命。尽管生活的打击接二连三，他依然笔耕不辍，创作了多部对宗教改革产生重要影响的作品：1632年《大教学论》（*Didactica Magna*）的捷克语版本出版，8年后拉丁文版本出版，此外他还发表了一些哲学或文学作品。他认为人类集宇宙之大成，唯一的规则笼罩着宇宙，解释着一切。对于夸美纽斯这位康帕内拉（Campanella）、布鲁诺和培根的研究专家来说，秩序是运动发生的条件，它让思想迸发，让意识蔓延。感觉论者一般不会把阅读作为汲取智慧的途径，为了获得对于世界的见识，"应该去接受教育。教育的途径不在于书本，而在于见识天地自然、人间草木"[49]。

作为当时最重要的教育学者，夸美纽斯推崇自学，而自学也是巴赫的长项。夸美纽斯是摩拉维亚弟兄会和胡斯派教会成员，他向一切发问："为什么道德是第一位的，自然是第二位的？为什么数学不能排在物理的前面？"[50] 他认为当时老师们教授给学生的内容，很多都是"知识的残渣"，因此他常常对学生们抱有同情，说他们就像一群"背负着沉重包袱的可怜仆从"，那些包袱里有太多不必要的东西了。写作、习俗、事物的名称、艺术、虚荣心、形而上学、时间、光学、火药、镜子，一切事物都唤起他的兴趣。关于修辞学，他认同苏格拉底说的"发声是为了被看见"[51] 的理念。另外，关于孩童时期的教育，他建议进行音乐基础知识的培养,"可以在日常的宗教活动中,学习一些简单的赞美诗或圣歌片段"[52]。在《大教学论》的开篇,夸美纽斯做了一个关于重塑和谐状态的比喻,巴赫一定会认同夸美纽斯的观点:

> 其实人类自身本就是和谐的存在!就像一位杰出艺术家用巧手制作的钟表或管风琴,如果它们走调或者损坏了,我们不会说它们因此便无法再使用了(因为还可以修理);人也是一样,即便被罪毁掉过一次,我们也应当相信,在上帝的帮助下,他是可以改过自新的。[53]

巴赫以同样的方式在琴键上重塑世界。智慧在指尖滑过,所有协和音与不协和音相得益彰。

笛卡尔和莱布尼茨都欣赏夸美纽斯的文化态度。夸美纽斯的思想在欧洲影响深远,伯默和斯彭内尔也受到了他的影响。夸美纽斯的作品,尤其是《泛智学》(*Pansophia*)让他成为最先进思想的发声者,他执着地探究,运用着各种象征和符号,研究占星术和玫瑰十字会的奥秘。夸美纽斯不拒绝任何尝试,他在1623年出版的《人间的迷宫和灵魂的天堂》(*Labyrynt sveta a lusthang srdce*)中辛辣地批判各种社会弊病，因此还被时人指斥为异教徒。夸美纽斯认为，世界因思想的交融而存在[54]，思想应该被"引领，而不是被强迫"[55]，所有的概念和词汇都如同音乐中的和声，最终殊途同归[56]。巴赫对这个理念也心有戚戚。去世之前，夸美纽斯在他当时居住的城市阿姆斯特丹出版了一部乌托邦式的专著《人类改进通论》（*De rerum humanarum emendatione*，1668），为书海再添一本精彩作品。

提到巴赫的藏书，还要关注一下其中的音乐类书籍，很多是当时德国音乐家的常用书籍。相比自用，巴赫藏书中的音乐图书更多地用于学生教学。但即便是当时最优秀的作品，比如约翰·约瑟夫·富克斯（Johann Joseph Fux）的《乐艺进阶》（*Gradus ad Parnassum*，1725，米茨勒在1742年从拉丁文翻译了这本书并做了评论），其实也并不能带给巴赫什么真正的指导。富克斯的这本书[57]是唯一一本流传至今的拉丁语音乐作品，并且我们可以肯定巴赫手里有这本书。这本关于对位艺术的伟大作品，影响力远播古典主义时期。即便如此，巴赫这样一位创作出《平均律键盘曲集》和众多优秀小提琴曲、大提琴曲的大师不是任何一位老师能够培养出来的。此外，伊尔斯利认为，巴赫拥有托斯卡纳音乐家安格罗·贝拉尔迪（Angelo Berardi）的《和声集》（*Documenti armonici*，1687）。[58]贝拉尔迪约翰·约瑟夫·富克斯:《乐艺进阶》,封面,维也纳,1725年。

对赋格和卡农做了扎实严谨的理论研究，这本《和声集》是在德国音乐家中最有影响力的专著之一。书中的例子选自阿德里安·维拉尔特（Adrian Willaert）和马可·斯卡基（Marco Scacchi）等深为许茨所钦佩的一流对位大师的作品。当然，这本书也同样打动了巴赫那一代的作曲家和理论家，比如泽伦卡也曾把它作为参考书目。

巴赫的藏书中估计会有音乐家约翰·戈特弗里德·瓦尔特的书籍。作为瓦尔特的家人，巴赫不大可能没有一本他的书，所以巴赫大概率会有一本瓦尔特的《作曲规则》（*Praecepta der musicalischen Composition*），以及出版于莱比锡的《音乐辞典》。瓦尔特还给巴赫推荐了韦克迈斯特的作品，巴赫把这些书存放在家里一楼藏书室的书架上。瓦尔特为了完善自己的写作，还曾经读过《和声集》。他会把这本书也推荐给巴赫吗？另外，巴赫会连一本马特松的书都没有吗？前文提到的尼特关于通奏低音的专著又被巴赫放在哪里了呢？关于通奏低音，巴赫很可能会有当时最为流行的约翰·大卫·海尼兴的《作曲中的通奏低音》（*Der General-Bass in der Composition*）。海尼兴曾是圣托马斯学校的学生，他的作品在1728年于德累斯顿出版。音乐家马丁·海因里希·福尔曼（Martin Heinrich Fuhrmann）于1729年出版于柏林的书籍《建在上帝教堂旁边的撒旦教堂》(*Die an der Kirchen Gottes gebauete Satans-Capelle*) 情况也类似，其中也有很多让巴赫感兴趣的主题，比如在宗教音乐中运用戏剧元素。除此之外，福尔曼在书中对于巴赫的赞美也引起了巴赫的关注：

> 我曾有幸聆听过广负盛名的巴赫先生演奏。我一直觉得意大利音乐家弗雷斯科巴尔迪已经达到键盘艺术的巅峰，而卡里西米（Carissimi）在管风琴演奏上颇为出色。然而，如果把这两位意大利艺术家放在天平的一侧，把德国音乐家巴赫放在另一侧，天平会大大地向巴赫一侧倾斜，而把另一侧的两位甩到空中。[59]

另外，出于作为管风琴师和乐监的职业需求，巴赫也会收集需要的图书。因此，巴索认为，巴赫很有可能购买或者誊抄一些教学用到的理论书籍，或是当时作曲家都常用到的经典作曲集，比如沃尔夫冈·卡斯帕·普林茨（Wolfgang Caspar Printz）的《音乐提要》(*Compendium musicae*)[60]。另外，约翰·戈特弗里德·瓦尔特可能会给巴赫一些手抄本，比如对位艺术家"炼金术士"泰勒以及博克迈耶的作品。

巴赫的好友、作曲家扬·迪斯马斯·泽伦卡在当时的音乐藏书方面堪称一绝。他曾经送给或者卖给巴赫一些令巴赫感兴趣的曲谱和书籍。泽伦卡的图书和前面提到的海尼兴一样，最终都被信奉天主教的波兰国王兼萨克森选帝侯奥古斯特三世的妻子玛丽亚·约瑟法（María Josefa）收入囊中。当时包括巴赫在内的著名音乐家都希望在德累斯顿谋得一席之位，主要原因都在玛丽亚·约瑟法身上。在德国普遍漠视音乐的大环境下，玛丽亚·约瑟法独树一帜，对音乐饱含热情，吸引着音乐家的到来。除了更受重视外，音乐家们可以在德累斯顿接触到一流的音乐作品，演奏丰富的宗教作品或世俗作品，那里的图书馆也绝不会让他们失望。巴赫的藏书里还有约翰·格奥尔格·皮森德尔（Johann Georg Pisendel）和巴赫朋友让-巴蒂斯特·沃尔米埃尔（Jean-Baptiste Volumier）的作品。沃尔米埃尔就是让路易·马尔尚（Louis Marchand）与巴赫斗琴的那位音乐家（请参阅附录"'和声小迷宫'：与巴赫相关的作曲家们"）。但是巴赫的藏书清单里，最终只记录下了宗教类的书籍，音乐或其他门类的图书都不在其中，这令人常常疑惑到底为何如此。

第五章

修理钟表,翻译《圣经》,离群索居

　　文学作品常常把1535年前后的路德塑造成一个离群索居的遁世形象。在作家们的笔下,路德壮硕、敦实,有着厚厚的双下颌,平日里爱喝啤酒,看到酒桶便开怀畅饮。路德与权威之间的对抗和论战,那些言辞犀利的宣传册,他和朋友以及追随者之间热血沸腾的通信都已成为过去。路德已经决定学着在一个古老又空荡的修道院中生活,从事一些简单的工作:他修理钟表,在这方面堪称专家;他还做起了园丁,每日在孩子们的陪伴下思考、写作。妻子卡塔琳娜·冯·博拉(Catharina von Bora)是一位还俗的修女。路德与妻子每日耳鬓厮磨,笑闹着,为无足轻重的小事开心。当着妻子的面,他也会说些粗俗的话。路德的言语有时很是粗鄙,甚至作品中的言语也是如此。他说罗马教皇说的全是"驴一样的屁话",教皇就是个"吞食教会鸟蛋的杜鹃,拉出来的东西就是那些道貌岸然的红衣主教"[1]。

路德曾经对婚姻深恶痛绝,但此时却无比沉醉于家庭生活。学生和朋友们还常常来到他在维滕贝格的家里听这位神学家讲解教义。在吕西安·费弗尔(Lucien Febvre)的笔下,马丁·路德是一位资产阶级先知。[2] 在遭遇一番起起落落后,他回归到琐碎嘈杂的家庭生活,过着寻常又体面的日子。家里到处晾晒着孩子们的尿布。除了自己的孩子外,夫妻俩还养育着路德早逝的姐妹留下的 11 个孩子。黑死病袭来后,路德把自己在修道院的家变成了医院。一位拜访者写道:"路德的家变成了一个收留孩子、学生、姑娘、寡妇和老妇人的神奇居所;那里沸腾着焦灼不安的情绪,很多人因此而对路德抱以同情。"[3] 他强调说,路德无法忍受宗教改革的失败,于是他离开了维滕贝格。1545 年,也就是他去世的前一年,路德给他亲爱的妻子、曾做过"布道者、啤酒商、园丁等工作的凯特"写了一封信,他向她倾诉道:"我宁可四处流浪,乞讨为生,也不愿意留在维滕贝格的喧嚣中,因这份痛苦又挫败的工作而备受煎熬,消磨我晚年的时光。"[4]

然而,这种隐忍黯淡的路德形象其实是一种假象,他的内心从未妥协过。面对其他神学家的攻击，他从未停止过讽刺和怨怼。对名商巨贾、犹太人、罗马教皇和神父也是如此，路德骂他们是"饭桶圣徒"和"杂碎走狗"。他用好友卢卡斯·克拉纳赫（Lucas Cranach）创作的辛辣版画和绘画来讽刺他们。克拉纳赫的孩子们也都是艺术家，有时会与父亲一道创作这些讽刺作品。

路德知道他面对的是一群笨拙孤僻、思想落后、粗暴愤怒的群众。在讲经台上，他痛苦地看着台下的听众，他们粗鲁的样子像是从勃鲁盖尔的画中走出来的人物一般。翻译《旧约》也越来越让路德感到疲倦。路德对群众的感受不是因为他沾染了资产阶级的思想，而是因为在农民战争后，他因为缺乏支持而深感痛苦。曾与路德志同道合的一些神学家疏远了他，这让他的内心感到刺痛。路德心里明白自己确实让一些人文主义者失望了，他们认为路德和伊拉斯谟不应该论战。他知道自己也让一些贵族失望了。他在1525年结婚这件事情让他的很多追随者感到彷徨。路德的密友，著名神学家、古希腊学者菲利普·梅兰希通（Philipp Melanchthon）曾全身心地投入路德宗，他无法理解他的老师路德怎么会选择一头扎进令人窒息的家庭生活中。

一个曾经猛烈抨击婚姻、对性关系嗤之以鼻的人，怎么会变成一个操劳的父亲？怎么会娶了一位还俗的修女，为与她谈情说爱而心满意足？婚后的路德在1532年发表的《桌边谈话录》也一定让梅兰希通大为恼火。在这本书中，路德赞美了婚姻生活的各种益处："婚姻不仅仅是自然发生的，它更是一种神圣的美德。婚姻让人们看到生活最甜美、幸福、真诚的样子。结婚比单身更快乐。"路德写道，在失眠的夜晚，看到身旁"就是爱人的辫发是多么令人欣慰"[5]。事实上，婚姻制度之所以能伴随宗教改革而获得声望，一部分原因就在于路德对修士和修女反自然的单身状态持反感的态度。路德说是妻子让家里有了人间烟火气，如果她有着宽宽的胯骨，就表明她容易怀上孩子。他驳斥许多抹黑女性的观点，比如认为月经期的女性会把镜面弄得失去光泽，会让植物枯萎凋零。路德认为必须肃清这些甚嚣尘上的荒谬言论。他说女性其实更擅长和医生一道照顾病患，许多女性可以像专业医生一样分辨尿液和粪便的颜色变化。在G. A. 斯潘根伯格（G. A. Spangenberg）于19世纪创作的著名画作中，路德弹奏着鲁特琴，他的孩子们唱着歌，一旁是卡塔琳娜的倩影，身后是微笑观察着一切的梅兰希通。这幅画展现出一种前所未有的意境。

谈到宗教改革家路德，我们还需要回望一下16世纪初期的社会图景。路德言辞犀利地表达不满，呼唤社会

马丁·路德:《桌边谈话录》,1581 年版。

G. A. 斯潘根伯格:《马丁·路德在家人中间演奏鲁特琴》, 1875 年。

变革,他无法接受教会凌驾于世俗政权之上,任人唯亲,于是写下了措辞尖锐的宣言书《致德意志基督教贵族公开书》(*A la nobleza cristiana de la nación alemana*, 1520)。我们要记得,年轻时的路德因为无法容忍天主教的双重标准而写下《九十五条论纲》,为了驳斥伊拉斯谟 1524 年的《论自由意志》(*De libero arbitrio*) 而发表了《论被奴役的意志》(*De servo arbitrio*, 1525)。他是毫不畏惧地抨击英国国王亨利八世的人,是对经院哲学说"不"的人,是 1518 年在做青年教师时便写下《有关赎罪券及恩典的布道》(*Sermón sobre las indulgencias y la gracia*) 的人。在 1525 年时，路德已经发表过很多大胆辛辣的言论了，之后他温和了一些，还会自我反省，据说自此产生了路德宗中新的一派思想，为一些神学家开辟了新路，他们的很多作品都出现在巴赫的藏书清单里。

当路德做传教士时，他决定把曾经深信不疑的东西摧毁。他的作品以惊人的数量售出，他却分文不收。德国的教堂门口或广场上到处都是出售《圣经》、德语版宗教赞美诗和路德作品的流动商贩。路德与他忠实的伙伴、音乐和神学书籍印刷商格奥尔格·拉乌一道在维滕贝格认真研究书籍的样式，关注纸张的质量，希望以低廉的价格制作出最好的书籍。路德希望把思想传向所有的角落，于是《基督徒的自由》(Sobre la libertad del cristiano，1520) 在 5 年内印刷了 18 次，《有关赎罪券及恩典的布道》在短短几年时间里印刷了 22 次。路德之所以在书价上如此让步，就是为了尽可能地传道。他想推广一种阅读《圣经》的新方式，他想进一步发展奥卡姆的哲学，特别是其中至为关键的一个理念——无须通过上帝来获得认知。在创造世界的时候，上帝已经发挥了作用，于是《神学的原理》(Tratado de los principios de la teología) 一书指出，上帝即便不做什么，世界也会自行运转。[6]

除了这些神学和哲学观念外，英国哲学家、方济各会修士奥卡姆在14世纪早期对于罗马教皇政策的尖锐批判想必也引起了路德的注意。路德的一些作品曾以此为灵感。奥卡姆被斥为异教徒，遭到宗教裁判所的迫害，他发表的政治宗教宣言成了反对教皇若望二十二世的檄文。奥卡姆的思想全部荟萃于他1347年发表的作品——《论国王和教皇的权力》(De Imperatorum et Pontificum potestae) 中。和牛津大学教师奥卡姆一样，路德的思想也包括社会政治方面的内容，所以他的作品常常涉及德国作为欧洲一个独立国家的问题；他揭露贵族们毫无政治立场，面对教会的弊端态度软弱，谴责他们对大腹便便的教士们睁一只眼闭一只眼。路德在《桌边谈话录》的结尾写道："教皇，我一辈子都是你的灾难，我的死期也是你的死期。"[7]

在巴赫的藏书中有20本宗教改革家路德的书，除了一本布道集是四开本外，其他都是对开本。这里面的6本是一套文集，价值5塔勒。另外还有一套价值不到1塔勒的8卷本书籍，内容同样是这套文集。此外，巴赫还有路德的《桌边谈话录》和价值16个格罗申的《〈诗篇〉评论》的第三部分。马丁·开姆尼茨（Martin Chemnitz）的《特兰托公会议研究》也是这个价格。通过这本书，巴赫进一步加深了对《圣经》的理解，另外他还阅读过前文提到的卡洛维乌斯借鉴路德版本的德语版《圣经》，以及莱比锡大学教师约翰·奥莱里乌斯（Johann Oleario，或 Olearius）的 3 卷本《〈圣经〉精髓》。于是，巴赫俨然成了《圣经》专家。巴赫在书上留下的标记、笔记，甚至对印刷错误做出的修改，都表现出巴赫的阅读非常认真细致，到处都是他对于音乐的思考。《旧约·历代志上》第 25 章第 1—31 节中谈到歌手，有 24 类歌手"用铙钹、竖琴和拨弦扬琴"来赞颂上帝的力量，"遵循着耶和华家里的规则"。巴赫评论道："这一章真正奠定了一切为上帝而作的音乐的根基。"《旧约·历代志下》第 5 章第 13 节讲述了从方舟搬到圣殿的过程中，音乐家们"在号角、铙钹和其他乐器的伴奏中唱着歌，称颂着耶和华并忏悔道：'因为这是善，因为您的慈悲是永恒的'"。巴赫写下批注："在所有宗教音乐中，上帝都带着恩典现身。"

1678 年的《〈圣经〉精髓》认同路德的理念，认为音乐是靠近上帝的主要方式。巴赫非常了解奥莱里乌斯，这种了解不仅仅来自阅读。在 1703—1708 年，当巴赫在阿恩施塔特新教堂担任管风琴师的时候，他与奥莱里乌斯的哥哥约翰·戈特弗里德（Johann Gottfried）有联络。戈特弗里德不仅是神学家，还是音乐家，他曾经在哈雷的圣母教堂指导各项音乐活动。我们知道戈特弗里德和阿恩施塔特的管风琴师、巴赫的叔叔海因里希·巴赫（Heinrich

Bach）关系密切。将音乐融入宗教一直是路德宗的理念，一直到 18 世纪中期都被大力提倡，因此整个德国才会有大量圣歌集流传。比较重要的城市都有自己的圣歌集。阿恩施塔特的圣歌集是奥莱里乌斯 1705 年编辑的《新编阿恩施塔特赞美诗》(*Neuverbessertes Arnstädtisches Gesangbuch*)，内容主体是 16 世纪与 17 世纪的赞美诗。

歌唱是双倍的祈祷

路德在作品中常常提及音乐，不仅众赞歌集中的序言，很多方面都可以印证他对于音乐的热情。他将音乐视为上帝的礼物。在《桌边谈话录》中，他多次谈到音乐的艺术：他说撒旦是悲伤的神灵，所以音乐也令他痛苦[8]；为了证明教皇是个浑蛋盗贼，他给出的理由是"教皇无法接受歌曲和布道，无法接受正直虔敬的基督教大师的教导"[9]。他幽默地调侃，在歌唱的时候，"德国人号叫，法国人变调，西班牙人呻吟，意大利人咩咩咩"[10]。1524年，在《致全德城镇长官及地方议员书》中，路德写道："教育孩子的时候不应当只教授语言和历史，还应当教授歌唱、音乐和数学。"[11] 和圣奥古斯丁一样，路德坚信唱歌是双倍的祈祷。

在路德1523年写给施帕尔特诺（Spatalino[1]）的信中，路德直白地表达了希望尽可能将上帝的精神传递给更多信徒的心愿，因此他尝试用德语创作圣歌，并引入教堂中。施帕尔特诺出生于德国城市施帕尔特，本名为格奥尔格·布克哈特（Georg Burckhardt），是"智者"弗里德里希三世在萨克森宫廷的顾问。路德常常与他通信，因为施帕尔特诺性情温和，常常可以安抚路德躁动的情绪。施帕尔特诺一定非常欣赏路德，因为就像教会最早期的教父和先知做的那样，路德运用一种通俗易懂的语言向普通民众讲述《圣经》，以方便他们更好地理解《圣经》。在讲述《圣经》时，路德抱着一种少有的谨慎态度，他担心复杂的内容会引起教徒的反感，于是想到用德语向他们布道。在他改革后的本土化弥撒序祷中，他将听众称呼为"朋友"，并且说他的宣讲并不是教义，而是为了让大家更好地理解《圣经》而给出的一些私人建议。

如路德在1526年的《德意志弥撒和礼拜仪式程序》（*Deutsche Messe und Ordnung des Gottesdienstes*）中所说，他其实想要打造一种多样化的"新型弥撒"。这种"新型

---

[1] 意为"施帕尔特人"，格奥尔格·布克哈特因出生在施帕尔特（Spalt）而被称为Spatalino，此处将该称号音译。

马丁·路德:《德意志弥撒和礼拜仪式程序》,维滕贝格,1526年。

弥撒"在当时正一点一点开始流行起来,"到处都是用德语进行的弥撒和宗教仪式,甚至每个神父都可以灵活地主持弥撒"[12]。路德推崇灵活自由的弥撒方式,但前提是不对过去原有的弥撒习惯造成干扰,他认为自由是为友爱和睦服务的,他不希望有"任何错误或令人痛苦"的混乱情况发生。

路德在另一本小册子《维滕贝格弥撒和圣餐仪式的方式》(*Formulae missae et communionis pro Ecclesia Vuittembergensis*,1523)中也写到了礼拜仪式的改革提议,他希望人们能更多地参与到升阶咏(Graduallied)之后的圣餐赞美诗歌唱中去。在《德意志弥撒和礼拜仪式程序》中,路德进一步阐述了这个理念,呼吁更加重视教堂音乐的作用。路德坚信音乐不仅能够传递上帝的意旨,还可以一点一点召唤回那些与教会渐行渐远的教民。出于同样的理由,他认为应当在拉丁语赞美诗的基础上,增加一些德语赞美诗的曲目,来让弥撒焕然一新。路德希望教民们可以真正地祈祷、歌唱,而不只是挤在教堂里做个围观的看客。他认为当一种途径已经无法发挥作用,无论它是宗教的还是世俗的途径,都应该放弃它或是寻求改变,这就像"一双鞋如果磨损或者变形了,那么就没法继续穿了,需要扔掉买双新的"[13]。

由于能够欣赏音乐的大多是受过教育的群体，所以音乐一直被视为一门高雅的学科，这种观念不只在新教存在。贵族们会学习音乐。人文主义者将音乐视为"灵魂的闪光"。艺术家也是如此。莱昂纳多·达·芬奇有着优美的嗓音，他和费奇诺一样，擅长弹奏臂式里拉琴（lira da braccio）。乔尔乔涅（Giorgione）与奥皮茨都很擅长演奏鲁特琴。加尔西拉索（Garcilaso）会弹奏比韦拉琴（vihuela），而胡安·德·阿吉霍（Juan de Arguijo）说自己依靠弹奏比韦拉琴纾解忧郁。几百年后的荷尔德林则用楔槌键琴排遣情绪。约翰·多恩（John Donne）旅行时几乎都带着鲁特琴，研究形而上学的哲学家威廉·德拉蒙德（William Drummond）无一日不唱歌弹琴。

路德也可以娴熟地弹奏鲁特琴，悠扬地唱歌，另外他还颇有些吹笛的天赋。人们认为，归到路德名下的36首众赞歌中有9首都是他自己创作的，其他是德国的世俗民歌、拉丁语的宗教赞美诗以及德国宗教民歌。举个例子，众赞歌《来吧，神灵啊，耶和华啊》（Komm heiliger Geist, herre Gott）源自交替圣歌《来吧，神灵》（Veni, Sancte Spiritus），按照路德出版大多数作品的方式出版。《愿天父与我们同住》（Gott der Vater wohn uns bei）源自一首圣母颂。《敌人希律，你在恐惧什么》（Was fürcht'st du, Feind

Herodes sehr）是对科利乌斯·塞杜利乌斯（Celio Sedulio）赞美诗的翻译，该赞美诗于中世纪主显节时在教堂里歌唱。另外，《带着平和与喜悦，我走向那里》（*Mit Fried und Freud ich fahr dahin*）、《我爱她，尊贵的少女》（*Sie ist mir lieb, die werte Magd*），以及整个宗教改革中最广为流传的众赞歌《我们的上帝是坚固的堡垒》（*Ein feste Burg ist unser Gott*）都是路德自己创作的。[14]

巴赫演奏过路德的许多歌曲，这首取材自《诗篇》第46首的《我们的上帝是坚固的堡垒》，他在不同场合多次演奏过，或是使用不同的旋律来演绎（BWV 302 和 BWV 303），或是改编为管风琴众赞歌（BWV 720）。值得一提的是，《管风琴小曲集》（*Orgelbüchlein*）中 1/3 的作品都以路德作品为灵感来源，《键盘练习曲》的第三部分也尤其受到路德的影响。在《莱比锡亲笔众赞歌集》（*Corales del autógrafo de Leipzig*）中，路德起到了引领的作用。巴赫的康塔塔和受难曲中也包含着路德的歌曲，比如BWV 36、61 和 62 中包括众赞歌《现在来吧，异教徒的救世主》（"Nun komm, der Heiden Heiland"），它改编自圣安布罗斯（san Ambrosio）的赞美诗《作为人间的救世主，我来了》（*Veni redemptor gentium*）。

阿尔贝托·巴索指出，路德"大体上来说是个业余的（音乐）爱好者"。虽然他在历史知识和音乐理论方面有着不错的积累，但他在音乐方面其实盛名难副。当然，获得如此盛名也并非他的本意。从1501年起，路德在埃尔福特做研究的过程中，可能会在让·德·穆里斯和约翰内斯·廷克托里斯等人的作品中读到对音乐的不同理解。然而，路德对于音乐的热忱还是来源于宗教，他认为音乐是宗教的、精神的。[15]路德看待世界的眼光是由圣奥古斯丁的教义引领的。

加尔文宗信徒在宗教音乐上秉持克制的态度，这无疑让路德宗的作曲家更加有动力去尽可能多地创作曲目。于是众赞歌的数量，无论声乐还是器乐作品，都以空前的速度增多。从尼古拉斯·德西乌斯（Nikolaus Decius）到米夏埃尔·普雷托里乌斯，从哈斯勒到克鲁格、汤德（Tunder）、沙伊特（Scheidt）、库瑙，布克斯特胡德、帕赫贝尔、伯姆，无数大师托起一个最终由约翰·塞巴斯蒂安·巴赫完成的穹顶。阅读路德作品的时候，会发现新教与音乐如此密不可分。在 1530 年写给友人路德维希·森弗尔的信中，路德写道："我坚信音乐处于所有艺术的巅峰，只有神学可以与之比肩。"[16] 路德一直笃定地认为音乐是上帝的布道，造物主以这种方式来传递福音。作曲家若斯坎模仿着上帝之音，他的曲风柔和悠扬，充满了欢喜。若斯坎在《桌边谈话录》上写下批注："如果一个小学教师不会唱歌，他就算不上一个好老师。"

在《德意志弥撒和礼拜仪式程序》中，路德详细阐述了应当何时唱众赞歌，以及该用第一调式、第五调式还是第八调式去唱众赞歌；在神父当众向教徒诵读使徒书之后，用第八调式来歌唱。《垂怜经》要反复吟唱 3 次，之后"神父会面向着圣坛用同样的调吟唱祈祷文"[17]。唱诵使徒书后，"会歌唱一首德语歌"，也就是《现在我们祈求神灵》（*Nun bitten wir den heiligen Geist*）。这首 13 世纪的歌曲是贝特霍尔德·冯·雷根斯堡（Berthold von Regensburg）的作品，路德对它进行了改编，来表现新教最核心的主题之一，即上天堂前的最后诱惑和考验——死亡。

路德对音乐的热爱深深影响了德国音乐的未来，这是他对后世最主要的影响之一。18 世纪的作曲家将路德留下的音乐财富视为无价之宝。受新教各个流派影响的一代代音乐家们不断从中获得滋养。巴赫也不例外。此外，我们还应当思考路德对于神学有多大的影响力。我们看到在路德去世时，《基督徒的自由》中的理念引起了很多分歧，其中也不乏批判的声音。路德本人在晚年时候也对自己早期的作品感到怀疑，觉得当年的文字过于尖锐。他不仅讽刺教廷，还攻击加尔文、伊拉斯谟、瑞士的乌尔里希·茨温利（Huldrych Zwinglio），并且言辞都像《九十五条论纲》一样犀利。尼采常常质疑路德，叫他"愤怒的话痨"，他常说宗教改革不过是"中世纪精神的翻版"。当然从路德到巴赫出生的 200 年时间里，路德宗的教义也经历了很多变化。罗宾·A. 莱弗（Robin A. Leaver）认为巴赫"就是一个典型的 18 世纪中产阶级路德宗人物"[18]。这个观点有几分道理，但也许巴赫还有其他方面没有被看到。巴赫的藏书里有很多中世纪神秘主义的书籍，有虔敬派、天主教以及正统路德宗作家的作品。巴赫是无法被定义的。

美妙地弹奏鲁特琴，触碰灵魂的柔软

在路德去世几十年后，论战依然喋喋不休，因此需要一本真正能够厘清秩序的书籍，来平息各方分歧，调和路德宗内部的不同派系。于是，《协和书》（*Libro de la Concordia*）在 1580 年的德累斯顿应运而生，书中收录了很多忏悔书。让·德卢莫（Jean Delumeau）认为，主要来自维滕贝格大学的梅兰希通支持者和来自耶拿的"传统派"发生了一场真正的战斗。[19]在路德去世20年后，争吵依旧相当激烈，于是很有必要制订一种类似宣言的内容来达到调和及统一各方的目的。日益兴盛的天主教和加尔文宗的势力敦促新教路德宗一派拿出自己的教典来对抗罗马，对抗加尔文主义。《协和书》中包括梅兰希通的《奥格斯堡信纲》（1530），以及关于这部信纲的《辩护词》（*Apología*）。此外，路德在1537—1538年还写了两部教理问答书——《协和信条》（*Fórmula de la Concordia*）和《施马尔卡尔登条款》（*Los artículos de Schmalkalda*），其中第一条也是最重要的一条中提到"唯有信仰让我们称义"；如果抱着相反的念头，那么"一切善都将失去。教皇、魔鬼和一切恶会攫取胜利，获得权力来对抗我们"[20]。只有《圣经》具备唯一的权威性，天主教会并不能让我们靠近上帝。路德发问：怎么能容许那主持弥撒的恶徒去助我们从原罪中得救呢？

为了获得圣托马斯教堂的乐监一职，巴赫在1723年5月表示他认同《协和书》的理念。人们对于巴赫的这一举动有不同的解读方式。有观点认为这足以见得巴赫是个正统的路德宗信徒，还有观点认为巴赫此举不过是为了在莱比锡谋得职位而采取的权宜之计。作曲家对于《协和书》的支持其实没有什么特别之处,因为这是所有想在教会内部任职的音乐家、讲经师或者神父的规定动作。不接受《协和书》的内容就直接意味着放弃圣托马斯教堂的乐监职位。不过,由于巴赫本身的理念,他倒是不必为了接受《协和书》而特意去修正自己的信仰。

19世纪时,有人认为巴赫是一个虔诚、坚定而保守的路德宗信徒。对于上帝是否存在,还有人认为巴赫是一个不可知论者,他单纯为了音乐事业而艰难忍耐着宗教或路德宗的理念。这些想法都无从证实。身处正统路德宗浸润的莱比锡,巴赫也自然而然地受到了影响。[21] 然而,若论起坎塔格雷所谓"对于路德的忠心"[22],巴赫的态度是变化而摇摆的。他无法对路德宗内部的各种分歧视而不见。巴赫的书单里有四开本的斯廷格《奥格斯堡信纲的基本原则》,同时巴赫也会关注虔敬派以及其他派别的理念。如我们所见,巴赫出于学习以及演奏的需要,誊写了安东尼奥·洛蒂(Antonio Lotti)、安东尼奥·卡尔达拉(Antonio Caldara)、帕莱斯特里纳的全部弥撒曲作品,以及巴萨尼(Bassani)的部分弥撒曲选段。这几位全都是天主教徒。音乐、宗教、日常活动、与其他音乐家的来往、与他人的相处、阅读、对死亡的感知,所有这一切都帮助巴赫形成了对世界以及自我的思考。巴赫不会被任何单一的观念束缚住。

1707—1708 年在米尔豪森度过的青葱岁月里，也就是巴赫在圣布拉修斯教堂做管风琴师时，他就看过保守的路德宗与亲虔敬派之间的论战。巴赫以开放的襟怀谨慎地旁观这些争论。巴赫似乎并不把《圣经》或者神学类书籍看作智慧的源头，他认为其中的内容就只是一些知识而已。[23] 这个观点本是理查德·H. 波普金（Richard H. Popkin）在分析斯宾诺莎对《圣经》的研究时得出的，也可以延伸到巴赫身上。巴赫对于宗教文本的解读具备这样的特点，既有认同，也有疑惑。宗教永远无法限制这位作曲家心灵与智识的广度。

此外，还有观点认为巴赫在晚年对宗教音乐不那么热烈，这其实是种错误印象。从 1730 年起，他在宗教音乐方面的创作似乎更少一些。但我们要记得，巴赫经年累月地投入《B 小调弥撒》的创作中，几乎持续到了生命的最后一刻。其中《圣哉经》的曲谱在 1724 年就被创作了出来，并在 1748 年前后进行了修改。1749 年，巴赫创作出《尼西亚信经》的曲谱，最终完成了《B 小调弥撒》的创作。巴赫曾在 1733 年把《垂怜经》和《荣耀经》献给信奉天主教的萨克森选帝侯，而康塔塔 BWV 12 在 1714

年便已被创作出来。这部弥撒曲是一部精致的佳作，但卡尔·菲利普·埃马努埃尔认为它倒像是一部天主教弥撒曲。[24] 因为新教的短弥撒曲（Missa brevis）一般仅由《垂怜经》和《荣耀经》组成，而这部弥撒曲是一点一点慢慢沉淀而成的，不断有新的想法或者不同的神学观念融入其中，巴赫也不断尝试用不同风格的语言来呈现这部作品，他会从誊写的其他作曲家创作的弥撒曲中汲取灵感。这部"天主教"的弥撒曲不仅是一部荟萃了各种精彩绝伦的"音乐手法与技巧的历史文集"[25]，还表现出一个不受教义束缚的自由灵魂。

因此，在巴赫的藏书中，除了正统路德宗作家还有其他虔敬派作家的作品并不足为奇，比如我们看到其中有阿尔萨斯神学家菲利普·雅各布·斯彭内尔的《反教皇制度》。斯彭内尔在1675年发表的《虔敬的渴望》（Pia desideria）[26] 是德国虔敬派的真正代表作。这一年，阿恩特作品正好出了新版，其序言中指出：

> 现在无法买到去世的阿恩特博士的作品，一些人是因为它高昂的价格望而却步，另一些人是因为手里已经有此前（更加便宜）的版本了。因此，许多人希望在出版后可以单独拿到序言。[27]

正如德卢莫所说，很快在路德宗信徒中就出现了各种各样的质疑。当斯彭内尔在18世纪初去世的时候，他已经留给读者一篇很有革新精神的文字，他质疑了路德提出的一些观点，尝试重塑被宗教争端和三十年战争冲击的思想。和激进的路德不同，斯彭内尔性格比较温和，他呼吁尽可能回归《圣经》，他激烈地抵制世俗主义：他批判饮酒，谴责论战，憎恶不恰当的财富分配方式，以一种近乎帕斯卡尔的方式书写大量文字，抨击纸牌游戏、戏剧、舞蹈等活动。帕斯卡尔曾经认为擅长演奏鲁特琴其实是一个缺点，它暴露出一个人的脆弱，说明此人有自我庇护的需求。斯彭内尔坚信诸如此类的活动会让人偏离靠近上帝的道路。于是，可以想见，虔敬派对于在祈祷以及很多宗教活动中运用音乐持非常谨慎的态度。

这种观念与巴赫的想法相左，但许茨去世后发表的遗作，以及其后最杰出的作曲家的作品确实受到了虔敬派信条的影响。巴赫算是一位虔敬派信徒吗？显然不是。他同样不是正统的路德宗信徒。通过他的音乐，我们看到巴赫的思想如同广袤的原野，包罗万象。把巴赫生硬地归类于某种思想流派是没有意义的。把巴赫视为举世无双的伟大天才音乐家也许是溢美之词，但不可否认的是，巴赫确实有超乎常人的将各种情感融为一体的能力。在表达情绪方面，他的音乐有一股特别的力量，理性与感性在其中水乳交融。因此，巴赫的音乐是无法被定义的。在那个呼唤变革的时代，虔敬派以一骑绝尘的姿态提供了珍贵的精神财富。斯彭内尔的思想源自以陶勒为代表的中世纪神秘主义、现代虔敬派、肯培的思想以及伯默启蒙思想的融合。天主教神学家的作品，比如倾心于寂静主义的耶稣会士阿基里·加利亚尔迪（Achille Gagliardi）的《简论基督教中的完美》（*Breve compendio de perfección cristiana*，1611），也影响了斯彭内尔。另外，17世纪传播的希伯来神秘主义如安息日主义，同样让斯彭内尔获得启发。古老的默祷传统比如静修（hesiquiasmo）也对斯彭内尔有一定影响（"静修"的希腊语 hesychía 是"寂静"的意思），它们的起源是原始的东方基督教会，几百年后为写作了《静修圣徒三部曲》（*Tríadas en defensa de los santos hesicastas*，约1338年）的拜占庭作家格雷戈里奥·帕拉马斯（Gregorio Palamàs）所复兴。[28] 此外，虔敬派也关注到神秘主义的思想，尤其是玫瑰十字会的思想。各种各样的知识与信息交织在一起，于无声处展现着世界的多元性，让巴赫越来越感到，这个世界从来不只有一种声音。

当斯彭内尔于1705年去世时，与巴赫同时代的一些作曲家如约翰·阿尔布雷奇·本格尔（Johann Albretch

Bengel）和弗里德里希·克里斯托夫·厄廷格（Friedrich Christoph Oetinger）为虔敬主义运动赋予了新的能量，带来了新的动力。许多教士以及在启蒙运动和浪漫主义初期举足轻重的艺术家和学者都对虔敬主义抱有好感。另外，一部分贵族也支持虔敬派，最突出的代表人物是青岑多夫伯爵路德维希，他比虔敬派的主张要更激进一些。这位伯爵常常邀请他的追随者阅读费奈隆（Fénelon）和居伊昂夫人（Madame Guyon）的作品。据说伯爵是一个天马行空的怪人，但他本人恰恰是18世纪中叶德国的生动写照。也许毫不夸张地说，虔敬主义的信条对于引领德国思想走向理性主义和个人主义具有非凡的重要性。启蒙主义者把路德看作反对等级、捍卫个人自由的先驱，因此他们认为虔敬主义是一条通往争取个人自主、对抗外界秩序的途径，这是19世纪自由主义思想家的一种观点。

回想一下，克洛卜施托克是虔敬派信徒，席勒也是，而席勒对歌德和诺瓦利斯（Novalis，1772—1801）[1]都颇具影响。卢梭对这股"自德国而来"的运动也很感兴趣，而在虔敬主义运动很显盛的柯尼斯堡（今俄罗斯加里宁格勒），康德出生了。哲学家康德于1724年降临这个世界，

---

1 德国浪漫主义诗人、哲学家、小说家。

同年，巴赫发表了《约翰受难曲》的第一个版本。

时间、永恒、慰藉

最伟大的浪漫主义艺术家之一菲利普·奥托·龙格（Philipp Otto Runge）曾经描绘过家庭祈祷的情景，烛光中几个人围着读《圣经》。他们通过这种方式延续着斯彭内尔推崇的"虔敬团契"，友爱地聚在一起祈祷、畅聊、讨论，在这样的氛围中似乎比在教堂里更能让福音的真理闪耀出光芒。写作过《虔敬的渴望》的斯彭内尔认识莱布尼茨，并且欣赏让·拉巴迪（Jean Labadie）。拉巴迪是一位流浪的神秘主义者，他主张杜绝宗教中严守教条的做法。但若要论真正影响过斯彭内尔的人，则非约翰·阿恩特莫属。巴赫的藏书中有阿恩特的《基督教的真理》。虽然查鲁和西奥博尔德认为阿恩特是路德宗中继路德之后第一代最重要的正统派代表人物[29]，但阿恩特其实是最先认真调整路德勾画的路线的人，阿恩特的理念受到神秘主义的影响：他认为人是可以重新自我解读、脱胎换骨的；应该用心去学习《圣经》，让灵魂与基督相爱进而重获新生。巴赫热爱阅读阿恩特的作品，他常常通过非正统路德宗作者创作的圣歌来表现阿恩特关于基督和灵魂相爱的比喻，比如在著名的康塔塔 BWV 140 中，巴赫用到菲利普·尼古拉（Philipp Nicolai）所作的圣歌《醒来吧，那声音召唤着我们》（*Wachet auf, ruft uns die Stimme*）。

与莱弗的观点[30]不同，巴索觉得在巴赫身上看不到什么虔敬派的印记，他认为虔敬主义运动对莱比锡几乎没有太大影响[31]，莱比锡大学内部的神学研究趋于保守，对一切会扰乱原有思想的东西竖起高墙。这种环境似乎不会对巴赫发生决定性的影响。另外，巴赫的藏书以及巴赫家族中的气氛也未必一定会受到外界影响，未必和大学或市议会显贵们的趣味相投。此外，巴赫的藏书中还有虔敬派的哈雷大学创始人之一奥古斯特·赫尔曼·弗兰克（August Hermann Francke）立场鲜明的《家庭布道》。弗兰克此前在莱比锡授课时，一次次在课堂上遇到宗教观念上的分歧，于是 1691 年他离开莱比锡去了哈雷。哈雷是一座虔敬主义风靡的城市，它是亨德尔的家乡。著名音乐家察豪直到 1712 年去世前，一直在哈雷担任音乐指导。当时在哈雷还出版了约翰·阿纳斯塔修斯·弗雷林豪森（Johann Anastasius Freylinghausen）编纂的圣歌集[32]，这本书是斯彭内尔拥趸们的最爱，巴赫也对它非常熟悉。

1713 年，巴赫来到哈雷，举办了一场管风琴演奏会作为面试演出，希望能够接替察豪的职位，但巴赫后来放弃了这个职位。如果巴赫真的留在了哈雷，他的音乐会有什么变化吗？据说接受哈雷职位的邀约，是他为了能在魏玛宫廷争取到更好待遇而采取的一个计策。《讣告》中简短地提到巴赫曾在哈雷演奏过一首反虔敬派的曲目。察豪的这一职位后来由基希霍夫（Kirchhof）接替。[33]巴赫放弃职位的原因我们无从确切得知，但如果这份工作待遇优渥，那么巴赫一定不会拒绝在这座虔敬主义氛围浓厚的城市生活。沃尔夫认为，由于魏玛即将举办很多庆典活动，巴赫可能有些担心，觉得当时不是离职的恰当时机。于是巴赫没有提交辞呈，一次次地跟哈雷的挚爱圣母市场教堂说他要再考虑考虑。巴赫的做法让教会人士觉得被放了鸽子。巴赫当时住在哈雷最豪华的旅店中，花着教会的钱"好吃好喝，烟酒度日"[34]，等候着职位遴选。巴赫在下榻的旅店开出的发票，确实可以印证他当时的日子过得相当滋润。

巴赫才华横溢，管风琴技艺高超，因此收到接任察豪职位的橄榄枝也是情理之中，但巴赫此前如果已有忠于路德宗正统的名声在外，想必他便不会被纳入填补空缺的人选之中。

食物	2 帝国塔勒	16 格罗申
啤酒		18 格罗申
烧酒		8 格罗申
采暖	1 帝国塔勒	4 格罗申
住宿和照明	2 帝国塔勒	4 格罗申
烟		2 格罗申
总计	7 帝国塔勒	

签名：J. S. 巴赫　　　　　　　　　　J. H. 埃伯哈特（店主）

巴赫是一个多面的人物，就像达·芬奇所说，"人类本就是如此"。没有人可以肯定音乐家的内心究竟是怎样的想法，巴赫并不会死死坚守某一种信条，各种思想可能会在他的脑海中发生碰撞。正因为如此，看似"正统"的巴赫书架上也会放着约翰内斯·格哈特（Johannes Gerhardt）的 5 卷本《虔敬派》。格哈特深受斯彭内尔欣赏，在阿恩特开辟的道路上，他是举足轻重的代表人物。不能说巴赫没有受到虔敬派的影响，因为他的诸多藏书表达的理念都不是路德宗的正统思想。

没有任何一个受人尊敬的作家或读者只在单一的方向上阅读学习，也没有任何一种思想可以独立或者游离于它所属的文化之外而存在。巴赫就是一个典型例证。巴赫个人的态度以及他的音乐都与人们脑海中固有的单一印象不同，他是立体而丰富的。巴赫藏书中有马丁·盖尔（Martin Geier）的《时间与永恒》，这本书一定可以让巴赫思考更多宗教之外的内容。盖尔是德累斯顿宫廷的布道者，1672年，他为在德累斯顿宫廷去世的海因里希·许茨书写了葬礼布道词。这篇布道词宛如一个墓穴，又好似一幅虚空画（vanitas），如多恩的布道一样触动人心，因此也非常著名。盖尔在其中感叹着人类的脆弱。盖尔不仅回忆起作曲家伟大的作品，还述说了许茨曾经饱受他的妻子和两个孩子去世的煎熬，老年时曾经向选帝侯索要退休金。盖尔回忆起许茨四处奔走，寻觅着一处发展自己音乐的理想之地，最终在孤独中离开人世。

巴赫在阅读时怎么会遗漏掉这样一位思考着人类境况、思考着时间与永恒的作家呢？盖尔遵循圣奥古斯丁的传统，他说永恒就是那些无法被时间丈量的东西。过去和未来都不存在，"因为它们都是时间的变体"。在永恒中，一切时间被容纳其中：时间静止，永不消逝。曾经困扰中世纪思想家和神学家以及古希腊学者的关于永恒世界的问题，在盖尔的时代是被这样解读的：世界是一个空间，而永恒是一种状态，这种状态包罗一切有期限的存在。这种理念似乎变成了一种宗教的或哲学的宣言，许多不同领域的人物像斯宾诺莎、帕斯卡尔和马勒伯朗士

（Malebranche）都对此表示认同。前文提到的尼伦贝格写过一本名为《短暂与永恒的差别》(*De la diferencia entre lo temporal y eterno*，1640）的书，出版不久后多次再版。这部作品表达了一种对生命的眷恋，这份眷恋源于——借用雅斯贝尔斯的隐喻——一个人在面对生死时感受到的巨大割裂。巴赫对于这类问题应该很有自己的独到见解，因为在信仰之外，他能够感受到一种难以形容的担忧，这种担忧源自对死亡的强烈的恐惧。这是一种巴洛克式的对于失去的恐惧。我们不难观察到死亡的哀愁一直笼罩着巴赫。巴赫不仅是一个有宗教信仰、会祈祷的人，他更是一个凡人，有一天他会迎来自己的死亡，而作为一个有"现代"精神的人，他对死亡充满抗拒。据说巴赫认为对位是消除单线程旋律带来的单向时间的方法。旋律书写出时间，对位勾勒出永恒。

巴赫拥有丰富的内心世界，浓烈的思绪缠绕着他。伊曼努尔·列维纳斯（Emmanuel Levinas）认为，这对于巴赫来说其实是一种束缚。[35]克尔凯郭尔认为"悲剧"或"宗教"的色彩已经深深烙印在巴赫这位曾为妻子玛丽亚·芭芭拉写下《恰空舞曲》的作曲家身上。巴赫在一片被宗教浸润的音乐土壤上成长起来，他阅读过探讨形而上学特别是探讨死亡的作品。他的思考方式有时带有虚无主义的色彩，甚至可能走向极端化的精神状态。这些都是巴赫身上的鲜明特点。

巴赫有很多海因里希·穆勒的作品。《马太受难曲》特别是其中的多首咏叹调都充满了一种痛苦不安的情感，这份情感正是穆勒在《对于约瑟夫不幸的布道》中抒发的情感。藏书中另外几本穆勒的书籍，无论书写个人思索的《爱之吻或神圣的爱火》与《上帝的建议》，还是关于教义的《为路德的辩护》、《无神论》与《犹太教》，都弥漫着痛苦的气氛。[36]但我们现在要谈谈一本在巴赫的藏书兼作曲室陪伴他度过了许多个午后和黄昏的作品——《慰藉的时光》。

穆勒的这部作品展现了他对于死亡的思考。一方面，这一主题受到了中世纪死亡观的影响；另一方面，16世纪时，天主教和新教的哲学家以及神学家都非常关注死亡。当评论家谈起巴赫关于死亡主题的阅读时，总会提到路德在1519年9月和10月之交写作的《迎接死亡的布道》("Sermón de preparación a la muerte")。关于这一主题，路德并没有另辟蹊径，而是延续《死亡的艺术》的传统，为一个优秀的基督徒应该如何面对生命的尽头给出中肯的意见。探讨死亡的书籍层出不穷，反映出人们对于个体救赎的一种极致的忧虑。书中不仅给出一些建

海因里希·穆勒:《爱之吻或神圣的爱火》,"对抗死亡"插图,纽伦堡,1732 年。

议,还向病人和临终者布道,教他们如何对抗来自魔鬼的诱惑,因为当人脆弱的时候,魔鬼常来到耳畔低语,教唆人们抓牢人间的财富而放弃永恒的生命。阿尔贝托·特恩蒂（Alberto Tenenti）认为这些虔敬派的文章不仅是为那些已在内心听到临终钟声的人而作，更主要的是为"那些身体健康的人"而作。[37] 如何与生命告别成了一门学问，这门学问被称作"死亡的科学或教义"，最早是在海因里希·苏索（Enrique de Suso）大约1345年出版的《智慧之钟》（*Horologium sapientiae*）中出现，大约1450年在弗林德霍芬的赫拉德（Gérard Vliederhoven）写作的《最后四味镇定剂》（*Cordiale quattuor novissimorum*）中被正式提出。在此之前几十年，大约1403年时，让·格尔森（Jean Gerson）的《死亡的科学》（*De scientia mortis*）引起了一些信仰上帝的人的关注，这部书和巴尔托洛梅奥·德·马拉斯基（Bartolomeo de'Maraschi）在意大利出版的《死亡的准备》（*Libro de la preparatione a la morte*，1473），以及德国萨克森的鲁道夫（Landulfus de Sajonia）的作品都同样非常重要。

无论在代尔夫特、巴塞罗那、安特卫普、巴黎、巴塞尔、慕尼黑、米兰，还是在布鲁日，全欧洲都在印刷关于死亡的慰藉和劝诫的作品。1534年的安特卫普迎来了16世纪关于这一主题最有影响力的作品——伊拉斯谟的《论死亡的准备》（*Liber de praeparatione ad mortem*）。这部作品译本众多，1545 年，西班牙语译本《善终的准备》问世。[38]除此之外，其他同一主题的作品也都成为畅销读物，被人们私下收藏。书中有时还会有展现阴森场面的木刻版画，配上生动的劝诫，勾勒着死亡的舞蹈，表达着对人间的藐视。

穆勒《慰藉的时光》也是从这一死亡主题的文学中而来，表达了一种时至今日依然普遍存在的、对于自己或他人死亡的痛苦感受。从 16 世纪起，许多神学作品即便不直接描写"升天"，也或多或少涉及死亡，反映出大众对于"长夜来临"的恐慌。巴赫藏书中的一大部分也是这个主题，比如 1603 年去世的埃吉迪乌斯·亨纽斯（Aegidius Hunnius）的作品。亨纽斯是最被斯彭内尔钦佩的大师之一。巴赫之前的音乐家比如沙因、汤德、许茨等都大量在作品中表现死亡这一黑暗压抑的主题。巴赫的作品也常常展现他对于走向另一个世界的深刻思考，可以说他创作了许多音乐版的《死亡的艺术》，比如康塔塔 BWV 8 中的《至爱的上帝，我将何时死去？》（"Liebster Gott, wenn werd ich sterben?"）。这首乐曲创作于 1724 年的 9 月，基于卡斯帕·诺依曼（Caspar Neumann）创作的一首圣歌展开。这首作品笼罩在痛苦中，向命运发问，从第一首众赞歌开始，便不停思索着那最后的时刻何时到来。1695 年，这首作品由莱比锡圣尼古拉斯教堂的管风琴师丹尼尔·维特（Daniel Vetter）改编成一首哀乐。

这种面对死亡的"震撼和恐惧"让穆勒不断创作来抒发感受。除了《慰藉的时光》，穆勒还写过其他带有强烈神秘主义色彩的作品，比如前文提到的《爱之吻或神圣的爱火》，书中既有劝诫，也有关于升天的警句。在巴赫的康塔塔 BWV 12 中，第一小节"哭泣、呻吟、担忧、疑惑"（"Weinen, Klagen, Sorgen, Zagen"）便奏响了死亡主题。1859 年，弗朗茨·李斯特的爱女离世，于是他改编了巴赫的康塔塔 BWV 12 第一乐章。除了李斯特，还有很多作曲家书写过死亡主题。另外，受路德的影响：人们再次关注起神秘主义，重新拾起勒伊斯布鲁克、埃克哈特、陶勒的作品来阅读，特别是陶勒，因为路德在进入修道院后便已经开始研读他的作品了。路德常常从陶勒书写的福音文字中直接汲取灵感来抨击经院哲学。在 16—17 世纪，陶勒这位 14 世纪的多明我会修士所写的《布道》一直是天主教禁书。虽然《歌谣中的陶勒思想》（*Instituciones de Taulero en romance*）[39] 被列入 1559 年西班牙宗教裁判所的禁书，但这位德国神秘主义者的言论获得了修士格拉纳达的路易斯、十字若望以及西勒修斯的欣赏，他们把陶勒看成重量级大师，陶勒也确实配得上这样的称号。西班牙光

约翰内斯·陶勒作品集封面,其中 1521 年出版于巴塞尔的德文版《布道》尤为突出。

明派教徒把陶勒的思想视为准则，异教徒和其他莱茵河畔以及佛兰德的神秘主义者把他看作灵感的源泉。他们还组成了一个小圈子，那个年代最不安分的灵魂都热血沸腾，一切看起来都相互联系。奎里努斯·库尔曼（Quirinus Kulhmann）把十字若望《燃烧的爱之火》（*Llama de amor viva*）翻译成了德语。此外，他还把1639年出版于科隆的拉丁语版本《灵魂的赞美诗》（*Cántico espiritual*）与《黑暗的夜晚》（*Noche oscura*）两部作品中的若干选段翻译成了德语。

正如陶勒所说，基督是万物的中心、万物的起始，也是万物的终点。无须特别做什么，人类天生就会沿着神圣的内在之路前行。路德和巴赫都非常认同这位来自斯特拉斯堡的神秘主义学者的理念，认为"应当摒弃上帝和灵魂之间的中间人"。没有任何存在可以横亘于人与上帝之间。人类是因信称义，而非因行称义。无为方可抵达善。陶勒认为人们应该达到一种"真正松弛、无为的状态，应当走进内心，专注于自我"，这样就可以迎接圣灵；他说"有很多正直的人做出了不少值得赞扬的事，但他们却对内在的精神生活一无所知"[40]。

陶勒常常提到灵魂与肉体的解放，坚持认为应当挣脱人间的枷锁。这些理念反复在巴赫的作品中出现。我们之所以把埃克哈特称为神学家，把苏索称为诗人，把陶勒称为哲学家，都是有缘由的。陶勒写作了很多作品，这些作品将智慧、哲学以及"隐秘的灵魂深处"[41]连接起来，这些作品是一种铺垫，认为有和无本是一体的，处于同一维度中。理性与非理性并非相互排斥。伯默也常常表达同样的理念。叔本华也认同这个理念，所以他会阅读很多14世纪神秘主义者的作品；马丁·海德格尔也是如此，他非常关注埃克哈特。在不断靠近完美的过程中，尽管状态是"松弛、无为"的，但我们看到陶勒一直在追求灵魂的净化。这让我们不禁想起巴赫是如何一次又一次地完善作品的，他总是努力拓展、丰富着自己的作品。就像斯宾诺莎打磨自己的镜片一样，巴赫也不断雕琢着他的音乐。在一段有趣的文字中，陶勒说过，在40岁之前人们是无法真正找到内心的平和的。只有在40岁时，各种不安才会被抛之脑后，缠身的琐事才会散去。到50岁的时候，人们终于得以休憩，那时便有能力去用心感受什么是天堂，什么是神圣。此后10多年里——

如果一个人走向了生命的终结，抵达了天堂，那么他就会长眠、沉浸、融化于极致纯粹美好的神圣中。在这种简单的状态中，伴随着爱的流动，内在的生命之火、星辰、灵魂的价值都会被吸引着回归到生命最初的起点。与从古至今的所有人一样，当生命的潮水退去，一切的债务全被还清，不复存在。[42]

曾经有这样一个关于宗教音乐的比喻——人们把圣灵称为神圣的乐手，他有一架精致的鲁特琴，"这把鲁特琴可以弹奏出和谐的乐音，把灵魂的感受与力量化为轻柔的琴音"。低沉的琴音可以抚慰痛苦，"而人的身体感知到的痛苦可以让音乐变得低沉而哀愁"[43]。高亢的音乐可以唤起灵魂的力量，教人们保持虔诚，心甘情愿地自我牺牲。音乐，心灵，命运。

德国唯心论是从中世纪的大师们身上获得了巨大的滋养，谢林、黑格尔、海德格尔和中世纪大师一样，都在无根之基上开始思考——一想到尽头处的虚无，就堕入深渊之中。[44]古人说，那尽头处的所谓深渊，其实就是上帝。也许这就是伯默所说的，一切从虚无中来，"无"就是上帝的本质。[45]陶勒和他同时代的人将神秘主义视为一种体验、一种科学。他们推崇遁世，推崇独处，推崇内心的虔敬，推崇以道德上的个人主义来对抗经验哲学的等级森严。从14世纪末开始，这些理念都是现代虔敬派的一种支撑。巴赫藏书中很多神学书籍的观念都从这种思想框架中而来，这种思想观念在路德时期颇具影响力。以穆勒为代表的众多作家都表现出这样的理念，尽管他们写过一些教条主义的文字，但同时还写了很多表现唯灵论思想的文字。

奥古斯特·普法伊费尔也是这样，他可以算得上巴赫的藏书中在路德之后最熠熠生辉的名字了。尽管奥古斯特是一个正统的路德宗信徒，但他用到的象征、他的言论都与神秘主义和个人的虔敬有关，他探讨着虚无，他谈论着世界的运转，谈论着失去一切，谈论着对死亡的准备和对人间黑暗的反抗。在《反加尔文》和《基督教福音派》这两本书旁，放着巴赫的另一本书——《反忧郁》。巴赫有四开本和对开本两个版本。巴赫对这3本书一定非常感兴趣，于是我们可以看见，在《献给安娜·玛格达莱娜·巴赫的键盘小曲集》上，他还写下了这3本书的书名，在曲集封面的右侧便可以看到巴赫的字迹：

普法伊费尔博士（D. Pfeifern）
《反加尔文》（*Ante Calvinismus*）
《基督教福音派》（*Christen Schule item*）
《反忧郁》（*Anti Melancholicy*）

巴赫买这些书总共花了1塔勒24格罗申。像受到穆勒的影响一样，巴赫的受难曲和康塔塔也都受到了普法伊费尔思想的影响。[46] 对死亡的期待，抵达天堂前的肉体消亡，现代巴洛克式的消解现实和游离于现实之外的渴望、孤独、不安，这些意念都不断影响着巴赫的音乐创作。比如在哀伤的康塔塔《你祝福我，我便不会离你而去》(Ich lasse dich nicht, du segnest mich denn，BWV 157) 中，巴赫表达了在棺椁中长眠的愿望，他希望能够依偎在上帝之子的怀抱中。走近巴赫的乐谱，倾听巴赫的音乐，仿佛在霍

1722 年《献给安娜·玛格达莱娜·巴赫的键盘小曲集》的封面上，有巴赫亲笔写下的奥古斯特·普法伊费尔三本书的书名。

尔拜因的画作《死去的基督》前驻足凝望，就像陀思妥耶夫斯基曾经在巴塞尔看到这幅画作时那样，会不禁去思考人类的命运。[47] 这位俄国作家以无比精准的笔触将这段经历诉诸文字，写进他的作品《白痴》中：他凝望着镜子，看到了一个可以超越时间、实现永恒的人。巴赫的这首以及其他许多作品都表现出对死亡的接纳，因为这才是唯一的生存之道。于是，怀抱这样的信念，巴赫在这里，在这个终将走向结束的世界里创造着一个又一个感受的空间。

这样的意念可以让人远离忧郁，远离那些让人变得尖刻、颓唐的坏情绪。圣女大德兰把坏情绪称为"严重的疾病"[48]，并且还为此提出了一些应急的祛病之法。从中世纪起，关于如何治愈忧郁的主题作品便层出不穷。这些作品是对伪亚里士多德的重新解读。伪亚里士多德认为忧郁是人情绪上的一种失衡。对忧郁的研究不仅仅局限在科学领域，也蔓延到思想领域，文艺复兴时期尤其引人关注。神学家们坚信，就像哲学家是追求真理道路上的障碍，忧郁是人们靠近上帝的障碍。因此，为了对抗忧郁，应当首要考虑如何去治愈灵魂，而非治愈肉体。1691年出版于莱比锡的《反忧郁》一书便沿袭了这种理念，将目光聚焦于精神领域。书中认为没有任何存在可以横亘在神圣的声音与人类之间，也没有任何弱点可以阻碍那些向着无限之境

圣托马斯教堂纪念巴赫的花窗玻璃。

前进的朝圣者的脚步。直到 1689 年，普法伊费尔一直在莱比锡的圣托马斯教堂做执事长，他没能看到自己的作品于 1710 年再版。但普法伊费尔做到了在他去世若干年后，人们依旧将目光投向忧郁这一主题，认为忧郁有待解决。1621年，罗伯特·伯顿出版了一部恢宏的作品《忧郁的解剖》(Anatomía de la melancolía)。在这本书中，罗伯特列述了对抗忧郁的各种办法，其中一个相当有效的办法便是音乐，因为音乐可以"鼓舞灵魂，它是让脆弱的心灵重新振作的灵丹妙药"[49]，音乐可以缓解恐慌，排遣痛苦，驱散烦恼。

缓解恐慌，排遣痛苦。忧郁。巴赫。在莱比锡的一扇窗里，一盏油灯的光熄灭了。巴赫的藏书室安静下来。乐声渐息。一个疲倦的人在明灭的灯火中走向床畔。在书籍之外，他再次在内心阅读着明天他又将归来的世界。他把这种"无"看作一份珍贵的礼物。"无"就是一种善。于是巴赫祷告着。每天的生活都好似一首乐曲，高低起伏地流淌着。当梦境到来时，他会想起那些已在地下长眠的先人。在无声中，巴赫听到了生命。也许这就是音乐的意义，在事物被赋予名字之前，音乐便可以将它们诉说。若此刻桌上刚好有一本翻开的书，那它会继续如明镜一般映照人间。

附　录

"和声小迷宫"：与巴赫相关的作曲家们

　　约翰·塞巴斯蒂安·巴赫常说他有自己的"装备"，大抵是指他自己或其他作曲家创作的乐谱。这些乐谱大多由他人誊写，也有巴赫自己誊写或者印刷的部分。巴赫曾经改编或者誊写过很多前人和同时代作曲家的作品，但遗憾的是，巴赫手中这些曲谱全都没能保存下来。K. 贝斯文格（K. Beisswenger）曾通过作品《约翰·塞巴斯蒂安·巴赫的音乐藏书》（*Johann Sebastian Bachs Notenbibliothek*, Kassel，1992）来重现巴赫的音乐藏书清单。于是，巴赫从青年时代起便用到的材料被挖掘出来，比如他誊写并学习过的曲谱，他在当时任职的教堂或宫廷的藏书中可能翻阅过的曲谱，以及他通过同事和朋友接触到的曲谱。我们可以按照这个思路去追寻这位莱比锡乐监的足迹，回望那些曾经在巴赫的生命中路过的作品。然而，这并不是件容易的事，因为我们对巴赫的音乐生涯也只有大致的了解。

在父母去世后，少年巴赫住进了哥哥约翰·克里斯托夫（Johann Christoph，1671—1721）在奥尔德鲁夫的家中。从那时一直到他在莱比锡度过的暮年时期，有许多次重要的相遇影响了巴赫的成长，让他的"装备"越来越完备。当时，约翰·克里斯托夫正跟从约翰·帕赫贝尔学习音乐，他将许多当时最具名望的大师比如弗罗贝格尔、克尔（Kerll）以及帕赫贝尔的键盘曲谱誊写下来结集成书。书中集锦了大师们创作的托卡塔、幻想曲、随想曲、前奏曲、坎佐纳和赋格曲。克里斯托夫认为年幼的巴赫"什么都不懂"，所以不让他乱动自己这本曲集。既然哥哥不让看，天真的巴赫便开动脑筋，他发现"曲集被放在一个关起门的柜子中。于是当夜深人静、所有人都睡着的时候，巴赫把小手伸进柜门的缝隙中，在里面先把书卷起来，然后再小心翼翼地把它从柜子里掏出。没有蜡烛，他就借着月色，奋笔疾书誊写曲谱。6个月过去了，巴赫终于大功告成。他悄悄地享受着这份隐秘的音乐至宝，但难过的是，哥哥后来发现了它，并毫不留情地从他手中夺走了这份得来不易的手抄曲谱"（《巴赫文献》，第3卷，第666页，西班牙语译本第240~241页）。

沃尔夫认为，除了弗罗贝格尔、克尔、帕赫贝尔，这本曲谱中还有约翰·克里格、纪尧姆-加布里埃尔·尼维尔（Guillaume-Gabriel Nivers）以及克里斯托夫·弗里德里希·维特（Christoph Friederich Witt）的作品。（第 1 卷，第60~62 页）巴赫的哥哥克里斯托夫的同学、朋友约翰·瓦伦丁·埃克尔特（Johann Valentin Eckelt）曾像克里斯托夫一样，给他们的老师帕赫贝尔买过一本作曲集。其中收录的作曲家作品基本也都出现在克里斯托夫的曲谱中。

另外，我们不要忘记，在巴赫的音乐之路上还有一部举足轻重的作品——《巴赫家族的古老档案》（Antiguo Archivo de los Bach）。这本书据说是由巴赫的父亲约翰·安布罗修斯编撰，后来巴赫也不断补充该书的内容。在巴赫去世后，这本书传到了他儿子卡尔·菲利普·埃马努埃尔手中。这是一本巴赫家族成员的作曲集，收录了约翰（1604—1673）、海因里希（1615—1692）、格奥尔格·克里斯托夫（1642—1697）、约翰·克里斯托夫三世（Johann Christoph III, 1645—1693）[1]、约翰·克里斯托夫二世（Johann Christoph II, 1642—1703）[2]、约翰·米夏埃尔（1648—1694）[3]的作品。曲集原稿在第二次世界大

1　巴赫父亲的双胞胎兄弟。
2　海因里希·巴赫的长子。
3　巴赫第一任妻子玛丽亚·芭芭拉的父亲。

巴赫家族的谱系图。

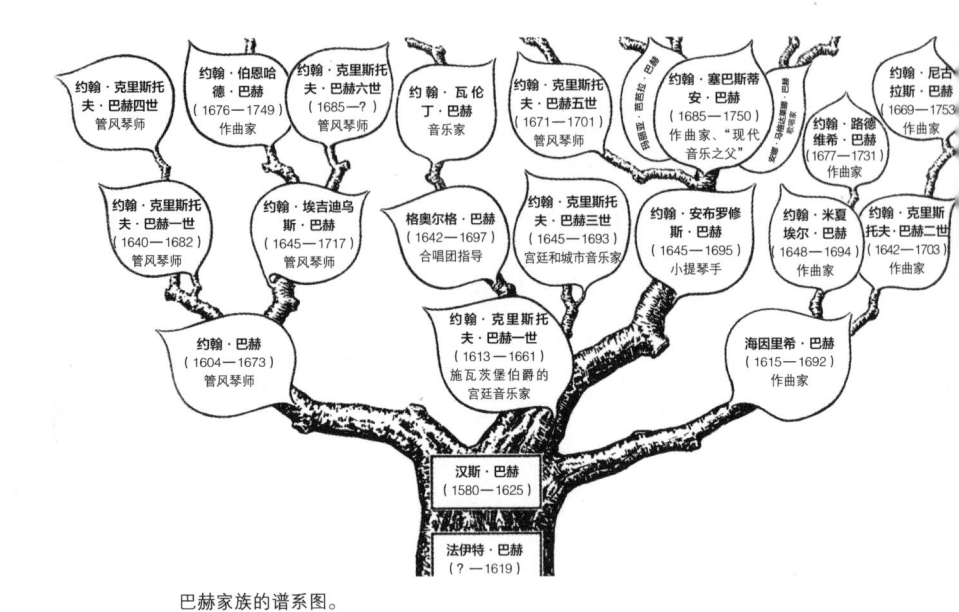

战期间被损毁,但幸好卡尔·菲利普的女儿安娜·卡罗琳娜·菲利皮娜（Anna Carolina Phelippina）在1774—1775年期间誊写的一部抄本保存了下来。巴赫对于传承发扬整个家族的音乐血脉很有热情,于是在1735年,他编撰了一部名为《巴赫家族音乐家谱》(*Ursprung der musikalische-Bachischen Familie*)的曲集,其中收录了50多位家族成员的音乐作品。

但回望少年巴赫与音乐的最初相遇,更具影响力的其实是两部手抄本的键盘曲集——他的哥哥约翰·克里斯托夫在1703—1714年期间得到的《安德烈亚斯·巴赫之书》(Andreas Bach Buche)和《穆勒手稿》(Möllersche Handschrift)。巴赫最初的音乐知识主要从这两本曲集得来。虽然当时巴赫已经到了吕讷堡，并且之后打算去魏玛和阿恩施塔特，但这两本曲集可以反映出巴赫最初接触到了怎样的音乐，可以了解他当时的音乐方向。两本曲集中荟萃了意大利、法国当然还有德国的音乐风格和潮流。第一本曲集大约汇编于1708—1714年之间，1754年定名，其中收录了库瑙、伯姆、马雷、布克斯特胡德、赖因肯、泰勒曼等人的作品。第二本曲集《穆勒手稿》大概是穆勒在1703—1707年期间汇编的。其中同样有布克斯特胡德、伯姆和赖因肯的作品，此外还有察豪、布鲁恩斯（Bruhns）的作品，以及吕利和阿格斯蒂诺·斯蒂法尼（Agostino Steffani）的键盘乐曲。值得注意的是，巴赫也不断把自己的一些作品发给哥哥，希望自己的作品也能被收录进这些曲集中。除了此前提到的作曲家，曲集中还有克里斯蒂安·弗洛尔（Christian Flor）、尼古拉斯·勒贝格（Nicolas Lebègue）、迪厄帕尔、马雷、路易·马尔尚的乐谱。这些谱子都是哥哥一点一点买来的。（沃尔夫，第1卷，第88~90页）

与此同时，当巴赫在阿恩施塔特开始他的管风琴师生涯时，他可以在教堂里接触到众多音乐大家的作品，如奥布雷希特、让·穆顿（Jean Mouton）、森夫尔、皮埃尔·德·拉·鲁（Pierre de la Rue）、若斯坎、哈默施密特（Hammerschmidt）和尼特的作品。当他去吕讷堡的时候，他应该又可以接触到圣米夏埃尔教堂的曲谱。圣米夏埃尔教堂图书馆中收藏着成百上千的手抄或印刷版曲谱。那里有拉索、卡里西米、蒙特威尔第、罗维塔（Rovetta）、卡萨蒂（Casati）、佩兰达（Peranda）、沙因、许茨、克尔、罗森米勒、卡普里柯尔努斯（Capricornus）、布里格尔（Briegel）、汤德和布克斯特胡德、哈默施密特、格斯滕比特尔以及一些巴赫家族中的作曲家的作品（海因里希·巴赫以及巴赫伯父约翰·克里斯托夫的作品）[M. 博伊德（M. Boyd），《巴赫》，伦敦，1983年，第12~13页]。

本附录借鉴了K. 贝斯文格、L. 戈尔（L. Goehr）、A. 巴索（A. Basso）、C. 沃尔夫（C. Wolff）等人的研究，受到了前文已经提及的一些音乐家的启发。附录中提到的名字，巴赫未必每个都了解，但确实可能曾在他的书单中出现。巴赫的书单在体量上几乎可以与马特松、博克迈耶以及泽伦卡媲美。巴赫手中的曲谱来自四面八方，有泽伦卡和表兄约翰·戈特弗里德·瓦尔特给他的曲谱，还有其他到莱比锡拜访他的朋友们带来的曲谱。巴赫甚至也保留了一些学生比如戈特弗里德·奥古斯特·霍米利乌斯给他的曲谱，还有一些青年艺术家比如约翰·戈特利布·哥德堡（Johann Gottlieb Goldberg）、格奥尔格·本达（Georg Benda）带给他的谱子。与后来在莱比锡的圣托马斯学校接触到很多曲谱一样，他在亲法的采尔和德累斯顿停留时期，都可以接触到很多谱子；在魏玛的时候也是一样，他还曾给约翰·恩斯特（Johann Ernst）公爵改编过意大利作曲家的曲谱。当巴赫在1723年抵达莱比锡时，他便可以走进当时德国馆藏最丰富的音乐图书馆之一，其中有许多我们已经反复提到的大师的作品，此外还有舍勒、普莱格（Pfleger），以及若斯坎、托马斯·克雷奎永（Thomas Créquillon）等法-佛兰德乐派作曲家的作品。

这些作品数不胜数，但追求新意的巴赫还在不断寻觅其他未接触到的曲目。阿尔贝托·巴索认为，巴赫用市议会的经费购买了多个版本的一部古老经文歌合集《普福尔特选集》（*Florilegium Portense*，1618—1621），其中很多是八声部经文歌。这部合集是由音乐家、神学家埃哈德·博登沙茨（Erhard Bodenschatz）编纂，在莱比锡出版，圣尼古拉斯教堂和圣托马斯教堂的弥撒一直在用这本曲谱。书中收录了260多位德国和意大利作曲家的作品，经文歌大多数用拉丁文书写。合集中收录的大多数曲目都出自名家之手，比如哈斯勒、加卢斯（Gallus）、马伦齐奥（Marenzio）、卡尔维修斯（Calvisius）、加布里埃利叔侄（los Gabrieli）、英格内里（Ingegneri）等人。巴赫收藏的曲谱要么装订成册，要么分装在文件袋里，想必也会摆放在他满是书籍的藏书室中，那里自成一片天地。

托马索·阿尔比诺尼（Tomaso Albinoni，1671 年生于威尼斯，1751 年卒于威尼斯）

作曲家、小提琴演奏家，可能师从乔瓦尼·莱格伦齐（Giovanni Legrenzi），威尼斯乐派代表人物之一。阿尔比诺尼自小家境优渥，后决定投身音乐领域，自视为音乐的业余爱好者，并常常以此为称号在作品上署名。通过发表于 1700 年的第 2 号作品《五重奏协奏曲和交响曲》(Sinfonie e concerti a cinque, op. 2) 的题词，可以看出他与曼图亚公爵费尔南多·卡洛·贡扎加有过交集。虽然在题词中他自谦为"仆从"，但他并不是供职于公爵教堂的音乐家，这样写一是出于他与公爵之间的友谊，二是希望增加作品的分量。

除去一些旅行，阿尔比诺尼一生的大把光阴都在威尼斯度过。1722 年，他在威尼斯组织了多场音乐盛会，庆祝巴伐利亚选帝侯卡尔·阿尔布雷希特与神圣罗马帝国皇帝约瑟夫一世的女儿玛丽亚·阿玛利亚的婚礼。阿尔比诺尼曾创作多部歌剧，一些歌剧的脚本来自泽诺（Zeno）1703 年的《格里塞尔达》（*Griselda*），以及梅塔斯塔西奥（Metastasio）1725 年的《被遗弃的狄多》（*Didone abbandonata*）。另外他还创作过一首简短的宗教曲目和一些世俗康塔塔，但真正让他收获名望的是他的管弦乐以及室内乐作品。除去《交响曲和协奏曲》（*Sinfonie e concerti*）系列作品外，他还出版了 4 首《五重奏协奏曲》（*Concerti a cinque*）（1707，1715，1722，1735—1736），作品编号分别为 5、7、9、10，这 4 首交响曲享誉整个欧洲。此外，第 1 号作品《三重奏鸣曲》（*Suonate a tre*, op.1）中的《教会奏鸣曲》（*Sonate da chiesa*，约 1709 年），特别是《室内乐奏鸣曲》（*Trattenimenti armonici per camera*，约 1712 年），很有影响力。

阿尔比诺尼与安东尼奥·维瓦尔第（Antonio Vivaldi）、贝内代托·马尔切洛（Benedetto Marcello）三人是当时在意大利以外最负盛名的音乐家。当时阿尔比诺尼的作品随处可见，并且他的大多数作品在阿姆斯特丹出版，这进一步助力他的声名远播。巴赫曾在魏玛创作了两首键盘乐赋格曲（BWV 950 和 BWV 951），曲目主题分别取自阿尔比诺尼第 1 号作品《三重奏鸣曲》的第 3 首与第 5 首奏鸣曲。BWV 951a 是一首变奏曲。BWV 950 的前几个小节乐谱如下。

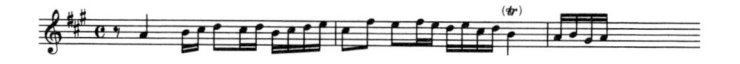

巴赫的学生海因里希·尼古拉斯·格贝尔（Heinrich Nikolaus Gerber）抄写的《室内乐奏鸣曲》中的第 6 首奏鸣曲谱子上有巴赫的修改痕迹，巴赫在低声部写了一些批注，也许是为了教学使用。另外还有一段阿尔比诺尼的协奏曲片段留存下来，这段谱子并不出自《交响曲和协奏曲》，而是巴赫在 1709 年前后誊写下来的（BWV Anh.[1] I 23），也许是为了与魏玛宫廷管弦乐队一起演奏使用。

埃利亚斯·尼古拉斯·阿默巴赫（Elias Nikolaus Ammerbach，约 1530 年生于纽伦堡，1597 年卒于莱比锡）

定居于莱比锡的管风琴演奏家。1548 年进入莱比锡大学学习。从 1561 年起，一直到他去世前的两年，阿默巴赫一直在圣托马斯教堂做首席管风琴师，当时他接替的是巴斯蒂安·吕策（Bastian Lütze）的位置。巴赫有三本阿默巴赫的《管风琴及其他乐器的记谱法》（*Orgel oder Instrument Tabulatur*，1571），书中集锦了森夫尔、海因里

---

[1] 德语 Bach-Werke-Verzeichnis Anhang（"巴赫作品附录"）的缩写，用来收录作品归属存疑但列在巴赫名下的作品。

附录 "和声小迷宫"：与巴赫相关的作曲家们 / 243

埃利亚斯·尼古拉斯·阿默巴赫：《管风琴及其他乐器的记谱法》，莱比锡，1571年。

希·伊萨克（Heinrich Isaac）、勒迈斯特（Le Maistre）等作曲家的舞曲及乐曲的演奏记谱法。在声乐部分，书中有克莱芒·农·帕帕（Clemens non Papa）、拉索、霍夫海默（Hofhaimer）、斯堪德洛（Scandello）以及刚提到的森夫尔的作品。1583 年，这本书再版，并且加入了著名作曲家若斯坎、费拉博斯科（Ferrabosco）、桑德兰（Sandrin）、阿卡代尔特（Arcadelt）和罗尔（Rore）的作品。阿默巴赫之后又出了第二本重要的选集，同样是一部在莱比锡出版的关于记谱法的作品——《新艺术记谱法用书》（*Ein neu künstlich Tabulaturbuch*，1575）。其中再次包含了拉索、克莱芒·农·帕帕、斯堪德洛的作品，此外还增加了梅兰德（Meiland）和克雷奎永等知名作曲家的作品。

让-亨利·当格勒贝尔（Jean-Henri d'Anglebert，1635 年生于巴黎，1691 年卒于巴黎）

雅克·尚皮翁·尚博尼埃（Jacques Champion de Chambonnières）的学生，法国羽管键琴乐派主要代表人物之一，在作曲以及管风琴领域也颇有建树。曾为奥尔良公爵服务，也曾接替老师在路易十四的宫廷做羽管键琴师。1689 年出版作品《羽管键琴曲及吕利先生的多首恰空舞曲、序曲、其他咏叹调……管风琴赋格曲及伴奏准则》

(*Pièces de clavecin, diverses chaconnes, ouvertures, et autres airs de Monsieur Lully, …quelques fugues pour l'orgue et les principes de l'accompagnement*，以下简称《羽管键琴曲》），书中有一张装饰音曲目清单，被视为关于法国音乐装饰音最重要、最完整的清单。巴赫把这张清单抄写在曲谱本上，他的本上还有尼古拉斯·德·格里尼（Nicolas de Grigny）的《首部管风琴曲集》（*Premier libre d'orgue*）和迪厄帕尔的《羽管键琴组曲》（*Suittes de clavessin*）。

让-亨利·当格勒贝尔：《羽管键琴曲》中的曲目清单，巴黎，1689年。

勒鲁（Le Roux）、迪厄帕尔、格里尼还有当格勒贝尔都有可能是《为威廉·弗里德曼·巴赫而作的键盘小曲集》（*Clavierbüchlein vor Wilhelm Friedemann Bach*）中运用丰富装饰音的那首前奏曲的作者。

约翰·巴尔（Johann Baal，17世纪时人）

宗教音乐作曲家。生平不详。巴赫在魏玛时曾经抄写他用大调创作的一部弥撒曲中的《垂怜经》，巴赫的表兄约翰·戈特弗里德·瓦尔特抄写了这部作品其他部分的曲谱。

约翰·伯恩哈德·巴赫（Johann Bernhard Bach，1676年生于埃尔福特，1749年卒于爱森纳赫）

管风琴、羽管键琴演奏家，他曾跟从约翰·帕赫贝尔学习音乐。他的第一份重要工作是在他家乡的"商人教堂"（教堂名）里供职。在马格德堡度过一段岁月后，从1703年起，他开始在爱森纳赫从事宫廷室内音乐家的工作。他是巴赫的二堂兄，并且曾经教过约翰·戈特弗里德·瓦尔特音乐。1715年5月，他作为教父参加了巴赫跟玛丽亚·芭芭拉所生第六个儿子约翰·戈特弗里德·伯恩哈德的受洗仪式。他致力于音乐创作，经常拜访泰勒曼，有时会一起共事。他的一些管弦乐组曲的灵感就来自泰勒曼这位汉堡音乐家。巴赫曾经在莱比锡与音乐社学生一道演奏过他的管弦乐组曲。约翰·伯恩哈德·巴赫还创作过管风琴众赞歌以及其他类型的管风琴作品。

约翰·克里斯托夫·巴赫（Johann Christoph Bach，1642年生于阿恩施塔特，1703年卒于爱森纳赫）

作曲家、键盘演奏家。《讣告》中写道："从他身上既能奔涌出绝美的才思，又能流淌出动人的表达。应和着当时的潮流，他既可以创作出悠扬典雅的曲目，又可以书写出卓越的复调。关于前一点的例证是，约翰·克里斯托夫·巴赫在70多年前，便创作了一曲充满新意的经文歌，最具颠覆性的一点是他在其中运用了增六和弦；关于后一点，他曾经创作了一首包含22个必需声部的宗教乐曲，并且曲中最纯正的和声丝毫不受减损，他在弹奏管风琴和羽管键琴时用到的必需声部不少于5个。"（《巴赫文献》，第3卷，第666页，西班牙语译本第239~240页）克里斯托夫在爱森纳赫教堂担任羽管键琴演奏家，1700年被提拔为教堂音乐指导。他创作了多首键盘乐曲，特别是一些众赞歌前奏曲和变奏曲，但他最大的才华展露在宗教音乐特别是经文歌的创作中。《讣告》中提到的康塔塔《天堂中有一场争斗》(*Es erhub sich ein Streit im Himmel*)，巴赫曾经在莱比锡演奏过。另外，巴赫还演奏过他的 4 首经文歌——《义人即使早逝》(*Der Gerechte, ob er gleich zu zeitlich stirbt*，卡尔·菲利普·埃马努埃尔在汉堡也演奏过)、《亲爱的上帝，唤醒我们吧》(*Lieber Herr Gott, wecke uns auf*)、《上帝，让你的仆人走吧》(*Herr, nun lässetst du deinen Diener*) 和《我们心灵的快乐终结了》(*Unsers Herzens Freude hat ein Ende*)。后两首经文歌是悼亡曲。他来自《巴赫家族的古老档案》中最浓墨重彩介绍的家庭，从音乐的角度来说，克里斯托夫也是最受巴赫钦佩的家人。巴赫早期为阿恩施塔特市长妻子而作的经文歌《我不会离开你》(*Ich lasse dich nicht*，BWV Anh. III 159)，很长一段时间被认为是约翰·克里斯托夫的作品。巴赫葬礼上唱响的经文歌很有可能是克里斯托夫创作的经文歌《亲爱的上帝，唤醒我们吧》。

约翰·路德维希·巴赫（Johann Ludwig Bach，1677 年生于爱森纳赫附近的塔尔，1731 年卒于迈宁根）

演唱家、作曲家，巴赫的远房堂兄。从 1706 年起，他一直在迈宁根公爵的宫廷中担任乐长，此后（1711 年）还做过教堂乐监。1703 年时他就曾作为歌手和乐师在宫廷里工作过。他是一位多产的宗教音乐作曲家,创作了多首康塔塔如《流着泪播种》(Die mit Tränen säen)、《我为你而转变》(Ich aber ging für dir über),以及八声部或十声部的经文歌如《一个孩子为我们而降生》(Uns ist ein Kind geboren)、《他们自己真正改变了》(Die richtig für sich gewandelt haben)。此外,他也创作过一些弥撒曲和一首《圣母颂歌》。巴赫在音乐方面非常欣赏路德维希,他曾经抄写过他的一首康塔塔《因为你不会让我的灵魂置身于地狱》(Denn du wirst meine Seele nicht in der Hölle lassen,BWV 15),很长一段时间内人们都以为这首作品是巴赫创作的,其实它真正的作者是路德维希。同样的情况还发生在作品《基督,求你垂怜》(Christie eleison,BWV 242),这首曲目也出现在《C小调弥撒》(BWV Anh. 26)中,有研究认为它可能是克雷布斯的作品。除此之外,巴赫还抄写了路德维希另外的17首康塔塔,以便在莱比锡演奏。人们认为巴赫的一些作品(BWV 17、39、43、102、187)的创作直接受到了约翰·路德维希的影响。

约翰·米夏埃尔·巴赫（Johann Michael Bach，1648年生于阿恩施塔特，1694年卒于格恩）

巴赫的伯父约翰·克里斯托夫·巴赫（见第247页）的弟弟。他是一位高产的作曲家，也会制作乐器。他的6首经文歌被收录进《巴赫家族的古老档案》，经文歌是他最专注创作的体裁。这6首中有《主，如果我只有你》（*Herr, wenn ich nur dich habe*）、八声部合唱经文歌《如今我已战胜》（*Nun hab ich überwunden*）、五声部《我知道我的救世主活着》（*Ich weiss, dass mein Erlöser lebt*）和《耶稣的血》（*Das Blut Jesu Christi*）。同时他还创作过咏叹调和康塔塔。关于他最广为流传的作品《主的恐惧》（*Die Furcht des Herren*）到底是不是出自他手，还有一些争议。1673年之前，他一直在格恩做歌手，也曾做过市政府文员。正如《讣告》中记录的，他是"巴赫的第一任岳父"（《巴赫文献》，第3卷，第666页，西班牙语译本第239页）。在多恩海姆教区的登记文字上我们可以读到："1707年10月17日，爱森纳赫著名市属管风琴师、音乐家约翰·安布罗修斯之子、米尔豪森的单身青年、管风琴师约翰·塞巴斯蒂安·巴赫，与尊敬的格恩市属管风琴师、著名艺术家约翰·米夏埃尔·巴赫的小女儿玛丽亚·芭芭拉缔结良缘。"（《巴赫文献》，第2卷，第1页，西班牙语译本第47页）在1773年的自传中，卡尔·菲利普·埃马努埃尔提到过约翰·米夏埃尔·巴赫，说他是"一位扎实的作曲家"（《巴赫文献》，第2卷，第325页，西班牙语译本第190页）。除了著名的声乐曲目，他还创作过多首键盘奏鸣曲和众赞歌前奏曲。

约翰·尼古拉斯·巴赫（Johann Nikolaus Bach，1669年生于爱森纳赫，1753年卒于耶拿）

管风琴演奏家、作曲家、管风琴和羽管键琴制琴师。他是巴赫第一任妻子玛丽亚·芭芭拉的堂兄。1695年，他曾经在耶拿大学弹奏管风琴，后来他作为正式的管风琴师在耶拿多个教堂比如耶拿大学的学院教堂中演奏（1716）。除了1696年去过意大利，他的一生都是在耶拿度过的。他曾经创作过多部键盘组曲，也写作过一首集腋曲（Quodlibet）。他还创作过宗教乐曲，如《基于圣歌的弥撒曲：唯有上帝高高在上》（*Missa sopra cantilena Allein Gott in der Höhe*，1716），其中的《荣耀经》引起了巴赫的关注。在他的制琴作坊中的众多乐器里，我们可以看到各种各样的鲁特羽管键琴，是他在大约1720年前后制作的。根据清单可见，巴赫也有两架由他制作的鲁特羽管键琴。

乔瓦尼·巴蒂斯塔·巴萨尼（Giovanni Battista Bassani，约 1657 年生于帕多瓦，1716 年卒于贝加莫）

作曲家、小提琴演奏家、管风琴演奏家。在 1735—1742 年期间，巴赫曾誊写过一部分他的《悦耳弥撒集》（*Acroama Missale*，1709）的曲稿。这部作品由 6 首四声部弥撒曲组成，内容为《垂怜经》《荣耀经》《尼西亚信经》《圣哉经》。多方研究认为巴赫的《B 小调弥撒》灵感就来自巴萨尼第 5 首弥撒曲中的《尼西亚信经》。事实上，巴赫《我信唯一的天主》（*Credo in unum Deum*，BWV 1081）16 个小节的起调就是以这位意大利大师的《F 大调弥撒》为范本进行构思的。巴赫在 1747—1748 年期间对这部作品进行了改编。巴萨尼在当时颇负盛名，名望并不亚于阿尔坎杰罗·科雷利（Arcangelo Corelli）。巴萨尼有可能师从于丹尼尔·卡斯特罗维拉里（Daniele Castrovillari）和莱格伦齐，也有观点认为他的老师是乔瓦尼·巴蒂斯塔·维塔利（Giovanni Battista Vitali）。从 1667 年起，他一直在意大利费拉拉的音乐协会"死亡学院"做音乐指导，为此他创作了多部清唱剧。1677 年，作为博洛尼亚爱乐学院成员，他创作了器乐曲和歌剧。但真正给他带来声望的是宗教音乐，他创作了大量的弥撒曲、清唱剧、经文歌，有些集结成完整的合集，比如《和谐的宗教乐曲》（*Metri sacri* resi armonici，1690）和《教堂协奏曲》(Concerti sacri，1692），还有一些作品是分散在一些选集中，如《逝者的眼泪》(Lagrime armonice o sia Il Vespro de defonti，1699）和《哀悼曲》(Le note lugubri，1700）。

安东尼奥·比菲（Antonio Biffi，1666年生于威尼斯，1733年之后卒于威尼斯）

作曲家、歌唱家。可能师从莱格伦齐。1692年，他在圣马可教堂接替了莱格伦齐的职位，但1701年他才成为圣马可教堂正式聘请的音乐家，并且在此工作直到去世。他的大多数作品都是宗教音乐，他创作过清唱剧如《浪子》(Il figliuol prodigo, 1697），圣歌如《我心欢喜；生于犹太》(Et exultavit cor meum; Natus in Iudea），以及康塔塔、经文歌和弥撒曲。此外，他还创作过少量世俗作品，比如康塔塔《垂死的爱人》(Amante moribondo，年代不详）。

格奥尔格·伯姆（Georg Böhm，1661年生于奥尔德鲁夫附近的霍恩基兴，1733年卒于吕讷堡）

当时颇具影响力的作曲家、管风琴演奏家。人们认为他的风格上承17世纪末德国北部音乐家的影响，下接18

世纪初期德国中部音乐家的熏陶。在奥尔德鲁夫和哥达接受了早期的音乐训练后，他于1684—1690年期间在耶拿大学学习。从1693年起，他奔赴汉堡并在那里度过了数年。1698年，他最终决定定居吕讷堡，接替克里斯蒂安·弗洛尔在圣约翰教堂管风琴师的职位。伯姆奠定了吕讷堡的音乐审美，青年巴赫就在这里学习。1700—1702年期间，巴赫是圣米夏埃尔教堂唱诗班的一员，他在这里与已经成名的伯姆成了朋友。我们可以从巴赫的一些早期管风琴作品，以及一些后期的众赞歌中感受到伯姆的影响。

伯姆本人并未游离于当时由布克斯特胡德奠定的主流音乐风格之外，但他同时还创作了大量的前奏曲和众赞歌幻想曲。他创作过一些风格颇为大胆的变奏众赞歌帕蒂塔，并且为世人呈现出许多卓越到堪称典范的众赞歌康塔塔。伯姆虽曲风多变，但巴赫对他的任何一种风格都如数家珍。在巴赫这位乐监的诸多曲谱中，我们都可以看到伯姆的痕迹，比如说BWV 718（约作于1708年）；或是更早一些、大概创作于1704年的众赞歌前奏曲BWV 766-768，巴赫取名为《一首众赞歌的多部帕蒂塔》（*Partite diverse sopra un chorale*）。此外，《前奏曲与赋格曲》（*Preludio y fuga*，BWV 896；作曲家存疑）以及《A大调组曲》（*Suite en La mayor*，BWV 832）都可以展现出伯姆的音乐痕迹。这位圣约翰教堂的管风琴师还创作过宗教康塔塔和经文歌。很长一段时间内,《约翰受难曲》都被认为是亨德尔的作品,但其实它很可能出自伯姆笔下。巴赫一定是伯姆的忠实拥趸,所以在《献给安娜·玛格达莱娜·巴赫的键盘小曲集》中我们看到一首《为伯姆先生而作的小步舞曲》(Menuet fait par Mons. Bohm)。

1722 年,在包含着 BWV 826 和 BWV 827 组曲的《键盘练习曲》中,伯姆也是巴赫致敬的音乐家之一。

海因里希·博克迈耶(Heinrich Bokemeyer,1679 年生于伊门森,1751 年卒于沃尔芬比特尔)

请参阅第三章中的"'谜'与黄金对位"。

弗朗切斯科·安东尼奥·邦波尔蒂(Francesco Antonio Bonporti,1672 年生于特兰托,1749 年卒于帕多瓦)

作曲家,阿尔坎杰罗·科雷利在罗马的学生。他在神圣罗马帝国皇帝约瑟夫一世的教堂任职,是一位很有学养的人物，主攻神学和哲学研究。他的音乐风格精致华美，不断寻求形式上的雕琢。他创作了《小提琴伴奏的独唱经文歌》（Motetti a canto solo con violini），还创作了《室内奏鸣曲》（Sonate da camera）和多部交响曲。100 首《小提琴、低音提琴小步舞曲》（Menuetti a violino e basso，约作于 1710 年）非常值得关注。巴赫的一本 1715 年前后的手稿里有这位作曲家的 4 首创意曲——第 10 号作品《低音乐器与小提琴独奏室内创意曲》（Invenzioni da camera a violino solo e basso, op. 10）中的第 2、第 5、第 6 和第 7 首，这是这位意大利音乐家于 1721 年在博洛尼亚出版的曲集。

雅克·博伊文（Jacques Boyvin，约 1649 年生于巴黎，约 1706 年卒于鲁昂）

键盘作曲家，从 1674 年起一直在鲁昂大教堂任管风琴师。他创作了《第一管风琴曲集》（Premier livre d'orgue，1689）和《第二管风琴曲集》（Second livre d'orgue，1700），后者还包括一篇简短的《管风琴和羽管键琴伴奏简述》（"Traité abrégé de l'accompagnement pour l'orgue et le clavecin"）。他的作品在音域、装饰音以及演绎方法上都很值得关注。另外，关于他所处时代的各种音乐题材的本质，他曾留下过翔实细致的评论。

尼古拉斯·布鲁恩斯（布劳恩斯）［Nikolaus Bruhns（Brauns），1665 年生于施瓦布施泰特，1697 年卒于胡苏姆］

作曲家，维奥尔琴、小提琴、管风琴演奏家。他是巴赫在奥尔德鲁夫和吕讷堡期间最早模仿的音乐家之一。巴赫尤其关注他在管风琴方面的演绎。这位作曲家创作了数量繁多的管风琴前奏曲和赋格曲。作为一位宗教音乐作曲家，他的多部器乐伴奏的多声部作品曲谱得以保留下来，比如《我想要离去》（*Ich habe Lust abzuscheiden*）。在《讣告》中，我们可以读到巴赫在阿恩施塔特的时候，便从一些音乐大师的作品中获得滋养："在管风琴艺术中，巴赫把布鲁恩斯、赖因肯、布克斯特胡德和一些优秀的法国作曲家视为榜样来学习。"（《巴赫文献》，第 3 卷，第 666 页，西班牙语译本第 241 页）卡尔·菲利普·埃马努埃尔·巴赫在发给福克尔以便给他父亲写传记的《讣告》补充资料中写道："除了弗罗贝格尔、克尔和帕赫贝尔，巴赫欣赏并学习着弗雷斯科巴尔迪的作品，巴登-巴登边疆伯爵的宫廷乐长费舍尔的作品，斯特伦克（Strunck）的作品，一些古老的优秀法国大师作品，赖因肯、布克斯特胡德、布鲁恩斯的作品，还有吕讷堡管风琴演奏家伯姆的作品。"（《巴赫文献》，第 3 卷，第 803 页）一些研究者，比如 H. 凯勒

（H. Keller）指出了布鲁恩斯对于去往魏玛之前的巴赫在音乐上的影响，比如在简短的前奏曲 BWV 568 创作上的影响。（请参阅参考文献）

弗里德里希·尼古拉斯·布鲁恩斯（布劳恩斯）
［Friedrich Nikolaus Bruhns（Brauns），1637 年生于石勒苏益格，1718 年卒于汉堡］

作曲家、汉堡大教堂的音乐指导。他的作品《马可受难曲》(*Markus-Passion*) 由巴赫誊写下来，并且于大约 1711 年或 1712 年在魏玛进行了演奏。数年后，也就是 1726 年 4 月 19 日的耶稣受难日，巴赫在莱比锡再次演绎了这首曲目。沃尔夫认为："由于没能找到合适的曲目，接下来两年的耶稣受难日，巴赫没有再创作新曲。1725 年，他将他的《约翰受难曲》进行了改编，1726 年选择了弗里德里希的《马可受难曲》进行演绎。"（第 2 卷，第 73 页）

迪特里希·布克斯特胡德（Dietrich Buxtehude，约 1637 年生于荷尔斯泰因州的巴特奥尔德斯洛，1707 年卒于吕贝克）

作曲家、管风琴演奏家，德国北部音乐的核心代表人物之一，对位音乐大师。他备受同时代音乐家的景仰，像约翰·帕赫贝尔就曾经在1699年创作了《阿波罗的六弦琴，6首咏叹调》(Hexachordum Apollinis, sex arias exhibens)，致敬布克斯特胡德。他的音乐艺术也成为后来音乐家们的参考典范。1703年，约翰·马特松和格奥尔格·弗里德里希·亨德尔一道拜访了他。不久以后，在1705年与1706年之交，巴赫徒步了350公里，只为现场一睹大师风采，与大师结识。巴赫只向他在阿恩施塔特的领导们请了一个月的假，但是他竟然外出了几乎16个月。这件事让他的领导们大为光火，也毁掉了巴赫在阿恩施塔特的职业生涯。

布克斯特胡德的父亲就是一位管风琴师。1667年，布克斯特胡德接替了弗朗茨·汤德在吕贝克的圣母教堂管风琴师的职位。由于没有为任何一个宫廷效力，他可以更加自由地施展他的作曲才华，而不受来自任何委托人的约束。这种独立的姿态对于前文提到的马特松、亨德尔、泰勒曼等作曲家来说，都堪称模仿的典范。布克斯特胡德时不时会举办一些公开的演奏会，并且在教堂举办著名的"晚间音乐会"，时间是在圣诞节前的最后5个星期日。他博采众长，无论是键盘音乐家如刚才提到的汤德，还是其他相当重要的音乐家如斯韦林克、弗罗贝格尔、沙伊德曼（Scheidemann）、赖因肯等人的作品，都是他的灵感源泉，这也让他的作品成了一个范本。与此同时，布克斯特胡德还关注法国音乐的发展。吕利的作品，还有英国的维奥尔琴曲目，都勾起他的兴趣。传统的清唱剧，意大利的经文歌特别是卡里西米的作品，都引起了布克斯特胡德的关注。许茨基于德语文本的音乐创作也给他很多启发。

布克斯特胡德具备非常坚实的音乐理论基础。他对此前的一些专著比如扎利诺以及韦克迈斯特、赖因肯、泰勒的作品也有了解。他创作了数量众多的康塔塔、经文歌和清唱剧，但是他的大多数作品都遗失了，只有一些片段留存下来。"晚间音乐会"上演奏的一些曲谱比如《献羊节》（*Die Hochzeit des Lammes*，1678）以及《痛苦的城堡》（*Castrum doloris*，1705）就是这样的状况。此外，他还创作了许多很有价值的管风琴前奏曲，其中包括托卡塔、帕萨卡里亚舞曲、恰空舞曲、坎佐纳、小坎佐纳几种类型的曲目。他创作了非常多的赋格曲、变奏曲、管风琴众赞歌、键盘组曲。此外，他还是一位非常重要的室内乐音乐家。关于这部分，大家可以欣赏他为双小提琴、维奥尔琴和羽管键琴而作的两部奏鸣曲集，作品编号分别是第1号（约1694）和第2号（1696）。他还创作过一些零散的维奥尔琴或者小提琴与维奥尔琴合奏的奏鸣曲。

布克斯特胡德给巴赫的作品留下的印记，主要体现在管风琴的技巧以及创作方面，这在巴赫的早期作品中有所体现。人们或许高估了布克斯特胡德对于巴赫的影响，尽管巴赫的一些作品确实很明显地反映出他的影响。比如在固定音型（ostinato）的处理方式上，像《帕萨卡利亚舞曲》（*Passacaglia*，BWV 528）就借鉴了一些布克斯特胡德的处理方式。另外，巴赫在对位的处理上也借鉴了这位大师的方式。巴赫创作的多首康塔塔中都可以感受到布克斯特胡德的印记，如巴赫在1708年创作的《上帝是我的王》（*Gott ist mein König*，BWV 71）和《主挂念着我们》（*Der Herr denket an uns*，BWV 196）。在《讣告》中，我们可以读到这样的记录："在管风琴艺术中，巴赫把布鲁恩斯、赖因肯、布克斯特胡德和一些优秀的法国作曲家视为榜样来学习。"（《巴赫文献》，第3卷，第666页，西班牙语译本第241页）

安东尼奥·卡尔达拉（Antonio Caldara，约1670年生于威尼斯，1736年卒于维也纳）

可能师从莱格伦齐，是当时最多产、最著名的作曲家之一。他是一位出色的歌唱家、大提琴演奏家，曾在威尼斯的圣马可大教堂表演。1700—1707年期间，他在曼图亚宫廷中做乐长。1708年，他在巴塞罗那担任卡洛斯三世的室内乐作曲家。在这里，他推出了两首室内乐作品《最美丽的名字》(*Il più bel nome*)和《婚礼》(*L'Imeneo*)。他曾经到意大利和法国旅行，也去过维也纳。1716年时，他接受了维也纳宫廷副乐长的职位，正乐长是约翰·约瑟夫·富克斯。卡尔达拉受到哈布斯堡家族的欣赏，也获得了维也纳音乐家们的景仰。在他作品中既可以看到克劳迪奥·蒙特威尔第打造的音乐传统和亚历山德罗·斯卡拉蒂式的戏剧张力，也有以阿尔坎杰罗·科雷利为首的博洛尼亚乐派在器乐上的精雕细琢。

卡尔达拉创作了大约80部戏剧作品，如《达芙妮》(*Dafne*，1719)、《希皮奥内在西班牙》(*Scipione nelle Spagne*，1720)、《狄托的仁慈》(*La clemenza di Tito*，1734)。他还创作了40多部清唱剧，其中不乏真正的杰作，如《朱塞佩》(*Giuseppe*，1722)、《痛苦之王》(*Il Rè del dolore*，1722)、《耶稣的受难》(*La Passione di Gesù Cristo*，1730)。此外，卡尔达拉还创作过弥撒曲以及宗教的和世俗的康塔塔。他在器乐上的作曲也很值得关注，他出过两首《三重奏教会奏鸣曲》(*Sonate da chiesa a tre*，1693)和《室内乐奏鸣曲》(*Sonate da camera*，1699)。巴赫在1740—1742年期间曾誊写过卡尔达拉的一首C大调《圣母颂歌》。巴赫改编了其中一些段落，加入一些器乐片段，最终写成了古代风格（stile antico）[1] 双小提琴的《上帝庇佑以色列》（Suscepit Israel，BWB 1082/243a）。卡尔·菲利普·埃马努埃尔在给福克尔的信中写道，他父亲"在晚年的时候特别欣赏富克斯、卡尔达拉、亨德尔、凯泽（Kayser）、哈塞、格劳恩兄弟、泰勒曼、泽伦卡、本达。他在柏林和德累斯顿的时候尤其欣赏他们"（《巴赫文献》，第 3 卷，第 803 页，西班牙语译本第 251 页）。

弗朗切斯科·巴托洛米奥·孔蒂（Francesco Bartolomeo Conti，1681 年生于佛罗伦萨，1732 年生卒于维也纳）

作曲家、鲁特琴演奏家。与卡尔达拉、富克斯一样，孔蒂在维也纳宫廷受到器重。他在清唱剧这一体裁上尤其表现不俗，创作了优美的清唱剧曲目《原罪》（La colpa originale，1718）。从 1701 年起，他一直在维也纳哈布斯堡宫廷中担任西奥伯琴（tiorba）乐手。12 年后，他被任命为哈布斯堡宫廷的官方作曲家，在那里，富克斯开始一点一点崭露头角。孔蒂创作了大约 30 多部歌剧，1719 年的《堂吉诃德在莫雷纳山》（Don Chisciotte in Sierra Morena）大获成

---

1 用以描述约 1600 年后由索里亚诺、阿内里奥和阿莱格里所作的古风宗教音乐。这种音乐模仿帕莱斯特里纳。与之相对的是现代风格。参阅《牛津音乐词典》（第六版），北京，人民音乐出版社，2023 年，第 1270 页。

功。他还创作了少量的器乐曲目,但是他最辉煌的成就当属宗教音乐方面的创作。1716 年,巴赫誊写了他的一首双女高音康塔塔《我的灵魂之语》(Languet anima mea)。巴赫在莱比锡的时候,改编了这首作品的一些段落。

阿尔坎杰罗·科雷利(Arcangelo Corelli,1653 年生于拉文纳附近的富西尼亚诺,1713 年卒于罗马)

著名的小提琴演奏家、作曲家。他最开始在法恩莎学习,之后在博洛尼亚继续他的学业。在博洛尼亚期间,他师从于乔瓦尼·本韦努蒂(Giovanni Benvenuti)和莱昂纳多·布鲁尼奥利(Leonardo Brugnoli)。在博洛尼亚停留的这段时间对他来说颇有裨益。无论在音乐的形式方面还是在艺术思想方面,他都得到了提升。1671 年,他去了罗马,并在罗马生活直到生命的尽头。他在罗马继续和马泰奥·西蒙内尔(Matteo Simonell)学习对位法。

马泰奥在主教教堂里面工作,人称"17 世纪的帕莱斯特里纳"。除了他,科雷利还可能跟乔瓦尼·巴蒂斯塔·巴萨尼学习过对位。由于承蒙瑞典女王克里斯蒂娜的赞助,他皈依了天主教,并且在罗马定居。他成功地开辟出自己的音乐之路,获得了名望。1679 年被任命为卡普拉尼卡剧院的首席小提琴手后,他进一步为人所知。1681 年,随着第 1 号作品《三重奏教会奏鸣曲》[Sonate (da chiesa) a tre]的问世，他声名鹊起。这首作品因其精妙的结构和优雅的风格而熠熠生辉。1682 年，科雷利出任法国圣路易小教堂乐监。1684 年，他开始为颇有影响力的红衣主教潘菲利服务。除此之外，他还担任音乐学院的指导。音乐学院中有 150 位乐手。1689 年，他为另一位显赫的红衣主教奥托博尼服务，在这位红衣主教的赞助下，名望远播意大利之外。

科雷利培养出很多优秀的音乐家，比如索米斯（Somis）、杰米尼亚尼（Geminiani）、洛卡泰利（Locatelli），他还影响了其他著名音乐家，比如亨德尔。亨德尔在 1709 年与科雷利相识，那一年科雷利的经典小提琴作品都已经问世，从第 2 号作品《室内三重奏鸣曲》(Sonate da camera a tre, op. 2) 到 1700 年的第 5 号作品《奏鸣曲》都已发表。伴随这些作品的发表，意大利的小提琴音乐在 17 世纪最后 30 年走向巅峰，其影响力在 18 世纪也一直延续着。

平衡的各个声部、独立的通奏低音、清晰的高音旋律线，是科雷利音乐的鲜明特点。这些特色也体现在大协奏曲中，但科雷利没能见证它们的出版。科雷利大协奏曲的创作推动了这种音乐体裁的发展，树立了理想的作曲样式。1714 年，科雷利的第 6 号作品《双小提琴与大提琴主奏群，以及灵活配置、数量可以加倍的双小提琴、中提琴、低音乐器的协奏群的 12 首大协奏曲》(*12 Concerti grossi, con duoi violini e violoncello di concertino obbligati e duoi altri violini, viola e basso di concerto grosso ad arbitrio*)在阿姆斯特丹出版。

科雷利是一位艺术收藏家。他性格懒散,反复无常。从亨德尔到格奥尔格·穆法特(Georg Muffat),无数音乐家争相模仿着他,希望创作出科雷利风格的乐曲。在法国,弗朗索瓦·库普兰(François Couperin)也向他致敬;他在英国也变得相当出名。在德国,他同样大受欢迎,巴赫就学习过他的作品。受赖因肯《音乐花园》(*Hortus musicus*)中三重奏鸣曲曲谱的影响,巴赫开始了他的作曲练习。他用赋格的方式来呈现各个声部,与键盘乐器相配合,然后打造出来一些真正独立的乐曲。巴赫让乐曲都有自己的主题,让音乐在一个封闭的体系里连贯地前进。巴赫从很多意大利作曲家的作品中汲取灵感,他借用科雷利第 3 号作品第 4 首奏鸣曲(1689)中的一个主题,创作了 B 小调管风琴赋格曲 BWV 579。

在《平均律键盘曲集》的《B 小调前奏曲》中，巴赫还借用了这位意大利音乐家将不协和音程变为协和音程的解决方式。

弗朗索瓦·库普兰（François Couperin，1668 年生于巴黎，1733 年卒于巴黎）

巴洛克音乐代表人物。他来自一个著名的音乐家族，家族中既有键盘乐器演奏家，也有诸如路易·库普兰（Louis Couperin，约生于 1626 年，卒于 1661 年）这样的杰出作曲家，路易·库普兰还曾与弗罗贝格尔有过接触。弗朗索瓦·库普兰最早是在普尔图尔大街上的"管风琴之家"学习，可能师从雅克·托梅兰（Jacques Thomelin）——此人是凡尔赛教堂的皇家管风琴师。在米歇尔-理查德·德拉朗德的资助下，库普兰于 1685 年进入圣热尔韦教堂任职。德拉朗德可能也是库普兰的老师。库普兰非常欣赏马克·安托万·夏庞蒂埃和一些法国键盘大师的音乐。他特别偏爱科雷利和吕利的音乐，他为他们分别创作了《大三重奏鸣曲——帕那斯山或科雷利颂》（*Le Parnasse, ou L'Apothéose de Corelli, grande sonade en trio*）和《器乐音乐会曲——纪念不朽的吕利》（*Concert instrumental sous le titre d'Apothéose composé à la mémoire immortelle de* l'incomparable Monsieur de Lully，1725）。《大三重奏鸣曲——帕那斯山或科雷利颂》收录在《新风尚或新音乐会曲》(Les goûts-réunis，1724) 中。

由于库普兰高超绝伦的艺术才华，世人称他为"大库普兰"。在他创作的声乐类型宗教音乐中，比较著名的是《熄灯礼拜》(Leçons de Ténèbres，1713—1717)、一首《圣母颂歌》以及一些经文歌，其中一些曲目收录在《独唱、二声部、三声部经文歌和交响曲》(Mottets à voix seule, deux et trois parties et symphonies) 中。除了致敬科雷利和吕利的作品外，他还创作了很多非常有价值的室内乐曲目，其中的代表作是1726年的《国民》(Les Nations) 和1728年的《带数字低音的中提琴曲》(Pièces de violes avec la basse chifrée)。但他最耀眼的作品是4卷本《羽管键琴曲集》(1713，1716—1717，1722，1730)。这部作品反映了他独具匠心的作曲能力，其中有各种各样精巧的半音和模仿对位，其中的和弦也精致而华美。另外，不要忘记他相对传统一点但是同样精彩的早期作品《为教区和修道院而作的两部管风琴弥撒曲》(Pièces d'orgue consistantes en deux Messes: «à l'usage ordinaire des paroisses»: «propre pour les convents de religieux et religieuses»，1690)。1716年他创作了《羽管键琴演奏法》(L'art de toucher le clavecin)，关于羽管键琴的弹奏以及历史知识，这是一本非常重要的参考书目。1717年，他接替让-亨利·当格勒贝尔的职位，出任皇家室内乐乐队的羽管键琴师。

E. L. 格贝尔（E. L. Gerber）在《音乐家辞典》中指出："库普兰的乐曲非常受巴赫的欣赏和推崇，他还推荐给了自己的学生。多亏赖夏特先生，库普兰得以重回当今听众的视野。"（《巴赫文献》，第3卷，第949页）福克尔在1802年给巴赫写的传记中写道，在库普兰发表《羽管键琴演奏法》之前，巴赫就已经在演奏的过程中运用并且建议大家运用拇指。他认为这两位音乐家在演奏指法上差异很大，但是"巴赫对于库普兰的作品非常熟悉。巴赫很景仰当时法国的一些羽管键琴作曲家，库普兰就是其中一位。巴赫认为可以通过库普兰的作品学习到一种优雅华丽的曲风，但另一方面，巴赫觉得库普兰滥用装饰音，过度的雕饰导致在他的乐曲里很难听到一个简单纯粹的音符。巴赫不认同库普兰的音乐理念"（第55~56页）。尽管如此，我们看到巴赫手里有一本库普兰《羽管键琴曲第二册》（1716—1717）的手抄本。在写给威廉·弗里德曼和安娜·玛格达莱娜的两本曲集中，巴赫从这部库普兰的手抄本曲谱中摘录了多个曲谱加入其中。在第一本曲集中，巴赫摘录了第9组曲中的A大调《双羽管键琴阿勒芒德舞曲》（Allemande à deux clavecins），而在给他妻子的键盘曲集中，巴赫摘录了库普兰第 6 组曲中的降 B 调回旋曲《田园》（Les Bergeries）。

管风琴曲《F 大调的咏叹调》（BWV 587）一般被归到巴赫的作品名录中，但到底是谁的作品尚存争议。这首乐曲以库普兰《国民》中第 3 组曲《帝国》（"L'Impériale"）为基础写成。

夏尔·迪厄帕尔（Charles Dieupart，约生于 1667 年，约卒于 1740 年）

法国羽管键琴演奏家、作曲家。创作过两本羽管键琴组曲合集，多首奏鸣曲、圣歌，以及一些零散的曲目。迪厄帕尔是一位优秀的小提琴家，约 1701 年定居于伦敦。在那里，他出版了《羽管键琴或斯皮耐琴学习选集》（Select Lessons for the Harpsichord or Spinnet，1705）。除了这本选集，他还在阿姆斯特丹出版了一部名为《6 套羽管键琴组曲：序曲、阿勒芒德舞曲、库朗特舞曲、萨拉班德舞曲、加沃特舞曲、小步舞曲、回旋曲和吉格舞曲……为小提琴、长笛、低音维奥尔琴、双颈鲁特琴而作》(*Six suittes de clavessin divisées en ouvertures, allemandes, courantes, sarabandes, gavottes, menuets, rondeaux & giges…pour un violon & flûte avec une basse de viole & un archilut*，1701—1702）的作品，巴赫曾在1709—1714年期间誊写过这部作品的曲谱。带有法国音乐风格的《英国组曲》即便不是巴赫直接效仿迪厄帕尔创作的，也颇有些迪厄帕尔的印记，特别是在第一套组曲（BWV 806）中表现尤为明显。迪厄帕尔《6套羽管键琴组曲》的乐章结构和《英国组曲》非常相似，与为羽管键琴而作的《帕蒂塔集》《大提琴独奏组曲》结构上也很类似。正如福克尔在巴赫传记中写到的，这部作品之所以名叫《英国组曲》，很有可能是因为迪厄帕尔这位羽管键琴家定居在英国的首都，而并非如他人所说的因为曲风带有英国音乐的痕迹，或是它为献给一位英国贵族而作。此外，在为儿子威廉·弗里德曼而作的键盘小曲集中，巴赫加入了一首带装饰音的前奏曲，曲作者可能是迪厄帕尔。

皮埃尔·杜马吉（Pierre Dumage，1674年生于博韦，1751年卒于拉昂）

管风琴演奏家、作曲家，路易·马尔尚在巴黎的弟子。杜马吉是当时法国最出色的管风琴演奏家之一，声名远播德国。巴赫的朋友比恩鲍姆曾写道："宫廷作曲家先生（指巴赫）的作曲方式并非首创，像格里尼和杜马吉在他们的《包含第一调式组曲的管风琴曲集》（Livre d'orgue contenant une suite du premier ton）中也是运用同样的方式作曲。"[《中肯的评论》（Unparteyische Anmerckungen），莱比锡，1748年1月；引自《巴赫文献》，第2卷，第409页，西班牙语第201页]

1703年，杜马吉被任命为圣康坦学院教堂的管风琴师。1710年，他被任命为拉昂大教堂的正式管风琴师，1719年离职。此后的日子我们很难了解到他的确切踪迹，只知道他曾于1733年在巴黎圣母院出席过一场由蒂埃里（Thierry）制造的管风琴的首展仪式。1708年，杜马吉发表了《包含第一调式组曲的管风琴曲集》。1721年又出了第2册《管风琴曲集》。沃尔夫写道，在巴赫《键盘练习曲》（1739）的第三部分，"巴赫像他认识的尼古拉斯·德·格里尼、皮埃尔·杜马吉等音乐家一样，创作了自己版本的管风琴曲集"（《巴赫文献》，第2卷，第157页）。

皮埃尔·杜马吉:《包含第一调式组曲的管风琴曲集》,巴黎,1708年。

弗朗切斯科·杜兰特(Francesco Durante,1684年生于那不勒斯附近的弗拉塔马焦雷,1755年卒于那不勒斯)

当时最杰出的作曲家之一,被视为那不勒斯乐派的奠基人。除了室内乐二重奏外,他只创作过宗教曲目。在罗马时,可能师从贝尔纳多·帕斯奎尼(Bernardo Pasquini)。杜兰特是朱塞佩·奥塔维奥·皮托尼(Giuseppe Ottavio Pitoni)的学生,皮托尼培养出了多位著名作曲家,比如莱昂纳多·莱奥(Leonardo Leo)、弗朗切斯科·费奥(Francesco Feo)、弗朗切斯科·安东尼奥·邦波尔蒂。当同时代作曲家凭借歌剧创作获得名望时，杜兰特凭借宗教音乐的创作在欧洲声名鹊起。他的音乐融合古典和现代的音乐风格，在法国特别是在德国颇具影响力。在杜兰特先后到访萨克森和奥地利之后，他的名气进一步增大。杜兰特创作了多首交替圣歌、经文歌、弥撒曲、诗篇歌、连祷歌和宗教康塔塔。降B调《五重奏圣母颂歌》、《逝者的弥撒》(Messa de morti，1746)和五重奏《圣米迦勒守护者弥撒》(Missa col canto fermo Sancte Michael defendenos)都是他的经典之作。器乐方面，他创作过一些羽管键琴托卡塔、四重奏协奏曲(concerti per quarteto)和若干首奏鸣曲，其中比较突出的是大约1732年创作的《为教学及娱乐而作的6首羽管键琴奏鸣曲》(Sei sonate per cembalo divisi in studii e divertimenti)。除了作曲，杜兰特也躬耕于教育领域，他曾在那不勒斯的多所音乐学院任教，如圣奥诺弗里奥音乐学院、贫苦基督音乐学院、圣雷多圣母堂音乐学院。佩尔戈莱西、特拉埃塔(Traetta)、皮契尼(Piccini)、特拉德拉斯(Terradellas)、约梅利(Jommelli)、帕伊谢洛(Paisiello)等著名音乐家都是他的学生。

约翰·克里斯托夫·厄塞利乌斯（Johann Christoph Erselius，生卒年不详）

萨克森的弗莱贝格地区非常活跃的管风琴演奏家。生平不详。1768年时，担任弗莱贝格大教堂管风琴师。巴赫曾经改编过这位大师的一首赋格曲（BWV 954）。

约翰·弗里德里希·法什（Johann Friedrich Fasch，1688年生于魏玛附近的布特尔施泰特，1758年卒于采尔布斯特）

在莱比锡的圣托马斯教堂师从约翰·库瑙。1707—1711年在莱比锡大学学习，像泰勒曼那样，法什在1708年建立了一个音乐社。1713年，他也曾跟随克里斯托夫·格劳普纳在达姆施塔特学习过一段时间。在1722年去采尔布斯特教堂做乐监之前，他曾在拜罗伊特、格拉、格赖茨和波希米亚的卢卡韦茨多地工作。法什是一位相当高产的作曲家，他创作过康塔塔（其中多首包含在12个声乐套曲中），他还创作了多部弥撒曲、多首圣歌以及《耶稣受难曲》(Passio Jesu Christi)。此外他还创作过多部歌剧如《卢修斯·维鲁斯》(Lucius Verus，1711)和《贝伦尼斯》(Berenice，1739)，遗憾的是这些曲谱没能留存下来。在器乐曲上，他较为突出的表现是创作了多首优美的前奏曲、协奏曲和交响曲。此外，法什还创作了大约 80 首室内乐三重奏鸣曲。1770 年，C. D. 艾伯林（C. D. Ebeling）在汉堡谈论道："用拉丁语写成的弥撒曲、经文歌等宗教乐曲大多出自意大利作曲家之手，特别是过去那些杰出的大师。但当今的作曲家在这方面鲜有突出的成就。……在德国有几位表现不俗的作曲家，他们是维也纳的乐监约翰·富克斯、莱比锡的约翰·塞巴斯蒂安·巴赫，再一个就是采尔布斯特的乐监约翰·弗里德里希·法什。"（《巴赫文献》，第 3 卷，第 748 卷，西班牙语译本第 146 页）约 1724 年，巴赫在改编法什的一首三重奏鸣曲的基础上，创作出一首三重奏管风琴曲（BWV 585）。

约翰·卡斯帕·费迪南德·费舍尔（Johann Caspar Ferdinand Fischer，约 1670 年出生，出生地可能是波希米亚，1746 年卒于拉施塔特）

作曲家、羽管键琴演奏家。他是当时曲风最纯正的羽管键琴作曲家之一。大约从 1690 年起就开始作为宫廷乐长为巴登-巴登边疆伯爵路德维希·威廉服务。他首先在施拉肯沃特工作，1716 年起在拉施塔特工作。他是将吕利所开创的《芭蕾组曲》的器乐风格引入德国的音乐家之一。1695 年创作的第 1 号作品《春天的日记》（*Le journal du printemps*, op. 1）包含了 8 首为小号与五重奏弦乐而作的管弦乐组曲，曲风非常接近法国音乐。其作品中最精彩的部分当属为羽管键琴而作的曲目，它们同样带着法国音乐的痕迹。费舍尔 1738 年创作的《音乐的帕纳苏斯》（*Musicalischer Parnassus*）共包含 9 部羽管键琴组曲和一首前奏曲，也带有鲜明的法国音乐印记。1696 年，《羽管键琴曲集》（*Les pièces de clavessin*）出版，这部作品没有法国音乐的风格；1699 年，它以《音乐的花丛》（*Musicalisches Blumen-Büschlein*）为题重印。

费舍尔的代表作还有 1732 年的《花束》（*Blumen-Strauss*），是一部用教会调式创作的管风琴组曲集。但费舍尔最为人所知的一部作品是 1702 年出版的《新风琴音乐的阿里阿德涅，以 20 首前奏曲、20 首赋格曲、5 首利切卡尔引领教会抒情歌走出漫长的迷宫》（*Ariadne musica neo-organoedum, per viginti Praeludia, totiden Fugas atque quinque Ricercares super totidem Sacrorum anni Temporum Ecclesiasticas Cantilenas e difficultatum labyrintho educens*）。这部作品中的管风琴前奏曲和赋格曲用不同的调式写成，探索各种调式下的音乐，作品按照非常系统的顺序来安排：C 大调、升 C 小调、D 小调、D 大调、降 E 大调、E 弗里吉亚调式、E 小调、E 大调、F 小调、F 大调、升 F 小调、

G小调、G大调、降A大调、A小调、A大调、降B大调、B小调、B大调、C小调。据说巴赫是在借鉴费舍尔这部作品的基础上创作了《平均律键盘曲集》，因为它的第一部分和费舍尔作品之间有些关联，但其实两部作品在创作目的和编排上几乎没有什么共通点。管风琴众赞歌《基督诞生了》(Christ ist erstanden, BWV 746)很有可能出自费舍尔之手。在卡尔·菲利普·埃马努埃尔1775年发给福克尔的文字中，他这样写道："巴登-巴登边疆伯爵的宫廷乐长费舍尔是巴赫非常尊敬的一位音乐家。"(《巴赫文献》，第3卷，第803页，西班牙语译本第250页）在1748年，费舍尔加入了米茨勒创建的"音乐科学协会"。

吉罗拉莫·弗雷斯科巴尔迪（Girolamo Frescobaldi，1583年生于费拉拉，1643年卒于罗马）

17世纪最著名的键盘作曲家之一，甚至堪称当时最具影响力的键盘作曲家。弗雷斯科巴尔迪主要师从卢扎斯科·卢扎斯基，后者与帕斯奎尼一样，在费拉拉的音乐协会"死亡学院"弹奏管风琴。他生就一副优美的嗓音，作为歌唱家和管风琴师在意大利多地表演。凭借自身的优秀才艺，从1604年开始，弗雷斯科巴尔迪在罗马圣塞西莉亚音乐学院工作。1607年，在特拉斯泰韦雷作为圣母堂管风琴师工作了6个月后,他前往布鲁塞尔并停留了一年的时间。1608年,弗雷斯科巴尔迪于安特卫普出版了作品《第一部牧歌集》(*Il primo libro di madrigali*)。在这部作品中,他运用了各种各样的不协和音。他的创作反映出来自老师卢扎斯基以及杰苏阿尔多(Gesualdo)的影响。此外,我们还可以在这部作品中感受到马伦齐奥和蒙特威尔第的影响。回到罗马后,弗雷斯科巴尔迪在圣彼得大教堂获得了一份正式的工作。直到去世,他基本上一直在这里工作,只在1628—1634年去曼图亚和佛罗伦萨停留过一段时间。很多著名作曲家如弗罗贝格尔和格拉西(Grassi)都是他的学生。弗雷斯科巴尔迪非常关注加布里埃利叔侄和乔瓦尼·玛丽亚·特拉巴奇(Giovanni Maria Trabacci)在音乐上的创新,乔瓦尼是那不勒斯宫廷的乐长。

弗雷斯科巴尔迪把自己的理念运用到键盘乐的作曲中,他突破了当时全部的音乐形式,无论托卡塔、利切卡尔、坎佐纳,还是随想曲、幻想曲,他都有所突破。弗雷斯科巴尔迪在托卡塔和坎佐纳上的创作影响了前奏曲和赋格曲的创作。他在形式上的创新非常前卫,他经常在一个固定音型的基础上创作一段精彩的变奏,他曾基于罗马内斯卡(romanesca,16—17世纪的一种固定低音旋律)或者鲁杰罗(ruggiero,流行于17世纪上半叶的一种固定低音旋律）等非常著名的旋律去创作。也许由于弗雷斯科巴尔迪赫赫有名，他的作品迅速在整个欧洲流传，于是他很快就引起了德国的汤德和布克斯特胡德的关注。我们刚才已经提到的弗罗贝格尔也孜孜不倦地推广着他的作品。

弗雷斯科巴尔迪创作过很多非常精彩的世俗乐曲，比如牧歌、圣歌、咏叹调，同时在宗教音乐上的创作也表现不俗，他创作过弥撒曲、经文歌，还有《第二调式圣母颂歌》（Magnificat secundi toni）。但真正让他获得声望的是下面几部键盘乐曲集：《为不同主题咏叹调而作的第一部随想曲集》（Il primo libro di capricci fatti sopra diversi soggetti et arie in partitura，1624）、《第二册管风琴及羽管键琴托卡塔、坎佐纳、圣歌、〈圣母颂歌〉、加亚尔德舞曲及帕蒂塔》（Il secondo libro di toccate, canzone, versi d'hinni, Magnificat, gagliarde correnti ed altre partite d'intavolatura di cimbalo et organo，1627）和《法国坎佐纳曲谱》（Canzoni alla francese in partitura，1645）。1635年，弗雷斯科巴尔迪在威尼斯出版了《托卡塔、〈垂怜经〉、坎佐纳、随想曲、利切卡尔四重奏曲谱》（Fiori musicali di diverse Compositioni, toccate, kyrie, canzoni, capricci, e ricercari in partitura, a 4）。大约在1714年，巴赫还曾为学习这部作品而誊写了它的曲谱。这部作品共104页，二战期间不幸损毁。正如巴索所

说，巴赫的一些赋格曲（BWV 534、536 和 540）以及坎佐纳（BWV 588）都可以看出模仿弗雷斯科巴尔迪的痕迹。(《巴赫文献》，第 1 卷，第 498 页）

1729 年，福尔曼在《建在上帝教堂旁边的撒旦教堂》一书中曾以夸张的口吻写道："我曾有幸聆听过广负盛名的巴赫先生演奏。我一直觉得意大利音乐家弗雷斯科巴尔迪已经达到键盘艺术的巅峰，而卡里西米在管风琴演奏上颇为出色。然而，如果把这两位意大利艺术家放在天平的一侧，把德国音乐家巴赫放在另一侧，天平会大大地向巴赫一侧倾斜，而把另一侧的两位甩到空中。"卡尔·菲利普·埃马努埃尔在写给福克尔的材料中提到去世的父亲，说"除了弗罗贝格尔、克尔、帕赫贝尔，巴赫欣赏并学习着弗雷斯科巴尔迪的作品……"(《巴赫文献》,第 3 卷,第 803 页,西班牙语译本第 250 页)克恩伯格是巴赫的学生,曾抄写过弗雷斯科巴尔迪 1615 年出版的《第一部羽管键琴托卡塔和帕蒂塔曲集》(*Il Primo libro di Toccate e Partite d'intavolatura di cembalo*)中的利切卡尔。

约翰·雅各布·弗罗贝格尔(Johann Jacob Froberger,1616 年生于斯图加特,1667 年卒于蒙贝利亚尔附近的埃里库尔)

管风琴、羽管键琴演奏家,当时最优秀的作曲家之一。1637—1641 年期间,他在罗马做管风琴师,并跟从弗雷斯科巴尔迪学习音乐。1637 年以及 1641—1645 年期间,弗罗贝格尔在维也纳宫廷做首席管风琴师。17 世纪中叶,他在欧洲多地辗转流连。1650 年,他开始为布鲁塞尔的奥地利大公利奥波德·威廉服务,并不断结交欧洲的一流音乐家。在 1652 年一次去巴黎的旅行中,他接受了尚博尼埃、路易·库普兰和鲁特琴演奏家德尼·戈蒂埃的款待,和他们成为好友。另一位鲁特琴大师夏尔·弗勒里·德·布兰切尔(Charles Fleury de Blancrocher)也是他的好朋友。这位大师后来不幸从楼梯上失足跌下,在弗罗贝格尔的怀抱里离开了人世。为了纪念他,弗罗贝格尔创作了《布兰切尔先生之墓：极慢速自由演奏》(*Tombeau fait a la mort de Monsieur Blancheroche; lequel se joüe fort lentement a la discretion sans observer aucune mesure*，1652)。库普兰和戈蒂埃也各自为布兰切尔创作了悼亡曲。

弗罗贝格尔可能还去过英国，因为他曾创作过名为《为我周遭的一切所作的哀歌，为排解忧郁于伦敦作此曲：慢速弹奏》(*Plainte faite à Londres, pour passer le Melancholie, laquelle se joue lentement avec discretion. La Lamentation sur ce que j'ay été volé*)的作品。这可能是他在一个真实事件的基础上创作出来的，其中一首羽管键琴曲描绘的可能是他从加来到多佛途中遭遇过的一场海盗袭击。在意大利和德国举办过演奏会后，1653年，弗罗贝格尔再次赶赴维也纳宫廷。但由于和神圣罗马帝国皇帝利奥波德一世不和，1658年他又离开了维也纳宫廷。弗罗贝格尔转去法国，在利奥波德城堡给符腾堡-蒙贝利亚尔公爵夫人西比拉做老师。他在独居中度过了晚年，他的作品在生前基本未能出版，只有一首著名的《六声音阶幻想曲》(*Fantaisie sur l'hexachorde*)通过与他有通信往来的音乐家阿塔纳修斯·基歇尔收录在作品集《世界的音乐》中出版。另外，1600年罗伯迪（Roberday）在巴黎出版的《赋格曲和随想曲》(*Fugues et caprices*)中也收录了他的一首曲目。

弗罗贝格尔的作品赫赫有名，融合了德国、意大利、法国的曲风，也略带些英国的曲风。正因为如此，他被视为一位在曲风上博采众长的集大成者，备受库普兰以及其他同时代音乐家的尊崇。弗罗贝格尔多样化的融合式曲风影响了后代音乐家的创作理念，对巴赫和亨德尔的影响尤其突出。人们认为是弗罗贝格尔打造了以"阿勒芒德舞曲、库朗特舞曲、萨拉班德舞曲、吉格舞曲"为顺序的组曲表现形式。他天马行空的想象、精致华丽的表达、前卫大胆的突破，全都淋漓尽致地在他的幻想风格中表现出来。但他的前卫也引发了一些争议，甚至有评论谴责弗罗贝格尔的音乐荒腔走板，离经叛道。

弗罗贝格尔的作品如此独特，使得一些作品在他去世后依然得以出版，比如《前所未有的多部新奇帕蒂塔：托卡塔、坎佐纳、利切卡尔、阿勒芒德舞曲、库朗特舞曲、萨拉班德舞曲和吉格舞曲》（*Diverse ingeniossisime, rarisime e non mai più viste curiose Partite di toccate, canzone, ricercate, alemande, correnti, sarabande e gigue*）于 1693 年出版，《多部新奇罕见的帕蒂塔》（*Diverse curiose e rarisime Partite musicali*）于 1696 年出版。这两部作品都是在美因茨出版的。此后，在 1697 年前后，《重新修订编排的 10 首羽管键琴组曲》（*10 Suittes de clavessin... mis en meilleur ordre et corrige d'un grand nombre de fautes*）在阿姆斯特丹出版。此外，尽管弗罗贝格尔的一部分作品未能发表，但他的乐谱一直在音乐圈内广泛流传。巴赫的《讣告》中记录，巴赫小时候偷偷誊写哥哥约翰·克里斯托夫的曲谱，谱子中都是"弗罗贝格尔、克尔、帕赫贝尔的作品"（《巴赫文献》，第3卷，第666页，西班牙语译本第240页）。巴赫儿子卡尔·菲利普写给福克尔的信中，写到弗罗贝格尔是父亲最青睐的音乐家之一，巴赫会借鉴他的作品。（《巴赫文献》，第3卷，第803页，西班牙语译本第250页）巴索也强调，在巴赫的早期作品中可以明显感受到弗罗贝格尔的印记，比如《为即将远行的兄长而作的随想曲》（*Capriccio sopra la lontananza del fratello dilettissimo*，BWV 992）的前8个小节。（巴索，第I卷，第232页）

巴赫的学生克尔伯格曾经抄写过弗罗贝格尔的一系列随想曲和利切卡尔。巴赫传记作家福克尔手中也有弗罗贝格尔的作品。这些都证明弗罗贝格尔在巴赫的圈子中的重要性。

卡尔·海因里希·格劳恩（Carl Heinrich Graun，约 1703 年或 1704 年生于瓦伦布吕克，1759 年卒于柏林）

出生于一个显赫的音乐世家，他的家族影响了所谓柏林乐派风格的形成。格劳恩曾在德累斯顿的圣十字学校学习音乐。他是一位天赋异禀的作曲家、一位备受尊崇的歌唱家。1725 年，他进入不伦瑞克公爵教堂工作。当时教堂由格奥尔格·卡斯帕·舒尔曼（Georg Caspar Schürmann）主持工作。无论在歌剧还是宗教音乐方面，舒尔曼都是最受人尊崇的歌唱家之一。格劳恩跟从克里斯蒂安·佩措尔德（Christian Petzold）学习，打下了坚实的键盘乐基础。另外，他还接受约翰·克里斯蒂安·施密特（Johann Christian Schmidt）在作曲方面的指导。1727 年，格劳恩晋升为教堂副乐监。1735 年，普鲁士王储腓特烈召他进入莱茵斯贝格的宫廷，要求格劳恩在自己创作的脚本基础上创作几首康塔塔。格劳恩一直向腓特烈讲授音乐课程，1740 年被已经登基的普鲁士国王腓特烈二世任命为乐长。此外，腓特烈还让格劳恩统筹柏林歌剧院，曾经有无数意大利歌唱家做过这一职务。

在歌曲方面，格劳恩的代表作是《阿尔塔瑟思》（*Artaserse*，1743）、《在奥利斯的伊菲革涅亚》（*Ifigenia in Aulide*，1748）和《蒙特祖玛》（*Montezuma*，1755），有

时他还会用国王腓特烈的脚本来创作。格劳恩还创作过非常优秀的宗教曲目，比如 1755 年的受难曲康塔塔《耶稣之死》(*Der Tod Jesu*)，即便到了 19 世纪，圣周时这首作品依然还会在柏林上演，直到后来才被巴赫的《马太受难曲》取代。《一只羔羊背负着罪离开》(*Ein Lämmlein geht und trägt die Schuld*) 和《耶稣之死》类似，以集成歌剧 (pasticcio) 的形式网罗了库瑙、巴赫、泰勒曼和格劳恩的曲谱。人们认为格劳恩还创作过弥撒曲、经文歌、世俗的康塔塔和一系列器乐曲目，其中比较突出的是键盘乐的协奏曲，特别是 1762 年在伦敦出版的《6 首协奏曲》(*Six Concerts*)。此外，他创作的 30 多首三重奏鸣曲也很精彩。

当巴赫在莱比锡做乐监期间，莱比锡常常会演奏格劳恩作曲的宗教曲目。据卡尔·菲利普·埃马努埃尔的文字，父亲巴赫曾经改编过一系列教会礼仪乐曲，其中有格劳恩的《圣哉经》。格劳恩是米茨勒创建的"音乐科学协会"成员，他经常会拜访巴赫。1799 年 10 月，福克尔在《公共音乐报》中写道："一位皇家德国教堂（今英国伦敦圣詹姆士宫女王礼拜堂）的英国管风琴师（指克里斯托夫·科尔曼）想编撰约翰·塞巴斯蒂安·巴赫的《平均律键盘曲集》，他印了一幅版画，在上面画了一个太阳并标注出他认识的德国作曲家的名字。太阳中心是巴赫的名

字,围绕着巴赫的首先是亨德尔、格劳恩和海顿等人的名字。"(《巴赫文献》,第3卷,第1023页)

约翰·戈特利布·格劳恩(Johann Gottlieb Graun,1702年或1703年生于瓦伦布吕克,1771年卒于柏林)

卡尔·海因里希·格劳恩的哥哥。著名小提琴家、作曲家。他在德累斯顿的圣十字学校跟从皮森德尔学习音乐,之后跟从朱塞佩·塔尔蒂尼学习音乐。当大约1726年从塔尔蒂尼处学成归来时,他被任命为梅泽堡的乐团首席。从1726年7月到1727年4月,威廉·弗里德曼·巴赫跟随格劳恩学习小提琴。1728年前后,他受到阿罗尔森的瓦尔代克-皮尔蒙特亲王召唤。1732年,他开始为王储也就是未来的普鲁士国王腓特烈二世服务,在宫廷中终身效力。1740年,新君上位,他出任柏林歌剧院的乐团首席。约翰·戈特利布·格劳恩有100多首交响曲、法国曲风的前奏曲,还有不少于80首协奏曲流传了下来。此外,他还有60首小提琴曲、2首维奥尔琴曲和若干奏鸣曲保存了下来。其中一些奏鸣曲如《第6奏鸣曲》(*VI Sonaten*)大约作于1726年。约翰·戈特利布·格劳恩也创过作世俗的歌曲;在宗教音乐方面,他创作了一部《四重奏弥撒曲》(*Missa a 4*)、少量的康塔塔,还有一部清唱剧——

《耶稣受难记》(La Passione di Gesù Cristo)。就像曾经找过约翰·约阿希姆·匡茨一样,巴赫找格劳恩兄弟帮忙,希望他们能为儿子卡尔·菲利普·埃马努埃尔在普鲁士王储的交响乐团中谋得一席之地。约翰·戈特利布·格劳恩多次拜访过巴赫,根据卡尔·菲利普的叙述,巴赫曾经改编过一首格劳恩的《垂怜经》。

约翰·克里斯托夫·格劳普纳(Johann Christoph Graupner,1683年生于基希贝格,1760年卒于达姆施塔特)

和泰勒曼一道,被认为是当时最高产、最耀眼的作曲家之一。主要跟从约翰·库瑙在莱比锡的圣托马斯学校学习音乐。格劳普纳也是莱比锡大学的学生。1707年,他去汉堡歌剧院做管风琴师。两年后,应领主恩斯特·路德维希的召唤,他转去黑森-达姆施塔特的宫廷做副乐长,1712年升为乐长。此后,格劳普纳想接替库瑙在母校圣托马斯学校的乐监职位,然而在受到任命之后,迫于达姆施塔特领导们的压力,他不得不放弃了这份工作。于是在1723年,这份差事才落到了巴赫的头上。巴赫非常了解并且欣赏格劳普纳的音乐。人们普遍认为,由巴赫创作的《A大调阿勒芒德舞曲和库朗特舞曲》(Allemande y

约翰·克里斯托夫·格劳普纳一首组曲的亲笔手稿,黑森州立大学图书馆,达姆施塔特。

Courante en La mayor,BWV 838)其实很有可能是格劳普纳的作品。格劳普纳当时很有名气。他创作了1 400多首康塔塔,也创作过歌剧,如1711年出版的《忒勒玛科斯》(*Telemach*)和1715年出版的《恒心战胜欺骗》(*La costanza vince l'inganno*),他还创作过器乐曲。他创作过交响曲和协奏曲,也以泰勒曼风格创作过带序曲的组曲。格劳普纳最吸引巴赫的是他的键盘乐作品。他出版过《键盘乐帕蒂塔》(*Partien auf das Clavier*,1718)、《每月键盘作品》(*Monatliche Clavir Früchte*,1722)、《4套键盘帕蒂塔》(*Vier Partien auf das Clavier*)等键盘乐曲集,但是他的作品大多数是以手抄本的形式广泛流传。我们要记得,格劳普纳在自己家里就会向外售卖一些自己或者其他音乐家的曲谱。约翰·马特松在汉堡时或巴赫在莱比锡时都这样做过。格劳普纳还创作了大量的三重奏鸣曲,其中不乏用到柔音中提琴(viola de amor)[1]的作品。18世纪中叶,柔音中提琴在德国非常流行,看匡茨和斯塔米茨(Stamitz)的作品便可以感受到这一点。巴赫也在多个作品比如著名的《马太受难曲》中运用过这种乐器。

尼古拉斯·德·格里尼(Nicolas de Grigny,1672年生于兰斯,1703年卒于兰斯)

17世纪法国重要的管风琴演奏家。尼古拉斯·勒贝格的学生。1693年,格里尼开始在巴黎圣丹尼修道院做管风琴师。1695年离职后,他回到家乡做正式的管风琴师。格里尼在创作上灵活而中庸,他将各种各样的音乐风格融合到一起。一方面,他融合了弗朗索瓦·库普兰、安德烈·雷松(André Raison)等人的作品风格,赋予大型管风琴曲多元的风格;另一方面,他又把杜卡罗伊(Du Carroy)、提特洛兹(Titelouze)、路易·库普兰音乐中大量克制的复调音乐元素加入创作。《包含一首弥撒曲和主

---

[1] 字面意思为"爱的中提琴",因音色柔和而得名。

要节日赞美诗的第一部管风琴曲集》(Premier livre d'orgue contenant une Messe et les Hymnes des principales festes de l'année, 1699) 荟萃了格里尼的经典作品, 收录大量他的管风琴重要曲目, 比如《大奉献礼》(Grand Offertoire)。巴赫在魏玛的前几年, 大约是 1709—1713 年, 他抄写过格里尼的这本《第一部管风琴曲集》。巴赫未写完的五重奏《D 小调幻想曲和赋格曲》(Fantasía y fuga en do menor, BWV 562) 中可以发现格里尼的痕迹。巴赫写给儿子威廉·弗里德曼的键盘曲集中那首篇幅不长、带装饰音的前奏曲, 有可能出自迪厄帕尔、当格勒贝尔、勒鲁或格里尼之手。

格奥尔格·弗里德里希·亨德尔（Georg Friedrich Händel, 1685 年生于哈雷, 1759 年卒于伦敦）

师从弗里德里希·威廉·察豪。在学习期间, 亨德尔非常关注弗罗贝格尔、克尔、斯特伦克、克里格等作曲家的作品。和亨德尔一样, 格劳普纳也很欣赏克里格。1702 年, 亨德尔进入哈雷大学学习, 此前他已开始在哈雷大教堂做管风琴师。但亨德尔志在四方, 他想不断向汉堡那样的国际大都市进军。1703 年, 经由马特松引荐, 亨德尔与汉堡音乐圈取得联系, 他开始在汉堡歌剧院做羽管键琴手和小提琴手。很长一段时间内，人们都认为1704年为汉堡观众演奏的一部《约翰受难曲》是亨德尔创作的，但很有可能这首作品其实是格奥尔格·伯姆或马特松自己创作的。赖因哈德·凯泽（Reinhard Keiser）曾为汉堡创作了非常多广受好评的歌剧。在他的影响下，亨德尔在1705年创作了自己的第一部歌剧《阿尔米拉》（Almira），上演后大获成功。1706年，托斯卡纳大公吉安·加斯托内·德·美第奇邀请亨德尔前往威尼斯，于是他离开汉堡来到意大利，并在那里生活了4年，亨德尔主要居住在罗马和那不勒斯。在首都罗马，亨德尔常去阿卡迪亚学院，那里有众多重要的艺术家赞助商光顾，比如红衣主教潘菲利和奥托博尼。此外，他还结识了许多著名音乐家如科雷利、帕斯奎尼、斯蒂法尼，以及当时还非常年轻的多梅尼科·斯卡拉蒂（Domenico Scarlatti）。亨德尔的歌剧如《罗德里戈》（Rodrigo，1707）和《阿格里皮娜》（Agrippina，1709）在意大利多个城市受到热烈欢迎。此外，亨德尔还将自己的音乐才华施展在宗教音乐和世俗康塔塔的创作上。

1710年回到德国后，亨德尔在汉诺威选帝侯的教堂做乐监。此后，他去英国旅行了一次。伦敦的氛围让他如鱼得水，更加契合他对于职业生涯的发展期许，于是在1712年，亨德尔最终决定在伦敦定居。但亨德尔在英国的日子，无论在事业上还是个人生活上，实际上也是喜忧参半，有起有落。亨德尔常去拜访作品风格辛辣的波普（Pope）和斯威夫特，他也和约翰·盖伊（John Gay）、佩普施（Pepusch）、休斯（Hughes）几人成为好友。

亨德尔很快获得了大众的欣赏，同时也获得了贵族阶层的青睐。贵族们对他鲜明的意大利曲风非常喜爱。在国王的赞助下，亨德尔创建了皇家音乐学院，并创作了大量优秀作品，包括大约50部歌剧，比如《奥托内》（Ottone，1723）、《尤利乌斯·恺撒》（Giulio Cesare，1724）、《塔梅尔拉诺》（Tamerlano，1724）、《亚历山德罗》（Alessandro，1724）、《阿德米多》（Admeto，1727）。亨德尔创作的一些清唱剧也非常精彩，如《以斯帖》（Esther，1718）、《亚历山大的盛宴》（Alexander's Feast，1736）、《扫罗》（Saul，1739）、《弥赛亚》（Messiah，1742）、《犹大·马加比》（Judas Maccabaeus，1747）。此外他还创作了一些动人的康塔塔、圣歌（anthem）、《感恩赞》（Te Deum）、众赞歌、二重奏、三重奏，还有大量的协奏曲。亨德尔的创作还包括大协奏曲、交响乐组曲、独奏曲、管风琴或羽管键琴协奏曲。同时，亨德尔还创作了许多奏鸣曲、三重奏鸣曲、羽管键琴组曲，最早期的羽管键琴作品收录于大约1721年出版的《单架和双架羽管键琴曲》（Pièces à un & deux clavecins），1720 年出版的《羽管键琴组曲》(Suites de pièces pour le clavecin)，以及 1733 年出版的同名作品集中。两年后，他又出版了《6 首赋格曲或管风琴即兴曲》(Six Fuges or Voluntarys)。

亨德尔一生其实就回过德国几次，每一次巴赫都非常想前去结识他。第一次是 1719 年，当时亨德尔来到哈雷。知道亨德尔在哈雷，巴赫从克滕乘着大马车赶紧奔向哈雷。但等他赶到时，亨德尔已经离开了。第二次可以追溯到 1729 年。根据 1788 年 2 月 24 日的《通用德语藏书》杂志中卡尔·菲利普·埃马努埃尔的叙述，"亨德尔第二次来德国时，巴赫特别不巧地发烧了。由于他没有办法亲自会面，就立刻让他的大儿子威廉·弗里德曼带着满满的敬意前去拜访。但亨德尔跟弗里德曼说自己特别抱歉，不能去莱比锡了。要知道当时巴赫就在莱比锡，离哈雷只有 4 公里。然而，亨德尔第三次回德国时，巴赫已经去世了。亨德尔不像巴赫那样，有着强烈的好奇心。要知道巴赫年轻时，曾经徒步 350 公里，只为亲耳聆听吕贝克管风琴大师布克斯特胡德的演奏。因此，对巴赫来说，未能与亨德尔这样一位音乐大师结识真是太遗憾了"（《巴赫文献》，第 3 卷，第 927 页，西班牙语译本第 181 页）。18 世纪 30 年代，巴赫与音乐社一道表演了数百首作品，一定演绎过亨

这幅由佚名画家疑似创作于 18 世纪的漫画，描绘了巴洛克时期几位享誉欧洲的德国和意大利音乐家，从左到右依次为：吹奏长笛的约翰·约阿希姆·匡茨、演唱清唱剧《弥赛亚》选段的亨德尔、弹奏羽管键琴的巴赫、演奏小提琴的朱塞佩·塔尔蒂尼、唱和声的克里斯托夫·威利巴尔德·格鲁克和尼科洛·约梅利。

德尔的作品，可能是一首大协奏曲，也可能是一首独奏协奏曲，还有可能是亨德尔早期的一首康塔塔《被弃的阿米达》（*Armida abbadonata*，1707）。沃尔夫跟其他巴赫研究者一样，认为在《哥德堡变奏曲》咏叹调使用固定音型的前 8 个小节和亨德尔《62 变奏恰空舞曲》（*Chaconne avec 62 variations*，HWV 442）的主题非常相似。（第 2 卷，第 157 页）亨德尔这部作品是在 1703—1706 年期间创作的，之后由维特福格（Witvogel）于1733年在阿姆斯特丹收录进《曲集》（Pièces）出版。另外值得一提的是，这首恰空舞曲的曲谱在1732年时就由同一个出版商单独出版过。这个出版商还曾经找过巴赫，希望他能够去分销赫勒布施（Hurlebusch）的作品。1745年，亨德尔被任命为米茨勒创建的"音乐科学协会"荣誉成员。

约翰·阿道夫·哈塞（Johann Adolph Hasse，1699年生于汉堡附近的贝格多夫，1783年卒于威尼斯）

被意大利人称为"亲爱的萨克森人"，德国最著名的正歌剧作家，他来自吕贝克一个管风琴音乐世家。19岁时，哈塞开始在汉堡歌剧院做男高音。20岁时，不伦瑞克歌剧院上演了哈塞的第一部作品《安蒂奥科》（Antioco，1721）。尽管他当时是不伦瑞克公爵的宫廷乐长，他还是选择离开不伦瑞克去意大利碰碰运气，幸运的是，他在意大利取得了成功。1722年，哈塞在那不勒斯跟从波尔波拉和亚历山德罗·斯卡拉蒂学习音乐。很快他就迎来了事业上的第一个巅峰，1726年他发表了《塞索斯特拉特》（Il Sesostrate）、《塞墨勒》（La Semele）、《拉斯塔托》（Lastarto）3部佳作。1730年，哈塞在维苏威火山畔的那不勒斯出任皇家教堂乐监。同年，他和当时最著名的歌唱家之一福斯蒂娜·博尔多尼（Faustina Bordoni）结婚。在兼任那不勒斯教堂乐监的同时，他还出任威尼斯"不治之症"慈善医院的音乐指导，并创作了当时最成功的宗教乐曲之一《求主垂怜》（*Miserere*，1730）。哈塞夫妇走访了多个上演哈塞歌剧的意大利城市。哈塞的很多歌剧是根据梅塔斯塔西奥的脚本写成的。哈塞的早期歌剧作品有《艾吉奥》（*Ezio*，1730）和《卡托内在尤蒂卡》（*Catone in Utica*，1731）。

1731年，哈塞回到德累斯顿，由于哈塞颇有名气，他很快获得了波兰国王兼萨克森选帝侯的教堂乐监职位。歌剧《卡托内在尤蒂卡》的成功也助他拿到这个职位。这部歌剧在1731年9月13日上演时，巴赫也在现场观看，自此开启了哈塞一段高产的创作时期，此后30年里他都非常受大众的认可。哈塞在萨克森宫廷任职的同时，还去意大利、法国、英国多地旅行。然而，从1760年开始，哈塞的世界黯淡了下来。这一年，他在德累斯顿的家毁于战火。他的大多数作品还没来得及出版，就全被付之一炬，藏书也都被烧成灰烬。3年后，萨克森选帝侯去世。没有了退休金，哈塞不得不离开德累斯顿去威尼斯碰碰运气，在那里他度过了生命的最后时光。1771年，哈塞的最后一部歌剧《鲁杰罗》（*Ruggiero*）在米兰上演，这一年，年轻的莫扎特的《阿斯卡尼奥在阿尔巴》(Ascanio in Alba)也被搬上舞台。

除去大量的歌剧作品，哈塞还创作过间奏曲、康塔塔和小夜曲。他创作过多种题材的宗教作品，如《沙漠中的火蛇》(Serpentes ignei in deserto，1730)、《向我们主的坟墓而去的朝圣者》(I pellegrini al Sepolcro di Nostro Signore，1742)、《耶稣基督十字架上的证词》(La deposizione dalla Croce di Gesù Cristo，1744)等清唱剧，还有弥撒曲、众赞歌［其中有多首《又圣母经》(Salve Regina)］、圣歌［代表作为悠扬的《除了主》(Nisi Dominus)、《向主忏悔》(Confitebor tibi)和5首《求主垂怜》］、经文歌或赞美诗（代表作为5首《感恩赞》）。另外，哈塞还创作过协奏曲、奏鸣曲、三重奏鸣曲、键盘曲。他的键盘曲很多是以奏鸣曲的形式写成，但哈塞也创作过幻想曲、前奏曲、托卡塔、赋格曲、小步舞曲、波洛涅兹舞曲，其中一首（BWV Ahn. II 130）还被收录进巴赫给他妻子安娜·玛格达莱娜·巴赫的第二本键盘小曲集中。

也许是题材的原因，巴赫可能对哈塞这位大师的歌剧和戏剧曲目都不大感兴趣。《文学戏剧报》（*Literatur- und Teather Zeitung*，1783，柏林）曾这样描写巴赫有一次看《克莱奥菲德》（*Cleofide*）演出时的样子，作者没有直接提巴赫的名字，"我知道有一位年事已高的对位音乐大家，他在德累斯顿欣赏哈塞最精彩的歌剧时哈欠连连"（《巴赫文献》，第 3 卷，第 881a 页，西班牙语译本第 188 页）。

但巴赫应该还是欣赏哈塞在宗教音乐方面的创作的，他儿子卡尔·菲利普·埃马努埃尔给福克尔用来创作传记的文字中写道，父亲"在晚年的时候特别欣赏富克斯、卡尔达拉、亨德尔、凯泽、哈塞……"（《巴赫文献》，第 3 卷，第 803 页，西班牙语译本第 251 页）巴赫认识哈塞，也认识福斯蒂娜·博尔多尼。卡尔·菲利普于 1786 年 1 月写给 J. J. 埃森伯格（J. J. Eschenburg）的一封信中，提到了这两位的名字："哈塞、福斯蒂娜、匡茨等几位都非常了解亨德尔，他们也都曾聆听过亨德尔的音乐。1728 年或 1729 年时，当我父亲在德累斯顿进行公开演奏时，他们都说巴赫已经屹立在管风琴艺术演奏的最高峰。……亨德尔曾经为两件键盘乐器和一件带脚键盘的乐器写过三重奏吗？他单独为羽管键琴写过五声部或六声部的赋格曲吗？显然没有，所以也就无须比较了，亨德尔与巴赫有着天壤

之别。"(《巴赫文献》,第 3 卷,第 908 页,西班牙语译本第 178 页)

约翰·大卫·海尼兴(Johann David Heinichen,1683 年生于克罗斯苏尔恩,1729 年卒于德累斯顿)

约翰·库瑙在莱比锡圣托马斯学校的学生。海尼兴在莱比锡大学学习法律,然而从 1709 年开始,他就全身心投入音乐事业中。他首先短暂地在位于蔡茨的宫廷担任作曲家,之后在瑙姆堡歌剧院担任音乐指导。1710 年,海尼兴来到意大利发展。他在威尼斯获得了维瓦尔第的支持,1713 年出版了《满溢的爱之激情》(*Le passioni per troppo amore*)。他常常去拜访弗朗切斯科·加斯帕里尼(Francesco Gasparini)和洛蒂。在两部歌剧作品上演后,1716 年海尼兴回到德国,开始在德累斯顿教堂做乐监。在那里,他与洛蒂再次相会,并且认识了韦拉奇尼(Veracini)、泽伦卡、魏斯(Weiss)、布法尔丁(Buffardin)和匡茨等知名音乐家。伯尼说海尼兴是德国的拉莫。特别在协奏曲的创作上,海尼兴是一位前卫的实验家。在奥古斯特三世的要求下,德累斯顿优秀的交响乐团演奏了他创作的《多器乐协奏曲》(*Concerto per molti istrumenti*)。这首作品明显带有维瓦尔第和阿尔比诺尼的印记。顺着这个方向，海尼兴创作了自己风格的作品——有时带有一种前古典主义的曲风，他运用丰富的乐器，打造极具渲染力的声音，常让人想起18世纪下半叶的作品风格。海尼兴也写过奏鸣曲、三重奏鸣曲，甚至还写过四重奏、五重奏的奏鸣曲。他也创作过管风琴曲和羽管键琴曲，写过很多宗教乐曲，特别是弥撒曲。海尼兴也创作过若干首《感恩赞》、《圣母颂歌》、悼亡曲、《德意志圣墓清唱剧》(Oratorio tedesco al Sepolcro Santo，1724)。

英年早逝的海尼兴不仅是一位音乐家，同时还是一位音乐理论家，他在理论方面的建树主要表现在两部作品中，其中最重要的一部是《全新通奏低音作曲指南》(Der General-Bass in der Composition, oder Neue und gründliche Anweisung，1728)，这是当时最有价值的音乐理论书籍之一。巴赫与海尼兴交往甚密。在莱比锡时，巴赫卖过好几本他的《作曲中的通奏低音全新指南》，这本书是在海尼兴去世后一年出版的。巴赫还想接替他在德累斯顿教堂乐监的职位，但由于巴赫对意大利歌剧了解不深，所以他没能应聘上这个岗位。很长一段时间里被人们认为是巴赫作品的《和声小迷宫》(Kleines harmonisches Labyrinth，BWV 591)，其实是海尼兴的作品。在复活节期间，巴赫为莱比锡的教徒们演奏了海尼兴的一首康塔塔《孤独或者沉默的存在》(*Einsamkeit oder stilles Wesen*)。

康拉德·弗里德里希·赫勒布施(Conrad Friedrich Hurlebusch,1696年生于不伦瑞克,1765年卒于阿姆斯特丹)

作曲家,羽管键琴、管风琴演奏家,音乐受弗朗索瓦·库普兰和格奥尔格·穆法特的风格影响。另外,赫勒布施也写了很多音乐理论文字。他游历过意大利和德国的多个城市。1716年,赫勒布施在维也纳工作;1723—1725年,他担任瑞典国王弗雷德里克一世在斯德哥尔摩的宫廷教堂的乐监。赫勒布施在汉堡住了一些年,他在那里发表了《羽管键琴曲集》(*Composizioni musicali per il cembalo*),并且受到约翰·马特松的欣赏。但最终在1736年,赫勒布施在失望中离开了汉堡。他生命的最后20年是在阿姆斯特丹度过的,他在那里出版了两版《6首羽管键琴奏鸣曲》(*VI sonate di cembalo*),大约是1746年由维特福格出版。但这不是赫勒布施第一次在阿姆斯特丹出版作品,大约在1733年,《羽管键琴曲选集》(*Opere scelte per il clavicembalo*)的盗版便已在市面上流传。相比于器乐曲,赫勒布施创作的声乐曲目在当时更受关注。他的声乐曲目包括颂歌、室内乐康塔塔和歌剧。巴赫手里有一些赫勒布施的曲谱,巴赫在莱比锡时还曾卖过他的谱子。1735

年 5 月 5 日的《莱比锡报》中记载道:"在巴赫这位教堂乐监的家里,可以看到这部由瑞典国王麾下的音乐家赫勒布施自行出资以法国纸张印刷、于汉堡出版的《二声部羽管键琴曲集》(*Composizioni musicali per il cembalo divise in due parti*),售价 3.5 塔勒。"(《巴赫文献》,第 2 卷,第 363 页,西班牙语译本第 167 页)1788 年 2 月 22 日,卡尔·菲利普·埃马努埃尔在《通用德语藏书》中谈到,赫勒布施去拜访巴赫,应巴赫之请,他用羽管键琴弹奏了一首有若干变奏的小步舞曲。接下来,巴赫坐到琴键旁,"他的优雅风姿和热情好客"给当时还很年轻的赫勒布施留下了深刻印象;赫勒布施还送了一些曲谱给巴赫的孩子们。(《巴赫文献》,第 3 卷,第 927 页)

萨克森-魏玛的约翰·恩斯特(Johann Ernst de Sajonia-Weimar,1696 年生于魏玛,1715 年卒于法兰克福)

萨克森-魏玛公爵,他跟从 G. C. 艾伦斯坦(G. C. Eylenstein)学习小提琴,与约翰·戈特弗里德·瓦尔特学习作曲。瓦尔特曾把《音乐创作的法则》(*Praecepta der musicalischen Composition*,1708)献给约翰·恩斯特公爵。在《音乐辞典》中,瓦尔特称赞过这位贵族的艺术天分,但不幸的是,恩斯特英年早逝,没能进一步施展自己的才华。在1713年去荷兰的一次旅行中，年轻的公爵聆听了管风琴师扬·雅各布·德格拉夫（Jan Jacob de Graaf）演绎当时的一些意大利音乐家的作品。恩斯特为此深深倾倒，于是他收集了大量意大利音乐家的曲谱，交给魏玛的交响乐团，其中有安东尼奥·维瓦尔第的第3号作品《和谐的灵感》（*L'Estro armonico*）。约翰·恩斯特请巴赫改编一些维瓦尔第的协奏曲以及其他意大利北部音乐大师的作品。此外，他还请巴赫改编4首自己构思出来的作品，于是巴赫在约翰·恩斯特的一些协奏曲初稿基础上进行了加工创作。公爵的创作借鉴了维瓦尔第的风格。相较于改编托雷利（Torelli）、阿尔比诺尼、马尔切洛的作品或是维瓦尔第的协奏曲，处理公爵的作品要轻松很多。巴赫悉心保留了公爵作品原作的主题线结构，在此基础上创作了 BWV 982、984 和 987。BWV 984 的第一乐章还包括一个管风琴版本（BWV 595）。此处给大家列出了 BWV 982 的前几个小节。

BWV 984 中深情的柔板的前几个小节曲谱如下。

约翰·恩斯特系列的收官之作是改编的管风琴曲 BWV 592。

赖因哈德·凯泽（Reinhard Keiser，1674年生于魏森费尔斯附近的托伊谢恩，1739年卒于汉堡）

一位高产的作曲家，师从约翰·舍勒，也可能曾经在莱比锡的圣托马斯学校跟从约翰·库瑙学习音乐。凯泽是约翰·马特松的朋友。1728年，他接替了马特松在汉堡大教堂的职位。在汉堡，他的歌剧首次上演。创作歌剧时，他常常把法国曲风与意大利曲风特别是威尼斯乐派的曲风融合在一起。凯泽还创作过世俗康塔塔和小夜曲。此外，他还创作过少量器乐曲。这位作曲家在宗教音乐方面的创作让巴赫很感兴趣，尽管他在这一领域只有少量的输出。凯泽写过清唱剧、康塔塔，还有一首《感恩赞》和一首短弥撒曲。1709—1712年期间，巴赫曾经誊写过凯泽《马可受难曲》中的部分曲谱，这首作品曾经于1712年或

1713年前后在魏玛上演。在圣托马斯学校期间，巴赫对这首作品进行了二次创作，加入了一些其他作曲家的音乐片段，自己又创作了一些新的内容。这首作品于1726年在莱比锡上演。

约翰·卡斯帕·克尔（Johann Caspar Kerll，1627年生于福格特兰的阿多夫，1693年卒于慕尼黑）

当时最著名的作曲家和管风琴演奏家之一。在维也纳跟从乔瓦尼·维塔莱蒂（Giovanni Valentini）学音乐，在罗马师从卡里西米。在罗马，他也许还跟从弗雷斯科巴尔迪学习过音乐。克尔的父亲是一位信奉路德宗的管风琴师，但克尔转信了天主教。1656—1674年，克尔担任巴伐利亚选帝侯的宫廷乐长。由于宫廷内部的钩心斗角，克尔不得不从巴伐利亚离职，转去维也纳皇家教堂做首席管风琴师。克尔指导过阿格斯蒂诺·斯蒂法尼，约翰·约瑟夫·富克斯和约翰·帕赫贝尔可能也曾是他的学生。克尔创作过歌剧，但未能留存下来。他的名气主要来自宗教音乐和器乐曲方面的创作。克尔写过很多零散的弥撒曲，他也出过一本《6首器乐协奏曲，带声乐伴唱，附一首哀乐》（Missae sex cum instrumentis concertantibus, e vocibus in ripieno, adjunta una pro defunctis，1689）。此外，克尔还创作过一些宗教歌曲，或是类似性质的作品。人们认为克尔还创作过一些键盘组曲、托卡塔、坎佐纳和多首奏鸣曲。克尔在1686年出版的《管风琴转调——8个教会调式的大圣母颂歌 》（Modulatio organica super Magnificat octo ecclesiasticis tonis respondens）相当出名。阿塔纳修斯·基歇尔曾把克尔的一首利切卡尔收录进1650年出版的《世界音乐》。巴赫的大哥、住在奥尔德鲁夫的约翰·克里斯托夫的曲集中也收录了一些克尔的作品。巴赫非常关注这位音乐大师，《讣告》中记载了少年时代的巴赫就开始学习"当时最著名的音乐家如弗罗贝格尔、克尔、帕赫贝尔"的键盘乐作品（《巴赫文献》，第3卷，第666页，西班牙语译本第240页），而在卡尔·菲利普·埃马努埃尔发给福克尔的传记资料中，再一次提到了巴赫"除了弗罗贝格尔、克尔、帕赫贝尔"（《巴赫文献》，第3卷，第803页，西班牙语译本第252页），还欣赏很多音乐大家的作品。1747年，巴赫对克尔的《壮丽弥撒》（Missa superba）中的八声部《圣哉经》进行了改编（BWV 241）。

约翰·路德维希·克雷布斯（Johann Ludwig Krebs，1713年生于魏玛附近的布特尔施泰特，1780年卒于阿尔滕堡）

巴赫的得意门生。1726—1735年，克雷布斯在莱比锡的圣托马斯学校跟从巴赫学习音乐。他在老师所在的音乐社弹奏羽管键琴。克雷布斯既是一位作曲家，也是一位管风琴演奏家，他于1737年获得了茨维考首席管风琴师的职位，1744年又获得了蔡茨首席管风琴师的职位。由于未能接替巴赫的圣托马斯教堂乐监职位，1756年，克雷布斯离开莱比锡去了阿尔滕堡，出任阿尔滕堡宫廷的首席管风琴师。他创作过宗教音乐，代表作有一首F大调的弥撒曲、若干首经文歌和1757年创作的清唱剧《波兰王后玛丽亚·约瑟法的葬礼清唱剧》（Oratorio funebre all'occasione della morte di Maria Gioseppa Regina di Pollonia）。克雷布斯所有创作中最出彩的当属他的管风琴作品（包括前奏曲与赋格曲、众赞歌、幻想曲与赋格曲）和羽管键琴作品。他为羽管键琴创作过3首键盘练习曲、若干首奏鸣曲和帕蒂塔，以及作品选集《包含6首小曲的第一部作品》（Erste Piece bestehend in sechs leichten，1740）和《6套羽管键琴组曲练习》（Exercice sur le clavecin consistant en VI suites）。克雷布斯的室内乐作品大多为三重奏鸣曲。人们曾以为是巴赫创作的众赞歌《致我亲爱的上帝》（*Auf meinen lieben Gott*，BWV 744）其实是克雷布斯的作品，《我们基督徒》（*Wir Christenleute*，BWV 710）和《我们只信仰唯一的上帝》（*Wir glauben all an einen Gott*，BWV 740）也是如此。另外，一首 F 大调的《圣哉经》，其实也是克雷布斯的作品。为了助力克雷布斯找工作，1735 年 8 月 24 日，巴赫给自己这位心怀热忱、才华横溢的学生出具了一份证明，其中写道："应克雷布斯之请，我为他出具一份关于学业表现的证明。我想借此机会表达对我的这位学生的肯定，克雷布斯展现了独特的音乐才华，在作曲以及羽管键琴、小提琴、鲁特琴的演奏上都精益求精，因此请尽情欣赏他的音乐演绎吧。克雷布斯未来可期。我愿上帝能够全力支持他的成长进步。我再次诚挚地向您推荐克雷布斯。"（《巴赫文献》，第 2 卷，第 335 页，西班牙语译本第 158 页）

约翰·克里格（Johann Krieger，1652 年生于纽伦堡，1735 年卒于齐陶）

当时备受尊崇的键盘音乐家。他在管风琴艺术和作曲方面的表现都非常突出。1672 年，克里格在拜罗伊特宫廷中开始了人生的第一份工作，此后他在格赖茨和艾森贝格都停留过一段时间，最终来到齐陶出任音乐指导以及正式管风琴师。克里格非常欣赏约翰·雅各布·弗罗贝格尔和约翰·帕赫贝尔，而他自己又受到巴赫和亨德尔的喜爱。亨德尔在自己的笔记本上记录过克里格的曲谱，但是没能留存到今天。1697年，克里格出版了《6套音乐帕蒂塔》(*Sechs Musicalische Partien*)，这部作品在某种程度上借鉴了弗罗贝格尔的组曲。一年后，克里格出版了《优雅的键盘练习曲》(*Anmuthige Clavier-Übung*)。我们刚才提到的亨德尔誊写的曲谱，其中一部分可能就出自这部作品。我们可以在巴赫的作品特别是赋格曲中找到一些克里格的印记。克里格还创作过教堂音乐、歌剧、德国艺术歌曲，这些都值得人们进一步的关注和认可［《新的音乐享受》(*Neue Musicalische Ergetzligkeit*)，1684］。

约翰·库瑙（Johann Kuhnau，1660年生于厄尔士山脉的盖辛，1722年卒于莱比锡）

作曲家、管风琴演奏家、渊博的学者、理论家、音乐评论家、律师、语言学家、作家。库瑙翻译过一些法语和意大利语的书籍，同时他还学习了希伯来语和希腊语。库瑙在德累斯顿的圣十字学校跟从雅各布·博特尔（Jacob Beutel）学习音乐。他曾经作为男高音在德累斯顿市议会的教堂唱歌。1680年时，他曾经短暂地在齐陶做乐监。随后他于 1682 年赶赴莱比锡攻读法律专业。1664 年时,库瑙已经开始在圣托马斯教堂担任管风琴师。1701 年,库瑙在圣托马斯学校接替约翰·舍勒做乐监,而接替库瑙职务的就是巴赫了。约翰·库瑙同时还兼任莱比锡大学的音乐指导,并于 1688 年在莱比锡大学创立了音乐社。库瑙本人颇具声望。尽管有人斥责他是守旧主义,但在羽管键琴音乐的发展上,他的贡献不容忽视。库瑙在 1696 年出版的《羽管键琴新成果》(*Frische Clavier-Früchte*)中创作了包括三个乐章的奏鸣曲,他是最早一批这样作曲的音乐家。另外,收录在 2 卷本《新羽管键琴练习曲》(*Neuer Clavier-Übung*,1689—1692)中的组曲或帕蒂塔,对于羽

约翰·库瑙:《新羽管键琴练习曲》,封面版画,莱比锡,1689 年。

管键琴技艺的发展相当关键。库瑙最著名的作品当属1700年发表的《圣经奏鸣曲》(Sonatas bíblicas)，别名《一些〈圣经〉故事的音乐呈现》。在这部作品中，他用音乐来描绘《圣经》中的故事。其中有一篇非常重要的序言，库瑙在序言中讲述了他对于过去以及当时音乐的理解、他的音乐哲学，以及音乐对于心灵及感官的影响。

约翰·库瑙培养了多位作曲家，比如约翰·弗里德里希·法什和约翰·克里斯托夫·格劳普纳。他应该对泰勒曼也有影响，当泰勒曼还很年轻的时候，曾经在莱比锡和库瑙合作。

巴赫也受到约翰·库瑙的影响。在巴赫早期创作的一些奏鸣曲比如大约创作于1704年的《D大调奏鸣曲》(BWV 963)中，或是创作于十多年后的奏鸣曲BWV 967中，可以明显感受到库瑙那种描述性的曲风。在BWV 963的最后一首乐章《模仿母鸡和布谷鸟的主题》("Thema all'Imitatio Gallina Cuccu")让人想起库瑙这段描述性的旋律。

约翰·库瑙还创作过若干首拉丁文的经文歌、康塔

塔、颂歌、一首《圣母颂歌》、几部弥撒曲和一首未能留存下来的《马可受难曲》(1721)。遗憾的是，他的两部作品《论三和弦》和《论古典音乐及当代音乐中的四音音列》也未能流传下来，而《作曲基础》(Fundamenta compositionis, 1703) 得以留存到今天。

乔瓦尼·莱格伦齐（Giovanni Legrenzi，1626年生于贝加莫附近的克卢索内，1690年卒于威尼斯）

从1685年开始，在威尼斯的圣马可教堂做乐监。在青年时代，他一直在圣玛丽亚大教堂做首席管风琴师。莱格伦齐于1653年出任这一职位。三年后，也就是1665年，他开始在费拉拉的圣灵学院教堂做乐监。1672年他来到维也纳，1681年时又回到威尼斯，接替安东尼奥·萨托里奥（Antonio Sartorio）出任圣马可教堂副乐监的职位。莱格伦齐是一位影响深远的大作曲家。他的声望一方面来自他笔下精彩绝伦的音乐作品，另一方面得益于他培养了一批优秀学生，他们对意大利巴洛克音乐的发展起到举足轻重的作用。莱格伦齐的学生中有安东尼奥·洛蒂、安东尼奥·卡尔达拉、卡洛·弗朗切斯科·波拉罗洛（Carlo Francesco Pollarolo）。莱格伦齐创作过多部歌剧和世俗康塔塔。他最主要的贡献是在宗教音乐和器乐方面。在这个领域，他出版过若干部清唱剧如《心灵的出卖》(*La vendita del cuore humano*，1676)、弥撒曲、经文歌、作品选集《二声部与四声部虔诚的和声》(*Harmonia d'affeti devoti a 2 e 4*，1655)、《宗教节日协奏曲、二重唱诗篇歌与弥撒》(*Sacri e festivi concenti, messa e psalmi a due chori*，1667)等。1656年出版的《教会奏鸣曲与室内奏鸣曲》(*Sonate da chiesa e da camera*)是这一题材的第一部重要的典范之作，《二重奏、三重奏、五重奏和六重奏鸣曲》(*Sonate a 2, 3, 5 & 6*)的第3部也非常重要。巴赫以莱格伦齐的第2号作品《三重奏鸣曲》第11首[《阿尔巴纳山》(*La Mont' Albana*)]为灵感，创作了一首D小调管风琴赋格曲(BWV 574)。莱格伦齐的原作是用G小调写成，收录在他的《二重奏、三重奏鸣曲集》第1部(1655)中。

一首晚期带批注的《莱格伦齐主题，巴赫加脚键盘改编版》(*Thema Legrenzianum, elaboratum cum subiecto pedaliter per J. S. Bach*)保留了下来。这首赋格曲有BWV 574a和BWV 574b两个版本。

彼得罗·安东尼奥·洛卡泰利（Pietro Antonio Locatelli，1695年生于贝加莫，1767年卒于阿姆斯特丹）

小提琴演奏家、作曲家。创作过多首精彩的重量级协奏曲，收录在《四重奏与五重奏大协奏曲与12首赋格曲》（*Concerti grossi a 4 e a 5 con 12 fughe*，1721）和《小提琴的艺术：为小提琴而作的12首协奏曲和24首随想曲》（*L'Arte del violino: XII concerti, cioe violino solo con XXIV capricci ad libitum*，1733）中。这两部作品集都大受欢迎。洛卡泰利的小提琴独奏或双小提琴奏鸣曲集——第5号作品《6首三重奏鸣曲》（*VI Sonate a 3*，1736）和第8号作品《10首奏鸣曲》（*X Sonate*，1744/1752）同样非常流行。在罗马时他有可能跟从科雷利学习过音乐，但无法确定他的老师到底是哪一位。洛卡泰利以精湛高超的演奏技艺而闻名。他的大多数作品于阿姆斯特丹出版，在整个欧洲广泛流传。他曾经供职于曼图亚宫廷，到访过德国，在德累斯顿和柏林度过了一段时光。1728年，洛卡泰利曾去过卡塞尔。1729年他去荷兰讲授课程，在不做独奏之后，他还售卖过一些乐器和曲谱。人们常说，洛卡泰利是尼科洛·帕格尼尼（Niccolò Paganini）的前辈，帕格尼尼对《小提琴的艺术》中随想曲的动人演绎，堪与洛卡泰利比肩。当巴赫带领音乐社演奏卷帙浩繁的音乐作品时，他们演奏过洛卡泰利的作品，特别是在 1729—1737 年以及 1739—1741 年。巴赫还加入了自己的一些改编，比如他改编过洛卡泰利的《圣诞协奏曲》（Concerto di Natale），也就是第 1 号作品《F 小调协奏曲》第 8 首（Concierto en fa menor, op. 1 n.º 8）。同时，按照音乐社的安排，巴赫在其他时间可能还演奏过尼古拉·波尔波拉的康塔塔《在鲜花盛放的山上，从我遭遇的第一场火起，这便是那不幸的岸》（Dal primo fuoco in cui penai, Sopra un colle fiorito y Ecco l'infausto Lido），以及亚历山德罗·斯卡拉蒂的《如果爱上一个快乐的人》（Se amor con un contento）。

安东尼奥·洛蒂（Antonio Lotti，约 1667 年生于威尼斯或汉诺威，1740 年卒于威尼斯）

父亲马特奥·洛蒂（Mateo Lotti）是汉诺威的乐监。洛蒂是乔瓦尼·莱格伦齐最出色的学生之一。大约 1683 年，洛蒂在威尼斯的圣马可教堂做歌手，几年后的 1697 年，他升为大教堂的第二管风琴师，1704 年他成为正式的管风琴师，并最终在 1736 年晋升为教堂乐监。洛蒂的职业生涯基本都是在威尼斯度过的，此外只在维也纳以及德累斯顿（1717—1720）待过一段时间。他去德累斯顿是应萨克森选帝侯之邀创作歌剧，在此期间他写下了《在阿尔戈斯的朱庇特》(Giove in Argo, 1717)、《阿斯卡尼欧》(Ascanio, 1718)、《泰奥法内》(Teofane, 1719) 和《第四元素》(Li quarto elementi, 1719)。洛蒂的妻子是著名歌唱家桑塔·斯泰拉·斯卡拉贝利（Santa Stella Scarabelli）。尽管洛蒂的名声主要来自戏剧和世俗康塔塔方面的创作，但他在艺术上真正的突出贡献在于他的宗教音乐，特别是清唱剧和弥撒曲作品。事实上，他在生命的最后时光就致力于这一领域而非舞台艺术的创作。《在以斯帖加冕的谦卑》(L'umilità coronata in Esther, 1714) 非常受人推崇。这部清唱剧在维也纳首演，它与《托比亚的回归》(Il ritorno di Tobia, 1723) 一样具备深邃的思想内涵。洛蒂创作过一些真正堪称大师级水平的作品，比如《第一调式的弥撒》(Missa del primo tuono)、《帕莱斯特里纳风格的弥撒》(Missa a Palestrina)、《智慧弥撒》(Missa sapientiae) 和《卡农弥撒》(Missa in canone)。他还创作过安魂曲、《求主垂怜》，以及其他用于祷告的乐曲。

　　这位作曲家还有一段为人所知的逸事。据说，作曲家乔瓦尼·巴蒂斯塔·博农奇尼（Giovanni Battista Bononcini）于 1732 年竞选加入古典音乐学院时，把洛蒂的一首五重奏牧歌《在阴凉的树篱中》(In una siepe ombrosa) 拿来在伦敦演奏。乔瓦尼谎称演奏的是自己创作的曲目，但之后露了馅，被音乐学院赶了出去。洛蒂的学生中不乏一些颇具声望的音乐家，如巴萨尼、佩谢提（Pescetti）、加卢皮（Gallupi）和贝内代托·马尔切洛。马尔切洛还曾严厉批评过他的老师 1705 年发表的收录了《在阴凉的树篱中》的第 1 号作品《二重奏、三重奏和多声部牧歌》(Duetti, terzetti e madrigali a più voci)。1717 年，巴赫在德累斯顿的时候也许有机会与洛蒂结识，但关于这方面没有留下确切的记载。巴赫曾经誊抄过这位意大利作曲家的一首《圣哉经》，以及为小号、弦乐和通奏低音而作的六声部《智慧弥撒》中的《垂怜经》和《荣耀经》。巴赫在莱比锡演奏过这首作品。这首作品也影响了巴赫 1723 年为圣诞节创作的《圣母颂歌》(BWV 243a)。

路易·马尔尚（Louis Marchand，1669 年生于里昂，1732 年卒于巴黎）

作曲家，管风琴、羽管键琴演奏家。他为羽管键琴创作过两部曲集，分别是出版于 1702 年的《羽管键琴曲集》(Pièces de clavecin) 和出版于 1707 年的《羽管键琴曲选集》(Pièces choisies pour le clavecin)。此后他又创作了管风琴作品，但除一小部分外，大多数在他去世后才得以出版，收录在精简的《管风琴曲选集》(Pièces choisies pour

> PIECES CHOISIES POUR L'ORGUE
> *DE FEU*
> LE GRAND MARCHAND
> *Chevallier de l'Ordre de Jerusalem,*
> Organiste du ROI,
> *De la paroisse St Benoit, de St Honoré,*
> *Des R.R.P.P. Jesuites de la rue St Antoine, des R.R.P.P. Jesuites de la rue St Jaques,*
> *Et du Grand Couvent des R.R.P.P. Cordeliers.*
> Né à Lion Mort à Paris le 27 Février 1732. age de 62 ans.
> LIVRE PREMIER.
> Se vend 3^{lt} 12^s en blanc.
> APARIS
> *Chez Mr BOIVIN m^d à la régle d'or, rue St Honoré,*
> *Et dans la rue du roule, à la croix d'or.*
> Et a Lion,
> *Chez M^r DE BROTONNE, rue mercière.*
> Avec privilege du Roi.

路易·马尔尚:《管风琴曲选集》,巴黎,1707 年。

l'orgue)中面世。马尔尚自小天资聪慧,15 岁时便开始在讷韦尔大教堂做管风琴师。9 年后,他来到欧塞尔做管风琴师。再后来,他接替了纪尧姆-加布里埃尔·尼维尔在巴黎皇家教堂的职位,而他为此放弃了他的巡演计划。

　　由于他盛名在外,很长一段时间内,马尔尚辗转于欧洲的各个宫廷。但他最后又回到了过去的旧职位,重新在巴黎的科德利埃做管风琴师。1717 年马尔尚和巴赫斗琴的故事广为流传。据说马尔尚对跟巴赫斗琴很是惶恐,于是不辞而别落荒而逃。尽管有一些相关记载,但没有任何直接的确凿证据证明确有其事。况且像马尔尚这样一位备受让-菲利普·拉莫钦佩并且指导了杜马吉和达坎（Daquin）的音乐大家，很难做出这样的事情。另外，少年巴赫在奥尔德鲁夫时便学习过这位法国键盘乐大师的一套用 D 小调写成的组曲，该组曲收录于 1702 年出版的《羽管键琴曲集》中。蒂东·杜·蒂莱（Titon du Tillet）曾这样评价马尔尚，他认为勒贝格的才华无人能敌，只有"科德利埃教堂和国王教堂的著名管风琴师路易·马尔尚可与其媲美"。巴赫和马尔尚的这则故事之所以迅速在德国流传开来，很有可能是因为德国人在其中可以体验到德国音乐超过法国音乐的一种优越感。

当时是巴赫的朋友、佛兰德小提琴家让-巴蒂斯特·沃尔米埃尔（Jean-Baptiste Volumier，或 Woulmyer）提议进行一场音乐上的较量。沃尔米埃尔似乎对马尔尚的音乐水准不太服气，后者曾经在国王面前展现了精湛的技艺，从而获得了教堂中一个待遇优渥的职位。马尔尚为人有些古怪傲慢，也许他很难赢得德国同行们的好感。马普格在 1755 年的《历史评论》（*Historisch-kritische Beyträge*）中提到这段故事时说："马尔尚种种引人注目的行为一点不比他的才华少，但谁要是从马尔尚在德累斯顿的落败推断他是一位糟糕的音乐家，那就大错特错了。我自己曾亲耳听到巴赫在生前赞扬马尔尚的能力。"(《巴赫文献》,第 3 卷,第 675 页)卡尔·菲利普·埃马努埃尔·巴赫和约翰·弗里德里希·阿格里科拉(Johann Friedrich Agricola)在巴赫的《讣告》中写道,沃尔米埃尔非常愉快地接待了巴赫,并且让巴赫悄悄地去聆听他的对手马尔尚演奏。在接到与巴赫斗琴的邀请后,马尔尚决定逃跑。"人们对于他在第一时间快速逃离德累斯顿都大为吃惊。"(《巴赫文献》,第 3 卷,第 666 页,西班牙语译本第 242 页)然而,在 1788 年 2 月 27 日的《通用德语藏书》中谈到马尔尚没有接受会面而是选择离开、回到祖国这件事时,卡尔·菲利普强调"巴赫从未因为在音乐方面的表现而沾沾自喜,他也从来没有在任何人身上找寻优越感。父亲相当谦逊包容,他对其他的音乐家都彬彬有礼。与马尔尚的这段往事只在别人问起时偶尔提到过几次,是旁人把它宣扬了出去"(《巴赫文献》,第 3 卷,第 927 页,西班牙语译本第 182 页)。

亚历山德罗·马尔切洛(Alessandro Marcello,1684 年生于威尼斯,1750 年卒于威尼斯)

数学家、哲学家、画家、诗人。马尔切洛来自一个威尼斯贵族家庭,父亲阿格斯蒂诺·马尔切洛(Agostino Marcello)是一位议员,非常注重他的培养,让马尔切洛从小接受了人文主义的教育与熏陶。马尔切洛是一位非常杰出的作曲家，在作曲方面既受到他的弟弟贝内代托的影响，也受到维瓦尔第的影响，贝内代托和维瓦尔第风格相近。作为一位热爱音乐的贵族，马尔切洛每周都会在家中举办音乐会。

亚历山德罗·马尔切洛以埃特里奥·斯廷法利科（Eterio Stinfalico）为笔名，于1708年出版了一部出色的作品选集《女高音与通奏低音康塔塔》（*Cantate per soprano e basso continuo*）。大约在1740年，他出版了两部作品集《埃特里奥·斯廷法利科的小提琴协奏曲》（*Suonate a violino solo di Eterio Stinfalico*）和《里拉琴》（*La cetra*），后者是一本为两支长笛或两支双簧管、大管、弦乐以及通奏低音所作的6首协奏曲集。很多年前，大约1717年，马尔切洛就出版过一首名为《双簧管、弦乐与通奏低音的协奏曲》（*Concierto para oboe, cuerda y continuo*）的作品。这首作品后来收录于在阿姆斯特丹出版的《五重奏协奏曲》（*Concerti a cinque*）中，曲集中还有其他作家的曲谱。与很多其他的意大利作曲家一样，马尔切洛的作品广泛地以手抄本形式在音乐圈中流传。几乎可以肯定的是，当他1713年旅行到荷兰时，萨克森-魏玛公爵约翰·恩斯特一定会随身带上一叠他的作品。巴赫曾经为公爵也为他自己将马尔切洛的《D小调双簧管协奏曲》改编成羽管键琴曲（BWV 974）。其中的柔板开篇如下。

贝内代托·马尔切洛（Benedetto Marcello，1686年生于维也纳，1739年辛于布雷西亚）

亚历山德罗·马尔切洛的弟弟。18世纪上半叶最著名的作曲家之一，威尼斯乐派的代表人物，音乐理论家、作家。人们认为《流行的戏剧》(Il teatro alla moda，约1720）是贝内代托创作的，这部作品以辛辣的笔墨为我们描述了巴洛克音乐剧的奥秘，并且从社会学角度进行了自己的解读。贝内代托师从弗朗切斯科·加斯帕里尼，可能也曾跟从安东尼奥·洛蒂学习，打下了坚实的音乐基础。贵族的家庭背景让他有机会学习法律，并在威尼斯最高执政团法庭做律师。1716年，贝内代托还被选为威尼斯四十人议会成员。1730—1737年，他在普拉定居并担任地方长官，之后他去布雷西亚做教廷财务总管，并在布雷西亚去世。贝内代托是著名的博洛尼亚爱乐学院和罗马阿卡迪亚学院成员，他在罗马以德里安特·萨克里奥（Driante

Sacreo）作为自己的艺名。尽管他完全可以只做一名业余音乐爱好者，但他心怀热忱，教授声乐课，约翰·阿道夫·哈塞的妻子、著名歌唱家福斯蒂娜·博尔多尼曾跟他学习唱歌。贝内代托和他的一位女学生罗珊娜·斯卡尔菲（Rosanna Scalfi）结婚，但他不得不秘密地举办婚礼，因为当时威尼斯共和国的法律不允许贵族和平民通婚。

尽管贝内代托的作品数量繁多，题材丰富，但他最主要的音乐贡献集中反映在1724—1726年出版的《诗歌与和声的灵感——为〈诗篇〉前（后）25首而作》。在他的每一部作品中，我们都可以看到其他著名音乐家为他写的序言，比如泰勒曼、马特松，还有刚才提到的加斯帕里尼。在宗教音乐方面，他创作过弥撒曲、《求主垂怜》、经文歌、清唱剧和9首《三日祈祷曲》（*Lezioni per i sacri giorni delle tenebre*）[1]。贝内代托也创作过歌剧和世俗康塔塔，1717年的《牧歌式坎佐纳与室内咏叹调》（*Canzoni madrigalesche e arie per camera*）备受好评。贝内代托对器乐也表现出兴趣，代表作有《五重协奏曲》（*Concerti a cinque*，1708）、第1号作品《奏鸣曲》（约1732）、第2号作品《奏鸣曲》（1708）。萨克森-魏玛公爵约翰·恩斯特购买的意大利音

---

[1] 为圣周的最后三天（即周四至周六）而作的曲目。

乐家作品中，既有他哥哥亚历山德罗的作品，也有他的作品。应公爵之邀，巴赫把它们改编成了羽管键琴曲。巴赫将《五重协奏曲》第二乐章做了改编（BWV 981），乐章是以柔板开篇的。

约翰·帕赫贝尔（Johann Pachelbel，1653年生于纽伦堡，1706年卒于纽伦堡）

管风琴演奏家、作曲家。与巴赫家族特别是巴赫的父亲约翰·安布罗修斯结下了亲密的友谊。帕赫贝尔和巴赫父亲的友谊开始于1677年，当时帕赫贝尔是爱森纳赫教堂乐队的成员。1680年，帕赫贝尔给安布罗修斯的女儿约翰娜·尤迪塔（Johanna Juditha）做了教父。从1686年开始，他一直给巴赫的哥哥约翰·克里斯托夫·巴赫做老师。帕赫贝尔很快就成了一位非常有影响力的艺术家。他师从海因里希·施韦默尔（Heinrich Schwemmer）学习音乐。不久后他又跟从格奥尔格·卡斯帕·韦克（Georg Caspar Wecker）学习音乐，同时在阿尔特多夫上大学。1670年，他进入雷根斯堡的诗歌学院学习，并且跟克尔的学生卡斯帕·普伦茨（Kaspar Prentz）学习。帕赫贝尔很快赢得了声望，于是他受雇在多个城市做管风琴师：1673—1677年在维也纳的圣斯特凡大教堂做正式管风琴师，1677—1678年在爱森纳赫，1678—1690年在埃尔福特，1690—1692年在斯图加特，1692—1695年在哥达，最终他回到家乡纽伦堡，在圣塞巴都教堂做管风琴师。

帕赫贝尔的作品大多是管风琴曲，他的音乐融合了德国南部和中部的曲风，旋律流畅，和弦简单，有着清晰、平衡的复调结构。他创作了大约200首键盘乐曲，其中有管风琴众赞歌、托卡塔、幻想曲、前奏曲、利切卡尔和赋格曲。同时他还创作过20多首带变奏的组曲和咏叹调，其中最著名的作品收录在1699年的《阿波罗的六弦琴，6首咏叹调》中，这是向布克斯特胡德致敬的一部作品。在帕赫贝尔的室内乐曲目中，代表作是发表于1695年的《音乐的快乐——六声部双小提琴与通奏低音》（Musicalische Ergötzung bestehend in 6 Partien a 2 Violin nebst den Basso Continuo）。他的大多数室内乐作品在二战期间损毁，这部曲集是为数不多留存下来的作品。除此之外，他还写作过经文歌、宗教声乐协奏曲、弥撒曲和多首《圣母颂歌》（大多数为四重奏颂歌）。他的两个儿子威廉·希罗尼穆斯（Wilhelm Hieronymus，1686—1764）和卡尔·西奥多

（Carl Theodor，1690—1750）都是著名管风琴师。

巴赫少年时代住在哥哥约翰·克里斯托夫家时，曾经偷偷抄写的曲集中有大量帕赫贝尔的作品，哥哥汇编的《安德烈亚斯·巴赫之书》和《穆勒手稿》也有很多帕赫贝尔的曲谱。帕赫贝尔是巴赫最早学习效仿的对象。在巴赫 15 岁时，他学习了这位管风琴师的多部作品，他有时会扩充他的曲谱，有时会对一些片段进行二次创作，比如他改编并收录在《耶鲁众赞歌抄本》(*Corales del manuscrito de Yale*) 中的众赞歌《基督，你是白日与光明》

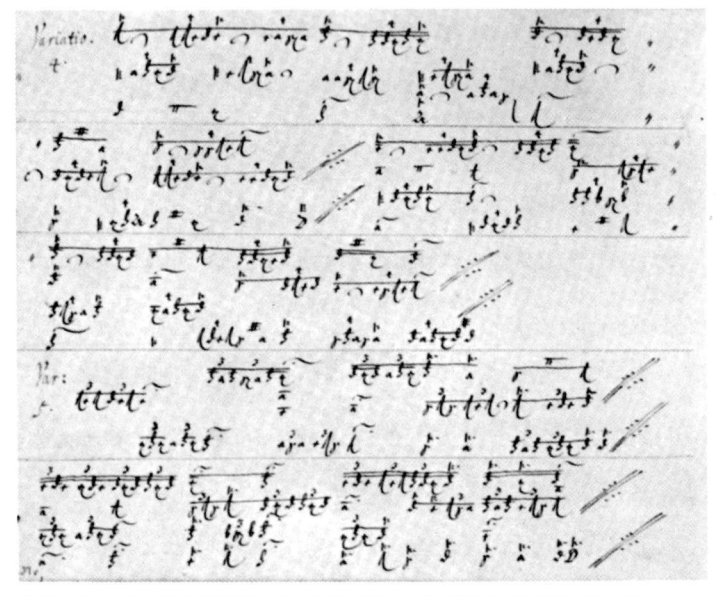

约翰·帕赫贝尔:《管风琴变奏曲》，编号 16798，奥地利国家图书馆，维也纳。

(*Christe, der du bist Tag und Licht*，BWV 1096）。这类作品（BWV 1090-1120）是在 1984 年被人发现的，它们曾经被当成约翰·戈特弗里德·诺伊迈斯特（Johann Gottfried Neumeister，1757—1840）的作品，大约在 1790 年以《诺伊迈斯特众赞歌集》（*Corales Neumeister*）为题出版。诺伊迈斯特其实是抄写并汇编曲谱的人。在这部曲集中，其实只有 38 首作品出自巴赫之手。除此之外，巴赫还学习和改编了帕赫贝尔的另外几首管风琴众赞歌——《主啊，怜悯我的罪吧》（*Ach Herr, mich armen Sünder*，BWV 742），以及 BWV 1105、1108 和 1093。沃尔夫指出，通常情况下会需要两组音域不同的键盘［即伴唱键盘和上方键盘］。帕赫贝尔在埃尔福特以及巴赫在奥尔德鲁夫演奏管风琴时都是如此。巴赫的《讣告》中记录他小时候偷偷抄写哥哥约翰·克里斯托夫精心保管的曲谱时，提到里面"有当时最著名的键盘大师的作品，如弗罗贝格尔、克尔和帕赫贝尔"（《巴赫文献》，第 3 卷，第 666 页，西班牙语译本第 240 页）。

皮耶路易吉·达·帕莱斯特里纳（Pierluigi da Palestrina，1525 年或 1526 年生于帕莱斯特里纳，1594 年卒于罗马）

复调音乐大师，文艺复兴音乐艺术的核心代表人物。1536年母亲去世后，他不幸成为孤儿，加入了罗马圣玛丽亚大教堂的儿童合唱团，当时贾科莫·科波拉（Giacomo Coppola）是教堂的乐监。这位音乐家引领帕莱斯特里纳学习了安托万·布鲁梅尔（Antoine Brumel）、皮埃尔·德·拉·鲁、若斯坎等知名复调音乐大师的作品。1544年他回到家乡做管风琴师，为未来的教皇儒略三世服务。教皇登基之后，又召唤帕莱斯特里纳来到梵蒂冈工作（1551），在这里帕莱斯特里纳不断晋升职位。然而，儒略三世在1554年去世，经历了玛策禄二世的短暂统治后［帕莱斯特里纳曾为他创作《玛策禄教皇弥撒》（*Missa Papae Marcelli*）］，保禄四世登基，已婚的复调音乐家们都在1555年9月被炒了鱿鱼，帕莱斯特里纳也不例外，他不得不另谋生路。

于是，他来到拉特兰圣约翰大教堂，一直工作到1560年。著名音乐家阿卡代尔特和拉絮斯也曾在这里工作。1561年，帕莱斯特里纳回到罗马圣玛丽亚大教堂工作，同时他还在罗马神学院授课，这是教皇庇护四世在特兰托公会议后大力发展的机构。1564—1571年，他为红衣主教伊波利托·达·埃斯特服务，之后他又回到圣彼得大教堂从事音乐工作直到去世。帕莱斯特里纳有两个儿子分别在1572年和1575年去世，而他的妻子又在1580年去世，这让他动了在教会中任职的念头，但是次年他又跟一位皮货商的遗孀再婚。帕莱斯特里纳和斐理伯·内利（Filippo Neri）是朋友，他的气质有些忧郁，他最巅峰的作品当属他笔下的众多弥撒曲，曲中思想契合红衣主教卡洛·博罗梅奥（Carlo Borromeo）和维泰洛佐·维泰利（Vitellozo Vitelli）倡导的反宗教改革的理念。这两位认为文本应当尽可能具备可读性，因此帕莱斯特里纳在创作时，追求一种更加灵活的复调处理方式，强调歌词的清晰，这样才有助于教民理解音乐中所包含的教义。

这位音乐家生前在罗马出版的《自由弥撒曲》（*Missarum liber*）被印刷了至少 12 册。去世几年之后，帕莱斯特里纳的作品改由威尼斯的出版商出版，首批出版的作品是 1596 年的《第 6 首自由弥撒》（*Missarum liber sextus*）。帕莱斯特里纳创作了数量惊人的经文歌——主要是四声部和六声部的经文歌，但也有一部分是八声部的，比如《大哉救主之母》（*Alma Redemtoris mater*）和《万福天上母后》（*Ave regina coelorum*），还有一首《我在这里为你祈福》（*Ecce, nunc benedicite*）共有 12 个声部。此外，帕莱斯特里纳还创作过大量献圣餐仪式歌曲和宗教牧歌，比如 1594 年的《第 2 册五声部宗教性牧歌》（*Delle madrigali spirituali libro secondo a 5 voci*）。他也创作过世俗的牧歌，大多数是基于彼特拉克和本博的诗歌写成的，另外他还参考薄伽丘的文字创作了《曾经是爱我的人》(*Già fu chi m'ebbe cara*)。

巴赫抄写过很多天主教作曲家的曲谱，其中就有帕莱斯特里纳的一首弥撒曲，并且巴赫曾在1742年指挥演奏了出自帕莱斯特里纳作品《无题弥撒》(*Missa sine nomine*)中的《垂怜经》和《荣耀经》。演奏时巴赫用到了2把木管号、4把长号、1件通奏低音乐器来搭配1架管风琴、1架羽管键琴和1把低音提琴。这首作品被收录于1590年由弗朗切斯科·科蒂诺在罗马出版的《第5首自由弥撒》(*Missarum liber quintus*)中，它和巴萨尼、洛蒂和卡尔达拉的曲谱一道为巴赫创作《B小调弥撒》提供了灵感。

有分析认为，巴赫对古代风格的偏爱源自帕莱斯特里纳的熏陶。这种熏陶还反映在一些键盘乐的旋律行进上，比如巴赫在《平均律键盘曲》第2卷的一些赋格曲中用了"D调、降E调、E调"。然而，这个观点存在一些争议：认为巴赫偏爱古代风格的学者没有足够注意到在当时德国的某些地区，兴起了一种被巴索称为"新帕莱斯特里纳风格"的风潮（第2卷，第564页）。与其说那是一种古代风格，不如说是一种对位艺术的全新演绎。巴赫的音乐也是如此。帕莱斯特里纳的影响反映在很多音乐杰作中，比如约翰·约瑟夫·富克斯1725年的作品《乐艺进阶》。我们知道巴赫在圣托马斯学校的继任者约翰·戈特洛布·哈雷尔，就曾在莱比锡组织演奏过这位意大利音乐家的6首弥撒曲。这种新帕莱斯特里纳风格在当时的很多作曲家，比如哈塞、亨德尔或者泽伦卡的作品中都有体现，甚至像格劳恩一类追求新音乐表现形式的作曲家也会用到新帕莱斯特里纳风格。再后来的音乐家，比如海顿和莫扎特，我们依然可以在他们少量的宗教作品中看到对这种音乐传统的延续和继承；浪漫主义时期的作曲家和安东·布鲁克纳（Anton Bruckner）创作的那些弥撒曲，也同样有帕莱斯特里纳的痕迹。但这不意味着他们尝试复兴希罗尼穆斯·普雷托里乌斯（Hieronymus Praetorius，1560—1629）、亨宁·戴德金（Henning Dedekind，1562—1626）和克里斯托夫·德曼提乌斯（Christoph Demantius，1567—1643）等过去的德国音乐家的古代风格。

贝尔纳多·帕斯奎尼（Bernardo Pasquini，1637年生于卢卡附近的马萨迪瓦尔迪涅沃莱，1710年卒于罗马）

杰出的键盘乐大家、作曲家，安东尼奥·切斯蒂（Antonio Cesti）的学生。在新教堂、天坛圣母教堂和圣玛丽亚大教堂等多处做过管风琴师后，从1664年开始，帕斯奎尼开始在著名的圣十字教堂做首席管风琴。他为博尔戈总督詹巴蒂斯塔·博尔盖塞（Giambattista Borghese）做羽管键琴师，在总督的宫殿中度过了余生。由于一直与上流社会打交道，因此帕斯奎尼偶尔也有机会为瑞典女王克里斯蒂娜和帕利亚诺公爵科隆纳服务，另外他还曾为非常有影响力的红衣主教奥托博尼和潘菲利表演过他的艺术。他曾经在路易十四面前演奏过，也曾在神圣罗马帝国皇帝利奥波德一世的维也纳宫廷中演奏过。

帕斯奎尼培养了很多出类拔萃的艺术家，比如穆法特、弗朗切斯科·加斯帕里尼、克尔、克里格，可能还有弗朗切斯科·杜兰特和亚历山德罗·斯卡拉蒂。帕斯奎尼创作过一些歌剧，比如《爱即虔诚》（*Dov'è amore è pietà*，1679）和《伊达尔玛》（*L'Idalma*，1680）两部作品；他也创作过宗教曲目，比如《圣阿莱西奥》（*Sant'Alessio*，1687）和《对基督的渴望》（*La sete di Cristo*，1687），但他最突出的音乐成就表现在键盘音乐的创作上。帕斯奎尼非常推崇吉罗拉莫·弗雷斯科巴尔迪的音乐，他创作过管风琴和羽管键琴奏鸣曲、组曲、咏叹调、舞曲和多首变奏曲，比如《基于福利亚舞曲的变奏曲》（*Variationi sopra la follia*）和《变奏曲集》（*Variationi fioritas*）。帕斯奎尼把作品结集成书，出版了《基于阿勒芒德舞曲的多套帕蒂塔》（*Partite diversi sopra alemanda*）和《贝加莫舞曲帕蒂塔》

（*Partite di bergamasca*）。巴赫在少年时代可能出于对帕斯奎尼的崇拜，誊抄过帕斯奎尼的一首托卡塔和一首帕萨卡利亚舞曲。研究表明，收录在《第三调式的前奏曲与帕蒂塔》（*Präludium et Partita del tuono terzo*）中的《F大调前奏曲和帕蒂塔》（BWV 833）也是帕斯奎尼这位意大利音乐家的作品。它有与约翰·库瑙相似的处理方式，比如以下这首行板前几个小节中这样的旋律。

马可·朱塞佩·佩兰达（Marco Giuseppe Peranda，约1625年生于罗马或马切拉塔，1675年卒于德累斯顿）

作曲家、歌唱家、维奥尔琴演奏家。1651年来到德累斯顿宫廷，先后担任多个职位，比如1663年接替温琴佐·阿尔布里奇（Vincenzo Albrici）做教堂乐监；在1672年许茨去世后，他又担任了宫廷乐长的职位。佩兰达和阿尔布里奇、乔瓦尼·安德里亚·邦坦皮（Giovani Andrea Bontempi）都深刻影响了德国中北部宗教音乐的发展。在借鉴许茨音乐的基础上，佩兰达的音乐表现出了以协奏曲风格和精湛的声乐表现为特征的意大利风格。他与朋友邦坦皮共同创作过一些优秀的歌剧曲目,但他最卓越的音乐贡献当属宗教曲目的创作。他创作过弥撒曲、经文歌、清唱剧和若干首《圣母颂歌》。他创作的《马可受难曲》(1668)在很长一段时间里被人当作许茨的作品。海因里希·博克迈耶是佩兰达的朋友。巴赫在魏玛的时候抄写过佩兰达的一首C大调《垂怜经》。

乔瓦尼·巴蒂斯塔·佩尔戈莱西(Giovanni Battista Pergolesi,1710年生于安科纳的耶西,1736年卒于那不勒斯附近的波佐利)

自1725年起在那不勒斯的耶稣基督贫儿音乐学院学习。佩尔戈莱西跟从加埃塔诺·格列柯(Gaetano Greco)学习作曲,可能还跟从弗朗切斯科·杜兰特和莱奥纳尔多·芬奇(Leonardo Vinci)学习过。他的小提琴老师是德·马泰斯(De Matteis)。年少时的佩尔戈莱西体弱多病,还曾经因为左腿有缺陷而遭到嘲笑,但他出众的能力为他赢得了"首席门生"的称号。1731年佩尔戈莱西的毕业作业、宗教戏剧《阿基坦公爵圣威廉皈依时的神圣恩典奇迹》(Li prodigi della divina grazia nella conversione di San Guilelmo Duca d'Aquitania)上演。他还曾短暂地得过肺结核，但这没有影响他的创作热情。从正歌剧［如 1732 年的《救赎》(*Salustia*)］到喜歌剧，佩尔戈莱西留下了各类题材、数量庞大的音乐作品。在喜歌剧方面，佩尔戈莱西堪称先锋人物。他创作的著名幕间剧《女仆做夫人》(*La serva padrona*，1733) 直接掀起了 1752 年发生在巴黎的"喜歌剧之争"(Querelle des bouffons)。佩尔戈莱西在宗教音乐方面的创作也同样精彩。他创作过弥撒曲、清唱剧、两首《又圣母经》，还有著名的《圣母悼歌》(*Stabat Mater*，1735)。除了室内康塔塔、二重唱和咏叹调，他还创作过少量的奏鸣曲和两首分别为降 B 调和 C 调的协奏曲。

就像会誊抄、改编其他意大利音乐家的作品一样，巴赫在 1745 年誊抄并改编了佩尔戈莱西的《圣母悼歌》，赋予这首作品更加精巧的结构，而在 5 年前，巴赫已经在德累斯顿演绎过佩尔戈莱西的《女仆做夫人》。曲谱可能是巴赫从他的朋友泽伦卡那里得到的。巴赫的版本《至高的主，请洗刷我的罪过吧》(*Tilge, Höchster, meine Sünden*, BWV 1083) 的歌词是在《诗篇》第 51 首的基础上进行创作的，作品的副标题为"三种配器及通奏低音二声部经文歌"。巴赫将佩尔戈莱西的音乐再次进行了编排，让乐谱中的对位更加绵密，按照自己的理解给一些旋律配上更加完整的器乐伴奏。对于乐曲的低音部分，巴赫也进行了一些调整。

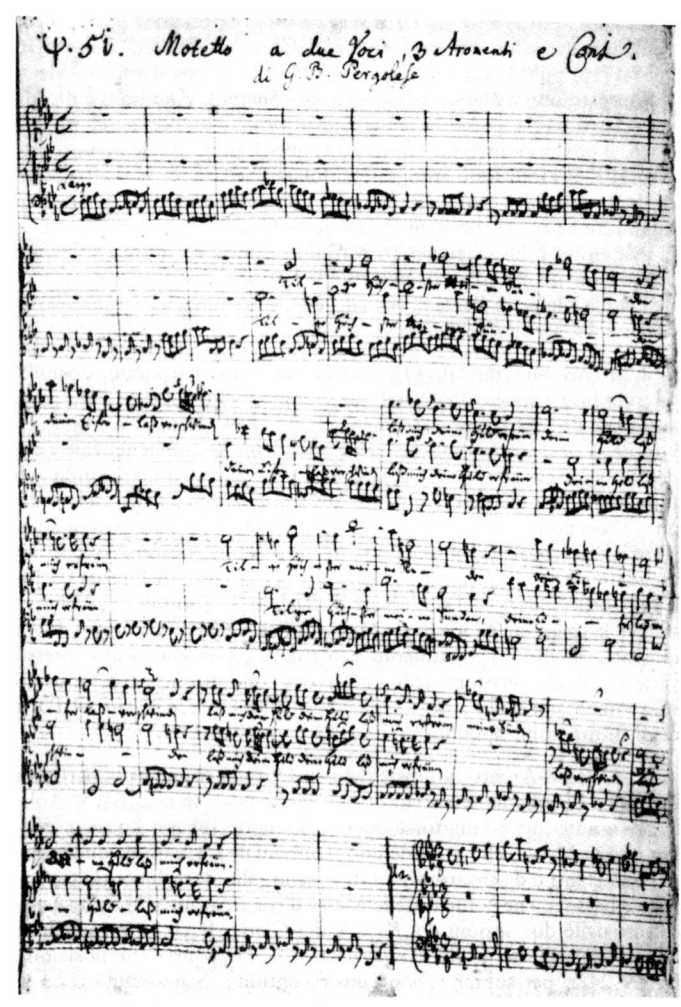

巴赫戏仿乔瓦尼·巴蒂斯塔·佩尔戈莱西《圣母悼歌》的《至高的主,请洗刷我的罪吧》(BWV 1083)手稿,改编自《诗篇》第51首。

克里斯蒂安·佩措尔德（Christian Petzold，1677年生于柯尼希施泰因，1733年可能卒于德累斯顿）

作曲家、管风琴演奏家。20岁时开始在德累斯顿宫廷做音乐家，1703年被任命为德累斯顿圣索菲亚教堂的管风琴师。除了在巴黎（1714）和威尼斯（1716）停留过，他的职业生涯主要在德累斯顿度过。1709年佩措尔德接替威廉·弗里德曼·巴赫的职位，出任德累斯顿宫廷作曲家。1739年，约翰·马特松评价佩措尔德是当时最优秀的管风琴演奏家之一。值得一提的是，卡尔·海因里希·格劳恩是佩措尔德的学生。

人们认为佩措尔德创作过一些柔音中提琴作品，也曾创作过管风琴或羽管键琴赋格曲，其中一首C大调赋格曲（BWV Anh. 88）还曾被误当作巴赫的作品。佩措尔德还创作过其他题材的管风琴和羽管键琴曲，在1729年出版了2卷本《25首羽管键琴协奏曲集》（*Recueil des XXV concerts pour le clavecin*）。佩措尔德是受到巴赫的信赖而售卖巴赫的《键盘练习曲》的音乐家之一。于是在1727年9月9日的《莱比锡报》中，我们可以读到这样的记录："敬告各位羽管键琴的爱好者，巴赫的《键盘练习曲》第二套和第三套帕蒂塔已经完成。各位不仅可以在巴赫的家中，还可以在以下各位的家中买到曲谱：1）波兰国王及德累斯顿的萨克森选帝侯宫廷管风琴师佩措尔德先生……"(《巴赫文献》,第 2 卷,第 224 页,西班牙语译本第 163 页)安娜·玛格达莱娜曾经为 1725 年的键盘小曲集抄写过两首小步舞曲,也就是小步舞曲中的第 4 首 G 大调小步舞曲和第 5 首 G 小调小步舞曲。很长一段时间内,人们都以为这两首作品为巴赫所作,其实是佩措尔德所作。

约翰·克里斯托夫·佩茨(Johann Christoph Pez,1664 年生于慕尼黑,1716 年卒于斯图加特)

作曲家、歌唱家。曾经做过乐团的首席指挥。1688 年在慕尼黑做宫廷音乐家,次年离开慕尼黑,奔赴罗马精进学业。在罗马,他了解了科雷利的音乐风格,在声乐方面着重学习了卡里西米的风格。佩茨在罗马一直待到 1692 年。1701 年他在斯图加特定居,并从 1706 年起一直在斯图加特做教堂乐监以及歌剧院指挥。佩茨创作过多部戏剧康塔塔、小夜曲和歌剧,还创作过室内奏鸣曲、键盘乐组曲和交响曲。思想深邃的《浮华之镜》(*Speculum vanitatis*,1717)也被认为是佩茨的作品。在宗教音乐方面,他比较突出的是圣歌和《第 6 首八声部欢乐弥撒曲》(*Jubilum missale sextuplex a 8*)的创作。1715—1717 年,巴赫在魏玛抄写过佩茨《圣兰伯特弥撒》(*Missa S.*

Lamberti）中的小调《垂怜经》。1724 年，巴赫在莱比锡完成了这首作品其余部分的抄写。

尼古拉·波尔波拉（Nicola Porpora）

请参阅彼得罗·安东尼奥·洛卡泰利的介绍。

安德烈·雷松（André Raison，约 1645 年可能生于巴黎，1719 年卒于巴黎）

管风琴演奏家、作曲家。1666 年被任命为巴黎圣热纳维耶夫杜蒙教堂的正式管风琴师。他是出色的演奏家，因擅长即兴创作而闻名遐迩。1687 年，出任雅各宾派的圣雅克教堂首席管风琴师。路易-尼古拉斯·克莱朗博（Louis-Nicolas Clérambault）是雷松的学生，1710 年创作了一部《管风琴书》(Livre d'orgue) 向老师致敬。1688 年，雷松出版了《第一部管风琴书：包含全部教会调式的 5 首弥撒曲、15 首〈圣母颂歌〉与 1 部奉献经，为国王康复祈福》(Livre d'orgue contenant cinq meses suffisantes pour tous les tons de l'Église ou quinze Magnificats et une Offerte, en action de grâce, pour l'heureuse convalescence du Roy）。1714 年，他又出版了《为渴望的和平而喝彩的第二部管风琴书》(Second livre d'orgue sur les acclamations de la paix tant désirée）。巴赫以第一本书的《第二调式弥撒》(*Messe du Deuziesme ton*) 的前 4 小节为主题，创作了著名的《C小调帕萨卡利亚舞曲》(*Passacaglia en do menor*，BWV 582)，这首舞曲从其中的《三重奏帕萨卡利亚舞曲》("Trio en Passacaille") 发展而来。

约翰·亚当·赖因肯（Johann Adam Reinken，约 1623 年可能生于荷兰的代芬特尔，1722 年卒于汉堡）

作曲家，布克斯特胡德去世后最著名的管风琴演奏家。1654—1657 年，赖因肯跟从沙伊德曼在汉堡学习音乐。从 1658 年起，他接任老师在圣卡塔利娜教堂的管风琴师职位。1678 年，赖因肯和他的朋友约翰·泰勒一道创建了汉堡歌剧院。作为管风琴师的赖因肯在当时极负盛名，于是年轻的巴赫在 1700—1703 年多次拜访赖因肯。赖因肯具备非凡的创作能力，他学养深厚，理论基础坚实。他是一位卓越的实验家，他创作了很多别具新意的和弦，和弦灵感有时来自扬·斯韦林克、弗罗贝格尔和亚历山德罗·波格列蒂（Alessandro Poglietti）等知名作曲家的启发。赖因肯非常欣赏弗雷斯科巴尔迪。赖因肯在维也纳宫廷做管风琴师，后因土耳其人入侵而不幸遇难。他最受人推崇的作品之一，是一首宏大的众赞歌幻想曲《在巴比伦河畔》（An Wasserflüssen Babylon）。这首作品是赖因肯艺术才华的集中展现，但没能够流传到今天。然而，它确实为巴赫创作他的管风琴众赞歌《晨星闪耀多么美丽》（Wie schön leuchtet der Morgenstern，BWV 739）提供了灵感，特别是为巴赫创作著名的同名作品《在巴比伦河畔》（BWV 653）提供了灵感。

关于这首作品，流传着一段最广为人知的巴赫逸事之一。1720年时，巴赫再一次来到汉堡，在年事已高的赖因肯面前演奏，巴赫带着满满的敬意对《在巴比伦河畔》进行了一些合唱上的即兴改编。巴赫的表演深深打动了赖因肯，让这位年近百岁的音乐家感到管风琴艺术后继有人。巴赫的《讣告》中这样写道："和汉堡的优秀管风琴师在周六晚祷时演奏一样，巴赫在圣卡塔利娜教堂演奏了半个多小时，他那令人目不暇接的精彩演出"惊艳了赖因肯。他动情地对巴赫说："我曾以为管风琴艺术已经消亡殆尽，但今天我在您的身上看到它依然鲜活。"其后赖因肯"邀请巴赫到家中做客，非常周到地接待了他"（《巴赫文献》，第 3 卷，第 666 页，西班牙语译本第 243 页）。赖因肯的 6 首三重奏鸣曲合集《争奇斗艳的音乐花园……两把小提琴、中提琴和通奏低音奏鸣曲》（*Hortus musicus recentibus aliquot flosculis Sonaten...cum 2 Violin, Viola et Basso continuo*，1687）也非常重要。巴赫从这部作品中选取一些主题，把它们写成了赋格曲。于是，《第一奏鸣曲》（*Sonata I*）中的快板被巴赫改写成赋格曲 BWV 954,《A 小调奏鸣曲》（BWV 965）是对《第一奏鸣曲》的改编或二次创作，《C 大调奏鸣曲》（BWV 966）则从这本曲集中的《第三奏鸣曲》改编而来。

约翰·克里斯托夫·里希特（Johann Christoph Richter，1700 年生于德累斯顿，1785 年卒于德累斯顿）

管风琴家、作曲家。创作过各类器乐乐曲，也曾为德累斯顿宫廷创作过歌剧，比如他据梅塔斯塔西奥的脚本创作的歌剧《牧人王》（*Il re pastore*）。巴赫《为威廉·弗里德曼·巴赫而作的键盘小曲集》中的《里希特羽管键琴曲》（*Pièce pour le clavecin composée par J. C. Richter*）很有可能是里希特的作品，尽管这在当时存疑。里希特在德累斯顿的教堂做双簧管演奏家。（巴索，第 I 卷，第 702 页）这首作品出自一套两个乐章的组曲，两个乐章分别是一首阿勒芒德舞曲和一首库朗特舞曲。

亚历山德罗·斯卡拉蒂（Alessandro Scarlatti）

请参阅彼得罗·安东尼奥·洛卡泰利的介绍。

约翰·克里斯托夫·施密特（Johann Christoph Schmidt，1664年生于霍恩斯坦，1728年卒于德累斯顿）

卡尔·海因里希·格劳恩的老师。施密特从非常年轻的时候就开始在德累斯顿宫廷做管风琴师和合唱团指挥。在那里的很长一段时间内，他为新教教堂和天主教教堂都工作过。从1698年开始，施密特在教堂做乐监，并且开始担任著名的德累斯顿宫廷交响乐团指挥，与韦拉奇尼、皮森德尔、泽伦卡、沃尔米埃尔、魏斯等音乐家共事。作为德累斯顿歌剧院的乐监，施密特创作过多部弥撒曲、康塔塔和经文歌。其中一首四重奏的经文歌《我期待着上帝》（*Auf Gott hoffe ich*），巴赫在魏玛的时候也就是大约1714—1717年期间曾经抄写过曲谱。经文歌封面上写道："经文歌：长号、定音鼓、双长笛。阿勒芒德舞曲：双小提琴、双中提琴、大提琴、大管等乐器。"奥古斯特三世的妻子玛丽亚·约瑟法是一位热忱的音乐爱好者，她为宫廷的音乐图书馆购置了施密特的全部作品。

格奥尔格·安德烈亚斯·索尔格（Georg Andreas Sorge，1703年生于梅尔巴赫，1778年卒于洛本斯坦）

作曲家、管风琴演奏家，著名音乐理论家。1747年，索尔格加入了米茨勒创立的"音乐科学协会"。之后，他通过韦克迈斯特的作品学习了平均律。索尔格最重要的作品之一是《论作曲》（*Vorgemach der musicalischen Composition*，1745—1747）。作为巴赫的朋友，索尔格以B-A-C-H主题创作了3首管风琴赋格曲。他还为羽管键琴或者管风琴创作了多首乐曲，比如《12首奏鸣曲》（*XII Sonaten*，1745—1749）。他也曾为管风琴或楔槌键琴作曲，比如"现代风格"的《键盘练习曲》（1739；1742）。在1748年的《一场音乐理论家和学者之间的对话》（*Gespräch zwischen einem Musico teoretico und einem Studioso musices*）中，索尔格谈到了平均律的问题："简言之，西尔伯曼（Silbermann）的平均律目前还无法真正实现。我想告诉这一领域的各位音乐大师，特别是莱比锡的著名音乐家巴赫，平均律无法实现是不争的事实。"（《巴赫文献》，第2卷，第575页，西班牙语译本第125页）大约在1745年，索尔格给了巴赫一些键盘曲谱——《6首小奏鸣第3部》（*Drittes halbes Dutzend Sonatinen*），他说他想把这些曲子送给"待人亲切真诚……作曲才华无人能敌的……尊敬的键盘演奏王子"(《巴赫文献》,第 2 卷,第 226 页,第 193~194 页),希望这些曲子至少能让巴赫感到开心。

阿格斯蒂诺·斯蒂法尼(Agostino Steffani,1654 年生于威尼斯的卡斯泰尔弗兰科,1728 年卒于法兰克福)

作曲家,在教会中地位尊崇,在意大利和德国都赫赫有名。1667 年,斯蒂法尼赶赴慕尼黑继续精进学业,跟从选帝侯的教堂乐监约翰·卡斯帕·克尔学习音乐。在罗马短暂停留一段时间后,1674 年斯蒂法尼再次回到慕尼黑,次年被任命为宫廷管风琴师。斯蒂法尼曾去过法国,在路易十四的凡尔赛宫中担任羽管键琴师。1680 年,当回到巴伐利亚州首府慕尼黑时,他被任命为神父。由于斯蒂法尼在慕尼黑未能获得心仪的职位,他转而去布鲁塞尔为马克西米利安·曼努埃做乐手。从那时起,他游历汉诺威、杜塞尔多夫、海德堡等多座德国城市。最终,斯蒂法尼被任命为斯皮卡的主教。莱布尼茨是他的朋友。大约 1710 年,斯蒂法尼不再作曲,他开始厌恶自己的作品,特别是自己创作的那些歌剧。于是斯蒂法尼改名换姓,用自己抄写员的名字格雷戈里·皮瓦(Gregorio Piva)行走江湖。巴索指出,康塔塔 BWV 208 的一个亮眼之处在于巴赫对二重唱对话体复调宣叙调的改编,"这是斯蒂法尼风格的二重唱"(第 1 卷,第 438 页)。《穆勒手稿》中收录了一些斯蒂法尼这位意大利作曲家的作品。他创作了近 20 首歌剧[如 1688 年的《底比斯王后尼俄伯》(*Niobe, regina di Tebe*)和 1690 年的《亚历山大的骄傲》(*La superbia d'Alessandro*)],大量室内乐二重奏、咏叹调、谐谑曲。在宗教音乐的创作上,斯蒂法尼的代表作是 1674 年的《八声部黄昏圣歌》(*Psalmodia vespertina a 8*)和 1727 年的六声部《圣母悼歌》。

戈特弗里德·海因里希·施特尔策尔(Gottfried Heinrich Stölzel,1690 年生于厄尔士山脉的格林施塔特,1749 年卒于哥达)

1739 年加入米茨勒的"音乐科学协会"。音乐理论家、作曲家。施特尔策尔与巴赫是朋友。施特尔策尔最早在哈雷这座虔敬派的城市接受音乐教育,之后来到莱比锡跟从约翰·库瑙学习音乐。他在布雷斯劳教过书,还去过意大利,结识了维瓦尔第、亚历山德罗·马尔切洛、安东尼奥·博农奇尼(Antonio Bononcini)和多梅尼科·斯卡拉蒂。施特尔策尔在布拉格、拜罗伊特和格拉停留过,1719 年在哥达做教堂乐监。巴赫想必非常欣赏施特尔策尔的作曲才华,所以才会在写给《为威廉·弗里德曼·巴赫而作的键盘小曲集》中收录了一套《施特尔策尔先生的帕蒂塔》(*Partia di Signore Steltzeln*)，巴赫还为其中的小步舞曲配了一首三重奏（BWV 929）。写给安娜·玛格达莱娜的键盘曲集中收录了施特尔策尔的一首咏叹调《你与我同在》(*Bist du bei mir*，BWV 508)，这是曲集中最广为人知的曲目之一。

施特尔策尔是一位孜孜不倦进行创作的音乐家，他创作了近千首康塔塔，近20首舞台剧和大量器乐作品，比如大协奏曲、长笛协奏曲、一首柔音双簧管协奏曲，以及大量三重奏鸣曲。为羽管键琴而作的《和声奏鸣曲》(*Enharmonische Sonata*) 也非常出名。

尼古拉斯·亚当·斯特伦克（Nicolaus Adam Strungk，1640年生于不伦瑞克，1700年卒于德累斯顿）

作曲家、管风琴演奏家、小提琴演奏家。1660年加入沃尔芬比特尔宫廷，1661年在采尔教堂做首席演奏家。之后斯特伦克来到汉诺威工作。1679年在汉堡晋升为音乐指导，为此他创作过多部广受好评的歌剧，代表作有1680年的《阿尔切斯特》(*Alceste*)和《以斯帖》(*Esther*)，以及1683年的《忒修斯》(*Theseus*)。之后他回到汉诺威，1682—1686年做教堂乐监。1692—1697年，他在德累斯顿做教堂乐监。1693年，斯特伦克的歌剧《因阿尔切斯特而失望的安提戈涅》(*L'Antigona delusa d'Alceste*)在莱比锡上演。当时他和泰勒曼一道，在莱比锡的舞台艺术领域颇具名望。斯特伦克创作过宗教声乐乐曲，但他最精彩的表现是在键盘乐曲特别是管风琴乐曲的创作上，这些乐曲带有典型的意大利艺术风格。斯特伦克在德累斯顿出版的《小提琴与维奥尔琴练习曲》(*Musikalische Übung auf der violine und Viola da Gamba*，1691）未能留存下来。

巴赫和亨德尔都很欣赏斯特伦克。在卡尔·菲利普·埃马努埃尔1775年发给福克尔的文字中，他提到父亲巴赫早年接受的音乐教育。他说"父亲在奥尔德鲁夫的时候也许会憧憬着自己将来成为一名管风琴演奏家，除此之外并没有太多其他的想法。除了弗罗贝格尔、克尔和帕赫贝尔，巴赫欣赏并学习着弗雷斯科巴尔迪的作品，巴登-巴登边疆伯爵的宫廷乐长费舍尔的作品，斯特伦克的作品。"一些古老的优秀法国大师作品，赖因肯、布克斯特胡德、布鲁恩斯的作品，还有吕讷堡管风琴演奏家伯姆的作品。"（《巴赫文献》，第3卷，第803页，西班牙语译本第250页）

格奥尔格·菲利普·泰勒曼（Georg Philipp Telemann，1681年生于马格德堡，1767年卒于汉堡）

欧洲巴洛克音乐最具影响力、最高产的作曲家之一。泰勒曼和巴赫家族的关系非常紧密。1714年，泰勒曼在魏玛做了刚刚出生的卡尔·菲利普·埃马努埃尔的教父，他守护着卡尔·菲利普，并且让卡尔在汉堡的多个教堂里接替自己做音乐指导。就像巴赫一样，无法说哪位大师指导了泰勒曼，泰勒曼也是自学成才，他学习了很多前辈作曲家的作品，特别是布克斯特胡德的作品。同时他也参考过罗森米勒以及稍晚的科雷利和卡尔达拉的作品。为了向这位博洛尼亚的大师致敬，泰勒曼在1735年时出版了一部名为《科雷利式奏鸣曲》（*Sonates Corellisantes*）的作品集。1701年，泰勒曼在哈雷结识了当时还相当年轻的亨德尔。同年，泰勒曼去莱比锡学习法律，当他有机会探索音乐时，便放弃了法律之路。在莱比锡，泰勒曼接替库瑙为圣托马斯学校创作康塔塔。1702年时，他创建了著名的音乐社。他同时担任莱比锡歌剧院的音乐指导。1704年，他同时担任莱比锡新教堂的管风琴师。1705年，泰勒曼离开莱比锡去了索拉乌做教堂乐监。泰勒曼在普罗姆尼茨伯爵的宫廷中任职。伯爵非常欣赏吕利和康普拉（Campra）的音乐，于是，泰勒曼按照伯爵的审美品位创作了法国曲风的音乐。泰勒曼热爱旅行，1739年他加入米茨勒创立的"音乐科学协会"。泰勒曼最初在爱森纳赫做乐团首席，之后来到爱森纳赫教堂做乐监，从那时起他开始经常拜访巴赫家族。1712年，泰勒曼又在法兰克福做乐监。凭借出色的作曲能力，他于1717年和1723年先后担任爱森纳赫教堂和拜罗伊特教堂的名誉乐监。在哥达和魏玛待过一段时间后，泰勒曼最终于1721年定居汉堡，他爱上了这座城市的音乐。应当地5座主要教堂的邀请，泰勒曼创作了一系列康塔塔曲目，并且重新组织了音乐社。1722—1737年，泰勒曼举办了多场公开的音乐会并担任汉堡歌剧院的音乐指导。此前，泰勒曼成功赢得空缺的圣托马斯学校乐监一职，但他放弃了这一职位，之后巴赫才得以上任。

在巴黎待过很长一段时间后，泰勒曼又回到汉堡，他在汉堡不断把自己的作品发给德国当时最著名的音乐机构，供它们演奏。他一边旅行，一边进行在整个音乐史上都令人震惊的高产创作。泰勒曼创作了上千首康塔塔，既有宗教康塔塔，也有世俗康塔塔。他创作了多部清唱剧，如 1762 年的《审判日》(Der Tag des Gerichts)；近 50 多首受难曲，如 1716 年的《为人间的罪过而殉难的耶稣》(Der für die Sunden der Welt gemarterte und sterbende Jesus)、1755 年的《耶稣之死》(Der Tod Jesu)。泰勒曼还创作过弥撒曲、圣歌、经文歌和歌剧，如《阿卡迪亚的萨堤尔》(Die Satyren in Arcadien, 1719)、《伊索普斯》(Aesopus, 1729) 和《狮子骑士堂吉诃德》(Don Quichotte der Löwenritter)。不要忘记泰勒曼还创作过卷帙浩繁的协奏曲和室内乐曲目。此外，他还创作过键盘乐曲目，主要是组曲、幻想曲、前奏曲、众赞歌前奏曲等各种类型的曲目。泰勒曼创作过 600 首法国风格的经典交响序曲，《宴席音乐》(Tafelmusik, 1733) 流传到今天依然是一首典范之作。泰勒曼孜孜不倦地阅读着，他创立了音乐期刊《忠实的音乐大师》(Der getreue Music-Meister, 1728—1729)。泰勒曼还热衷园艺，亨德尔曾经送过泰勒曼风信子和郁金香的花球。

泰勒曼和巴赫家族如同家人一般亲密。巴赫无比欣赏泰勒曼，他在莱比锡指挥过多场泰勒曼作品的演出，其中有两首受难曲《对基督的苦难与死亡的祝福与思索》(Seliges Erwägen des Leidens und Sterbens Jesu Christi) 和《布罗克斯受难曲》(Brockes-Passion)，以及若干首康塔塔，比如 1734 年他指挥过《让大门敞开》(Machet die Tore weit)的演出，巴赫还曾誊写过它的曲谱。约 1709 年，巴赫在魏玛时抄写了泰勒曼创作的《双小提琴、弦乐和通奏低音的 G 大调协奏曲》，不久后他又改编了泰勒曼的两首作品，其中一首 F 大调的曲谱不幸遗失，另外一首 G 小调作品（BWV 985）流传至今，它的前几个小节的曲谱如下所示。

巴赫还购买了泰勒曼 1738 年在巴黎出版的《6 套组曲中的新四重奏》(Nouveaux quatuors en Six suites)。泰勒曼去世的时候，巴赫为他写了一首十四行诗，收录于 1751 年 1 月在德累斯顿出版的《萨克森稀奇事》(Curiosa Saxonica) 中。

约翰·泰勒（Johann Theile，1646 年生于瑙姆堡，1724 年卒于瑙姆堡）

请参阅第三章中的"'谜'与黄金对位"。

朱塞佩·托雷利（Giuseppe Torelli，1658年生于维罗纳，1709年卒于博洛尼亚）

优秀的小提琴演奏家、作曲家，与阿尔坎杰罗·科雷利一道被视为大协奏曲的重要推动者和最好的演奏家之一。托雷利1709年的第8号作品《带一首田园曲的圣诞大协奏曲》(Concerti grossi con una pastorale per il santissimo Natale)出类拔萃。此前他已经出版过几部交响曲集和几首协奏曲，但是1686年的第1号作品《三重奏鸣曲》和1698年在奥格斯堡出版的第6号作品《协奏曲》更有名气。托雷利是贾科莫·安东尼奥·佩尔蒂（Giacomo Antonio Perti）的学生，1684年他加入博洛尼亚的爱乐学院，之后他游历德国多个城市，并作为协奏曲演奏家为勃兰登堡边疆伯爵服务。1699年，托雷利去了维也纳，但很快又回到博洛尼亚，在那里度过了余生。托雷利在德国相当出名，他也曾在德国教授课程。皮森德尔是他的得意门生，于1697年在安斯巴赫跟从托雷利学习音乐。著名作曲家、小提琴演奏家皮森德尔在1709年结识了巴赫，因此托雷利的曲谱很有可能是通过皮森德尔给到巴赫的。此外，托雷利的作品广泛流传，有些是以手抄本的形式流传，有些是先在博洛尼亚出版，又在阿姆斯特丹重印后流传出去。巴赫将这位小提琴协奏曲作曲家的作品改编成了羽管键琴曲（BWV 979），与托雷利一样，巴赫的改编版也是用 A 小调写成的。巴赫于 1714 年前后在魏玛完成了这首作品的改编，柔板的曲谱如下。

安东尼奥·维瓦尔第（Antonio Vivaldi，1678 年生于威尼斯，1741 年卒于维也纳）

威尼斯乐派代表人物，著名小提琴演奏家。最初可能是跟从他的父亲学习音乐，他的父亲在圣马可公爵教堂做小提琴手。后来维瓦尔第有可能师从乔瓦尼·莱格伦齐学习音乐。15 岁时他接受了剪发礼，1703 年，维瓦尔第被任命为神父，在仁爱慈善医院的修道院中做小提琴老师，这里专门收容孤女或私生女。1704 年，维瓦尔第以胸闷、呼吸不畅、疑似哮喘为由向教会机构请辞，也许维瓦尔第想把更多的精力投入音乐中。他在修道院的表现引起不小的争议，因为他经常旷工去做他的音乐事业，这让上司们大为光火。维瓦尔第既要创作歌剧，又要做生意，于是他需要不断在各地游走，有时候很长一段时间他都不在自己的岗位上，比如在曼图亚的两年（1718—1720），或者在罗马旅行的时候（1722年和1724年）。在罗马期间，维瓦尔第还曾在教皇面前演奏。维瓦尔第去过阿姆斯特丹，可能还去过德累斯顿和达姆施塔特。他去过布拉格，又从威尼斯去了维也纳，最终在穷困潦倒中在维也纳去世。

维瓦尔第性格耿直，言辞犀利，他收到许多著名音乐家的邀约，很多人都希望与他结识或听取他的建议，像皮森德尔和匡茨便是如此。显赫的贵族如丹麦的弗雷德里克四世、哈布斯堡家族的查理六世和巴伐利亚选帝侯卡尔·阿尔布雷希特也都问候过他。维瓦尔第在阿姆斯特丹出版了他的核心作品集，要么是在罗歇的印刷厂，要么是在勒·塞涅的印刷厂。但在此之前，维瓦尔第的作品已经风靡整个欧洲，曲谱的手抄本遍地都是，既满足音乐家也满足音乐爱好者们的需求。维瓦尔第的作品集，比如1711年就已在伦敦售卖的第3号作品《和谐的灵感》（*L'Estro armonico*, op. 3，1712）、第4号作品《非凡》（*La stravaganza*, op. 4，约1712—1713）、包含《四季》（*Las cuatro estaciones*）的第8号作品《和谐与创意的试验》（*Il Cimento dell'armonia e dell'invenzione*, op. 8），或者第9号作品《里拉琴》（*La cetra*, op. 9，1727），都是各国艺术家的经典效仿范例。此外，维瓦尔第创作过大约600首协奏曲、奏鸣曲、三重奏鸣曲。他还创作过大约50部歌剧，如《蒂托·曼利奥》(Tito Manlio，1720)、《奥兰多》(Orlando，1727)、《法尔纳斯》(Farnace，1727)、《奥林匹亚德》(L'Olimpiade，1734)、《格里塞尔达》(Griselda，1735)。维瓦尔第在宗教音乐方面的创作同样大放异彩，早期作品受到乔瓦尼·马利亚·鲁杰里(Giovanni Maria Ruggieri)的影响。维瓦尔第写过多首《荣耀经》、《又圣母经》、一首《圣母悼歌》、若干首《天主如是说》(Dixit Dominus)和《除了主》(Nisi Dominus)，以及清唱剧《凯旋的犹滴》(Juditha triumphans)。

　　福克尔1802年为巴赫创作的传记非常强调维瓦尔第对于巴赫的影响："维瓦尔第的小提琴协奏曲一经出版，便成了巴赫的必备指南。"（同上书，第69页）巴赫参考的是维瓦尔第书写音乐语言的方式，这种方式让音乐的行进有序而连贯。维瓦尔第的方法影响了整个欧洲，当然也影响了巴赫。协奏曲的三乐章结构以及对强弱变化很重要的回归段(ritornello)都对巴赫很有启发。但福克尔认为，"所谓维瓦尔第教会了巴赫在音乐创作中如何思考"，看起来有些言过其实。可以说，维瓦尔第确实在音乐表达的结构以及当时的流行风格上给了巴赫一些启发，他的深刻思想也影响了巴赫，但是巴赫在了解维瓦尔第之前，已经受到来自弗雷斯科巴尔迪、弗罗贝格尔、许茨或是布克斯特胡德等大师，以及当时最优秀的法国键盘音乐家的滋养。况且，如果说最能展现巴赫的独特音乐才华的是他的器乐作品，比如《平均律键盘曲集》《音乐的奉献》《赋格的艺术》，那么相比维瓦尔第，这些作品更受到对位音乐大师以及其他音乐理念更加抽象的音乐家的熏陶。

当然，巴赫的一些赋格曲和乐章，比如《英国组曲》，确实有来自威尼斯乐派的影响，他们的一些曲式也影响了巴赫声乐作品的创作。也许正因为如此，许多当代的巴赫研究者认为，与其说巴赫作品的形式与风格受到维瓦尔第音乐理念的影响，不如说他受到意大利特别是威尼斯协奏曲的影响。福克尔在200多年前表达的一些观点值得商榷，比如他曾写道，与维瓦尔第这位修道院音乐指导的相遇，让巴赫"走出歧途"；"巴赫从很早开始便懂得，在键盘上疾驰腾跃式地炫技没有任何意义，而乐曲的规则、每一个乐音、搭建旋律的逻辑都应当为表达音乐思想服务"（同上书，第69页）。弗雷斯科巴尔迪、弗罗贝格尔、克尔、库瑙、伯姆、当格勒贝尔、库普兰的音乐其实并不是华丽的炫技，他们是不自觉地探寻着音乐潜在的更多可能。

据说巴赫于1713—1714年在魏玛时接触到维瓦尔第的作品，那时的巴赫对意大利北部的作曲方法谙熟于心，想必他会知晓一些维瓦尔第的作品，因为如前所述，维瓦尔第的作品未经出版便手手相传了。我们知道在1710年前后，德国的一些机构委托维瓦尔第创作协奏曲，比如舍恩伯恩伯爵弗朗茨·埃伯温曾经邀请维瓦尔第创作"大提琴协奏曲"。1711—1713年，萨克森-魏玛公爵约翰·恩斯特在荷兰停留过一段时间，归来时带了众多意大利作曲家的曲谱，希望丰富宫廷交响乐团的演奏曲目。不久后，公爵再次到荷兰旅行，又带回了许多新的作品。巴赫在当时负责改编阿尔比诺尼、马尔切洛兄弟、比维瓦尔第更早一代的托雷利等艺术家的作品，以及改编一些曾有曲目在意大利演出过的德国音乐家的作品。其中有协奏曲集《和谐的灵感》，巴赫以此为基础改编了2首管风琴曲（BWV 593、596），4首羽管键琴曲（BWV 972、973、976、978）。巴赫还在《为4把小提琴而作的第10首协奏曲》（*Concierto para cuatro violines n.º10*，RV 580）的基础上改编、创作了著名的《为4架羽管键琴与弦乐而作的协奏曲》（BWV 1065）。带有合奏/独奏对照的BWV 972小广板开篇旋律如下。

另外，巴赫将维瓦尔第《非凡》中的曲目改编成两首羽管键琴曲（BWV 975、980），还将他的第 7 号作品《五乐器协奏曲》（*Concerti a 5 Stromenti*, op. 7，1716—1717）改编成了管风琴曲（BWV 594）。

约翰·戈特弗里德·瓦尔特（Johann Gottfried Walther，1684 年生于埃尔福特，1748 年卒于魏玛）

辞典学家、作曲家、管风琴演奏家、音乐理论家。他是巴赫的一个远房表兄，来自巴赫母亲这一支的拉莫赫尔特家族。音乐方面，瓦尔特跟从约翰·海因里希·巴特施泰特（Johann Heinrich Buttstett / Buttstätt）学习作曲，跟约翰·伯恩哈德·巴赫学习了以约翰·帕赫贝尔为代表的德国中部管风琴艺术。这些坚实的音乐基础让他在 18 岁时

（1702）便可以在埃尔福特的圣托马斯教堂做管风琴师。1707年，瓦尔特离职，去魏玛的圣保罗和圣彼得教堂做管风琴师的总负责人，他在这里一直工作到晚年。1720年，他被任命为宫廷音乐家。瓦尔特求知若渴，他不仅探究音乐，还广泛汲取各种门类的知识。他精通古代及现代著作，同时钻研理论，尤其关注数字比例、调音和平均律。瓦尔特在很年轻的时候就创作了《音乐创作的法则》（*Praecepta der musicalischen Composition*，1708），这部作品是为他的学生萨克森-魏玛公爵约翰·恩斯特而作。但瓦尔特最广为流传的作品是《音乐辞典或音乐藏书》。这是一部包含各种音乐术语与作曲家介绍的辞典，由塞巴斯蒂安·德·布罗萨尔参照《希腊语、拉丁语、意大利语与法语音乐术语辞典》（*Dictionnaire de musique, contenant une explication des termes grecs, latins, italiens et françois*，1703）的风格在法国出版。瓦尔特的藏书非常丰富，他和当时的一流作曲家、理论家都是好友，他们在音乐上相互切磋。但由于经济状况不佳，他不得不在晚年卖掉自己的大多数藏书。

巴赫在魏玛时，与瓦尔特密切合作。瓦尔特给了巴赫许多可看的书籍和曲谱，其中有他自己的，也有其他作曲家的作品，要知道瓦尔特因为热衷研究而收集了大量作品。瓦尔特1729年写给朋友海因里希·博克迈耶的一封信中，可以读到下面的文字："现在我只想补充一句……我可以为德国管风琴音乐爱好者提供帮助，尤其是对著名的布克斯特胡德的作品以及巴赫的作品感兴趣的朋友，因为他们的作品我手中有很多，大约200多本。"（《巴赫文献》，第2卷，第263页，西班牙语译本第169页）瓦尔特受人尊崇，约翰·马特松对瓦尔特大加赞扬，欣赏他的音乐素养，也欣赏他在对位方面的才华。瓦尔特创作过声乐作品，也创作过多首键盘乐作品，其中有他改编托雷利、阿尔比诺尼、泰勒曼、曼西亚（Mancia）等音乐家作品而创作的管风琴协奏曲，也有巴赫很欣赏的众赞歌前奏曲。1799年的8月，J. M. 伦普特（J. M. Rempt）在《四声部众赞歌之书》（*Vierstimmiges Choralbuch*）的序言中写道："有很多古老的或是新作的前奏曲，有的包含众赞歌旋律。如果说最好的前奏曲是众赞歌前奏曲，那么其中一定有瓦尔特的作品，它们永远都不会过时。据说被称为'和声之父'的巴赫非常欣赏瓦尔特，那种欣赏甚至胜过对自己音乐的欣赏。"（《巴赫文献》，第3卷，第1018页，西班牙语译本第188页）

西尔维厄斯·利奥波德·魏斯（Silvius Leopold Weiss，1686年生于布雷斯劳，1754年卒于德累斯顿）

德国最后一位鲁特琴大师。18世纪上半叶，鲁特琴在德国经历了复兴。魏斯是一位具备出色对位能力的作曲家。魏斯最初跟从父亲约翰·雅各布（Johann Jacob）学习音乐，他的父亲也是一位知名的鲁特琴演奏家。1706年，魏斯在杜塞尔多夫伯爵卡尔·菲利普的宫廷中做鲁特琴手，两年后开始为前任波兰国王之子亚历山大·索别斯基服务。亚历山大当时与他的母亲、波兰退位王后玛丽·卡西米尔一道居住在罗马。这位贵族夫人曾经聘请过斯卡拉蒂父子，这两位是魏斯经常去拜访的音乐家。1714年，魏斯回到德国，在黑森-卡塞尔和杜塞尔多夫宫廷工作。1717年，他转而加入著名的德累斯顿宫廷乐团，作为宫廷鲁特琴手工作到晚年，赚着与他的名声相称的不错的薪水。然而，魏斯在德累斯顿的生活也有一些不快的经历，这些不快基本都因竞争和嫉妒而起。1722年，一位小提琴手认为魏斯没有在他竞选宫廷职位时给予足够的支持，于是狠狠咬伤了魏斯的拇指，以至于人们都担心这位知名的鲁特琴演奏家再也无法弹琴了。1738年，魏斯因为触怒上级而被逮捕关进了监狱，在凯泽林克伯爵的求情下才被释放。

由于魏斯名声在外，于是他获得机会游历欧洲。有时他会与一些知名的音乐家、演奏家比如卡尔·海因里希·格劳恩、约翰·约阿希姆·匡茨或格奥尔格·皮森德尔一起合作。魏斯是马特松和泰勒曼的朋友，他在莱比锡时拜访过巴赫几次。在约翰·埃利亚斯·巴赫（Johann Elias Bach）1739 年写给 J. W. 科赫（J. W. Koch）的一封信中说："我堂弟（威廉·弗里德曼·巴赫）从德累斯顿过来，在莱比锡住了一个多月，之后他多次在家中和两位著名的鲁特琴大师魏斯先生和约翰·克洛普夫甘斯（Johann Kropffgans）先生一道演奏。"（《巴赫文献》，第 2 卷，第 448 页，西班牙语译本第 192 页）魏斯创作了大量的鲁特琴奏鸣曲或帕蒂塔。经证实，巴赫的《A 大调小提琴和羽管键琴组曲》（BWV 1025）改编自魏斯的一首创作于 18 世纪 30 年代末、编号为 42 的奏鸣曲。魏斯去世后，鲁特琴渐渐衰落下去，但也出现过一些出色的后继者，比如约阿希姆·伯恩哈德·哈根（Joachim Bernhard Hagen），曾创作出精彩的鲁特琴作品。

约翰·胡戈·冯·怀尔德勒（Johann Hugo von Wilderer，约 1670 年生于巴伐利亚，1724 年卒于曼海姆）

作曲家，莱格伦齐在威尼斯的弟子。1687 年开始在杜塞尔多夫宫廷中做管风琴师，同时还在圣安德列亚斯教堂做管风琴师。1703年开始做杜塞尔多夫宫廷的教堂乐监，1720年离职，转去曼海姆做教堂乐监。怀尔德勒创作过多部带有莱格伦齐风格影响的歌剧，比如《亚美尼亚人》（*L'Armeno*，1707）。但怀尔德勒最突出的表现是在宗教音乐的创作上，他创作过清唱剧，如《冒险的相会》（*D'incontre avventurato*），他创作过康塔塔以及《赞美主吧，孩子们！》（*Laudate pueri Dominum*）一类的作品，还有四声部经文歌合集《神圣的转调》（*Modulationi sacre*，约1700）。但他的名声之所以流传下来，得益于他创作的一首G小调短弥撒曲。巴赫曾在1730年前后抄写过它的曲谱，其中的《垂怜经》影响了巴赫的《B小调弥撒》创作，尤其是在结构方面。巴赫有可能在莱比锡曾经演奏过怀尔德勒的作品。

扬·迪斯马斯·泽伦卡（Jan Dismas Zelenka，1679年生于波希米亚的卢诺维采，1745年卒于德累斯顿）

泽伦卡在布拉格跟从耶稣会士学习过。1709年前后，他作为低音提琴手在布拉格哈尔蒂希伯爵路德维希·约瑟夫的教堂中工作。1710年时，他去德累斯顿宫廷做低音提琴手，大约5年后，他与其他几位音乐家一起去了维也纳跟从富克斯学习音乐。后来泽伦卡又去意大利接受洛蒂在音乐上的指导。1719年，泽伦卡学成返回德累斯顿。1721年他被任命为德累斯顿教堂的副乐监，1729年担任教堂作曲家。这一年，约翰·大卫·海尼兴去世，泽伦卡想接替海尼兴教堂乐监的职位，但未能成功，最终职位给了约翰·阿道夫·哈塞。泽伦卡是当时最著名、最杰出的作曲家之一，他和巴赫之间的友谊也广为人知，泽伦卡常去巴赫家做客。若论拥有的音乐藏书的重要性，泽伦卡在当时位居前列。他手中的藏书很多，所以他常常会给巴赫一些曲谱。有可能佩尔戈莱西《圣母悼歌》的曲谱就是泽伦卡给巴赫的。

泽伦卡有着天马行空的想象力，他是一位出色的对位大师，在音乐上追求融合的风格。他几乎一生都在德累斯顿度过，很少出去旅行。泽伦卡曾在1723年因为查理六世加冕为波希米亚国王而去过布拉格。他创作过很多饱含智慧的弥撒曲，比如《圣诞弥撒》(*Missa Nativitates Domini*)、《第6首可能也是最后的弥撒》(*Missa Ultimarum sexta et forte omnium ultima dicta*)、《追思弥撒》(*Missa Defunctorum*)、《安宁弥撒》(*Missa Tranquilli animi*)。他创作过应答圣歌，两首《圣母颂歌》，若干首《天主如是说》，一首《求主垂怜》，若干清唱剧、经文歌和康塔塔。泽伦卡的少量器乐作品很有新意，听感独特，比如他为两支双簧管和大管创作的《奏鸣曲集》（约1715）、《忧郁的七重奏协奏曲》（*Hipocondrie a 7 Concertanti*，1723）或《八声部协奏性交响曲》（*Simphonie à 8 Concertanti*，1723）就是如此。1775年在卡尔·菲利普给福克尔写的信中，他说父亲"在晚年的时候特别欣赏富克斯、卡尔达拉、亨德尔、凯泽、哈塞、格劳恩兄弟、泰勒曼、泽伦卡、本达……除了前4位，其他人他私下都认识"（《巴赫文献》，第3卷，第803页，西班牙语译本第251页）。

1790年，卡尔·菲利普·埃马努埃尔在汉堡出版的作品中有两首泽伦卡的弥撒曲，但无法确定这些曲谱是否来自巴赫的收藏。据说作品集中的一首格奥尔格·本达的弥撒曲可能是巴赫所有，巴赫学生比如戈特弗里德·奥古斯特·霍米利乌斯和约翰·戈特利布·哥德堡等人的康塔塔应该也是巴赫在圣托马斯教堂时用过的曲谱。1742年后，巴赫可能誊写并且演奏过哥德堡的康塔塔《以虔诚的慈悲》（*Durch die herzliche Barmherzigkeit*）。巴索认为这些曲谱不在巴赫"专门为收藏而用的书房"架子上，因而无法证明它们在巴赫的藏书之中。

注　释

藏书室

[1] 《斯宾诺莎歌剧》（*Spinoza Opera*），海德堡，1924 年，第 4 卷。关于巴鲁赫·斯宾诺莎的西班牙语译本的书信，请阅读 1988 年出版于马德里的斯宾诺莎《书信全集》（*Correspondencia completa*），引文出自第 136 页。该版本列举了斯宾诺莎的藏书。

[2] 《随笔集》，第 3 卷，第 3 篇。

[3] 关于罗杰·夏蒂埃（Roger Chartier）的思想，请参阅 P. 阿里耶斯（P. Ariès）与 G. 杜比（G. Duby）：《私人生活史》（*Histoire de la vie privée*），第 5 卷，巴黎，1985 年；西班牙译本 *Historia de la vida privada*，第 5 卷，马德里，1989 年，第 113~161 页。他的文章《书写的实践》（"Las prácticas de lo escrito"）是一篇优秀的综述，其中的内容延伸成了更多作品，比如：《阅读的实践》（*Practiques de la lecture*），马赛，1985 年；《印刷的用途》（*Les usages de l'imprimé*），巴黎，1987 年；《文化史：实践与表现之间》（*Cultural History: Between Practices and Representations*），剑桥，1988 年。以下作品也值得一看：《书籍的秩序：14—18 世纪欧洲的读者、作家与图书馆》（*L'ordre des libres. Lecteurs, auteurs, bibliothèques en Europe entre le XIVe et XVIIIe siècles*），巴黎，1992 年；西班牙语译本 *El orden de los libros. Lectores, autores, bibliotecas en Europa entre los siglos*

XIV y XVIII，巴塞罗那，1992 年；以及罗杰·夏蒂埃和 G. 卡瓦洛（G. Cavallo）主编：《西方世界的阅读史》（Histoire de la lecture dans le monde occidental），巴黎，1997 年；西班牙语译本 Historia de la lectura en el mundo occidental，马德里，1998 年。以下书目中也有很多重要的思索：J. 斯塔罗宾斯基（J. Starobinski）：《自由的创造》（L'invention de la liberté），日内瓦，1964 年；M. 德·塞尔托（M. de Certeau）：《神秘寓言》（La Fable mystique），巴黎，1982 年；E. 荣格尔（E. Jünger）：《作家与写作》（Autor und Autorschaft），斯图加特，1984 年；西班牙语译本 El autor y la escritura，巴塞罗那，1996 年；保罗·利科（Paul Ricoeur）：《时间与叙事》（Temps et récit），巴黎，1985 年；西班牙语译本 Tiempo y narración，马德里，1987 年。汉斯·布鲁门伯格（Hans Blumenberg）：《世界的可读性》（Die Lesbarkeit der Welt，法兰克福，1981 年；西班牙语译本 La legibilidad del mundo，巴塞罗那，2000 年）是一部重要作品。S. 达尔（S. Dahl）的《书籍的历史》（Bogens Historie，哥本哈根，1927 年；西班牙语译本 Historia del libro，马德里，1972 年）也可作为参考书目。穆尼奥斯·科斯梅（A. Muñoz Cosme）的《智慧的空间——图书馆的建筑史》（Los espacios del saber. Historia de la arquitectura de las bibliotecas，希洪，2004 年）同样值得关注。

[4] 参见《对话及其他文章》（Diálogos y otros escritos，巴塞罗那，1988 年）中的"拉丁语练习"一章，第 69~73 页。

[5] 出自阿里耶斯与杜比《私人生活史》第 131 页罗杰·夏蒂埃的言论。

[6] 出自《致全德城镇长官及地方议员，请其建设并维护基督教学校》（"A los magistrados de todas las ciudades alemanas, para que construyan y mantengan escuelas cristianas"）。选自《路德作品集》（Obras），萨拉曼卡，1977 年第 1 版；2001 年第 3 版，第 230 页，该版本基于 O. 克莱门斯（O. Clemens）与 W. 德·格鲁伊特（W. de Gruyter）1959 年于柏林出版的《路德作品选集》（Luthers Werke in Auswahl），详情请参阅选集第 15 章第 27~53 行。

[7] 前引书，第 129 页。

[8] 原文出自《巴赫文献》(Bach-Dokumente)，即《约翰·塞巴斯蒂安·巴赫：有关生平与作品的文献》(Johann Sebastian Bach. Leben und Werk in Documenten)，莱比锡，1975 年，第 2 卷，第 138 页。此处引自 H.-J. 舒尔茨（H.-J. Schulze）主编，J.J. 卡雷拉斯（J. J. Carreras）翻译的西班牙语译本 Johann Sebastian Bach. Documentos sobre su vida y su obra，马德里，2001 年，第 68 页。

第一章

[1] 《巴赫文献》，第 2 卷，第 621 页；西班牙语译本第 56 页。

[2] C. 沃尔夫（C. Wolff）:《约翰·塞巴斯蒂安·巴赫：博学的音乐家》(Johann Sebastian Bach. The Learned Musician)，纽约 / 伦敦，2000 年；西班牙语译本 Johann Sebastian Bach. El músico sabio，巴塞罗那，2002—2003 年，第 2 卷，第 240~241 页。

[3] 阿尔贝托·巴索（Alberto Basso）:《音乐女神：J. S. 巴赫的生活与作品》(Frau Musika. La vita e le opere di J. S. Bach)，都灵，1979—1983 年；此处引用了该书的 1992 年再版，第 2 卷，第 204 页。巴赫去世时，卡塔琳娜·多萝西娅（Catharina Dorothea）、约翰娜·卡罗琳娜（Johanna Carolina）和雷吉娜·苏珊娜（Regina Susana）还留在家中。伊丽莎白·尤利安娜·弗里德里卡（Elisabeth Juliana Friederica）因为在 1749 年与约翰·克里斯托夫·阿尔特尼克（Johann Christoph Altnickol）结婚而离开了家，她丈夫是约翰·塞巴斯蒂安的忠实学生，自 1748 年以来一直在下维萨担任管风琴师。这对夫妇照顾了有智力障碍的戈特弗里德·海因里希（Gottfried Heinrich）。约翰·克里斯蒂安（Johann Christian）由他的同父异母兄弟卡尔·菲利普·埃马努埃尔（Carl Philipp Emanuel）监护，卡尔 10 年前开始在波茨坦担任腓特烈大帝的羽管键琴师。威廉·弗里德曼（Wilhelm Friedemann）在哈雷担任管风琴师，工作稳定。

[4] 《新视角看经典大师》(New Light on Old Masters)，牛津，1986 年；

西班牙语译本 *Nuevas visiones de viejos maestros*，马德里，1987 年。

[5] 《德国巴洛克悲剧的起源》(*Ursprung des deutschen Trauerspiels*)，法兰克福，1963 年；西班牙语译本 *El origen del drama barroco alemán*，马德里，1990 年。请参阅第 221~227 页。

[6] 在文献中发现她的姓氏的若干拼写方式，其中有 Wülcken、Wilkin、Wilcken 和 Wülckin。

[7] 《约翰·塞巴斯蒂安·巴赫》(*Johann Sebastian Bach*)，莱比锡，1873—1880 年；英文译本，2 卷本，纽约，1952 年。为巴赫作品编目的 W. 施米德（W. Schmieder）给这部作品出了一个简化版，对应的西班牙语译本于 1959 年在墨西哥城出版，题目为《约翰·塞巴斯蒂安·巴赫的生活、作品与时代》(*Johann Sebastian Bach, su vida, su obra, su época*)。

[8] 达尔，前引书，第 141 页。

[9] 请阅读 G. B. 斯托弗（G. B. Stauffer）的《国际贸易中心莱比锡》一文，见 G. J. 布洛（G. J. Buelow）主编：《巴洛克晚期的人与音乐》(*Man and Music: The Late Baroque Era*)，伦敦，1993 年，第 254~295 页。

[10] "从虔敬主义到浪漫主义"一章，见《德国文学史》(*Storia della letteratura tedesca*)，第 2 卷，都灵，1964 年，第 12 页。此处引自阿尔贝托·巴索，前引书，第 2 卷，第 44 页。

[11] 指 BWV 68、74、87、103、108、128、175、176 和 183。

[12] 和戈尔纳一样，6 年后，约翰·弗里德里希·法什也在莱比锡创立了一个音乐社。

[13] 沃尔夫，前引书，第 2 卷，第 40 页。

[14] 《巴赫文献》，第 1 卷，第 22 页，西班牙语译本第 145 页。

[15] 《巴赫文献》，第 1 卷，第 22 页，西班牙语译本第 144~145 页。

[16] 《巴赫文献》，第 1 卷，第 22 页，西班牙语译本第 142 页。

[17] J. 里夫金（J. Rifkin）：《音乐学研究期刊》(*Journal of Musicological Research*)，《巴赫的合唱团：红鲱鱼效应》("Bach's Chorus: Some Red

Herrings"), 14（1995），第 223~234 页。

[18] A. 帕罗特（A. Parrott）做出了突出的研究贡献。请阅读他的书籍《巴赫重要的合唱团》(*The Essential Bach Choir*，剑桥，2000 年）。另外，在艺术领域，P. 麦克雷什（P. McCreesh）的贡献也值得一提。S. 库伊肯（S. Kuijken）同样认为无论是演唱《马太受难曲》这类恢宏巨作还是一些篇幅更短的曲目比如经文歌 BWV 225-230 时，都是每个声部安排一个歌手。

[19]《音乐的诗歌》(*Poétique musicale*），XXX，巴黎，1945 年；西班牙语译本 *Poética musical*，马德里，1977 年，第 129~130 页。也请阅读 B. 塞夫（B. Sève）在《音乐的变化》(*L'altération musicale*，巴黎，第 186~193 页）中"论真实"一章里的评论。

[20] 其中有约翰·艾略特·加德纳（John Eliot Gardiner）、汤·库普曼（Ton Koopman）和铃木雅明（Masaaki Suzuki）等大师。

[21]《巴赫文献》，第 3 卷，第 801 页，西班牙语译本第 249 页。

[22] E. 雷斯塔尼奥（E. Restagno）编：《诺诺》[*Nono (autori vari)*]，都灵，1987 年。引文出自诺诺、M. 卡恰里（M. Cacciari）与 M. 贝塔贾（M. Bertaggia）之间关于《普罗米修斯：聆听的悲剧》(*Prometeo, tragedia dell'ascolto*，1981）的一段对话。

[23] 前引书，第 2 卷，第 55~66 页。

[24] 同上书，第 2 卷，第 55 页。

[25]《规训与惩罚》(*Surveiller et punir*），巴黎，1975 年；西班牙语译本 *Vigilar y castigar*，马德里，第 3 版，1978 年。另外推荐阅读《权力的微观物理学》(*Microphysique du pouvoir*），巴黎，1977 年；西班牙语译本 *Microfísica del poder*，马德里，1979 年。

[26] 请阅读巴索的评论以及 15 条校规中的相关记录。前引书，第 2 卷，第 56~61 页。

[27]《路德作品集》(*Obras*），第 428 页（《路德作品选集》第 137 行）。

[28]《巴赫文献》，第 1 卷，第 23 页，西班牙语译本第 43~44 页。

[29]《约翰·塞巴斯蒂安·巴赫》(*Johann Sebastian Bach. Leben und*

Werk），斯图加特，1982 年；西班牙语译本 Johann Sebastian Bach. Vida y obra，马德里，1990 年，第 59~60 页。

[30] 在米尔豪森市议会换届之际，《上帝是我的国王》(Gott ist mein König，BWV 71）被创作出来并得以出版，并且在 1708 年 2 月 4 日的换届典礼上演奏。

[31] 《音乐史基础》(Grundlagen der Musikgeschichte)，科隆，1977 年；西班牙语译本 Fundamentos de la historia de la música，巴塞罗那，1997 年，第 123 页。

[32] A. 施韦泽（A. Schweitzer）：《论巴赫》(J. S. Bach, le musicien-poète)，莱比锡，1908 年；西班牙语译本 J. S. Bach, El músico poeta，布宜诺斯艾利斯，1955 年。

[33] C. 罗森（C. Rosen）：《古典风格：海顿、莫扎特、贝多芬》(The Classical Style. Haydn, Mozart, Beethoven)，纽约，1971 年；西班牙语译本 El estilo clásico. Haydn, Mozart, Beethoven，马德里，1986 年。保罗·巴杜拉-斯科达（P. Badura-Skoda）：《解读键盘上的巴赫》(Interpreting Bach at the Keyboard)，牛津，1993 年。

[34] 《德意志及尼德兰联省的音乐现状》(The Present State of Music in Germany, the Netherlands, and the United Provinces)，伦敦，1773—1775 年；重印本，纽约，1969 年，第 2 卷，第 263 页。

[35] 这段故事出自当时亲临现场的弗里德里希·罗奇利兹特（Friedrich Rochlizt），数年后他在 1798 年 11 月 21 日的《莱比锡公共音乐报》(Leipziger Allgemeine Musikalische Zeitung) 中谈及此事。

[36] 沃尔夫冈·阿玛多伊斯·莫扎特（Wolfgang Amadeus Mozart）：《书信集》(Cartas)，巴塞罗那，1986 年，第 191 页。

[37] 《公共音乐报》(Allgemeine Musikalische Zeitung)，1799 年，第 1 卷。

[38] 《约翰·塞巴斯蒂安·巴赫的生活、艺术与作品》(Über Johann Sebastian Bachs Leben, Kunst und Kunstwerke)，莱比锡，1802 年；西班牙语译本 Juan Sebastián Bach，墨西哥城，1950 年，第 6 次印刷，

1993 年。序言与翻译为阿道夫·萨拉查（Adolfo Salazar）所作。

[39] 同上书，第 25 页。

[40] 《巴赫文献》，第 3 卷，第 877 页，西班牙语译本第 118 页。

[41] 《巴赫文献》，第 2 卷，第 600 页，西班牙语译本第 193 页。

[42] 《巴赫文献》，第 3 卷，第 693 页，西班牙语译本第 197 页。

[43] 19 世纪时，欧洲的许多国家涌现出巴赫的"复兴"热潮。详情请阅读福柯与 A. 埃尼翁（A. Hennion）的作品《巴赫的伟大——19 世纪法国对音乐的热爱》(*La grandeur de Bach. L'amour de la musique en France au XIXe siècle*)，巴黎，2000 年。

[44] 《克莱斯勒言集》(*Kreisleriana: Fantasiestücke*)，第 3 卷。

[45] 《通向新音乐之路》(*Der Weg zur neuen Musik*)，维也纳，1960 年；西班牙语译本 *El camino hacia la nueva música*，巴塞罗那，1982 年，第 52 页。

第二章

[1] 前引书，第 2 卷，第 25~26 页。

[2] 前引书，第 2 卷，第 204 页。

[3] 《中世纪到当代的西方死亡史》(*Essais sur l'histoire de la mort en Occident du Moyen Âge à nos jours*)，巴黎，1975 年；西班牙语译本 *Historia de la muerte en Occidente. Desde la Edad Media hasta nuestros días*，巴塞罗那，2000 年，第 177~184 页。请阅读同一位作者在《死亡面前的人类》(*L'homme devant la mort*，巴黎，1977 年) 中关于遗嘱的章节。西班牙语译本 *El hombre ante la muerte*，马德里，1983 年。此外，还可以阅读 M. 沃维尔（M. Vovelle）的《那时的死亡：17—18 世纪对于死亡的集体态度》(*Mourir autre fois: Attitudes collectives devant la mort aux XVIIe et XVIIIe siècles*，巴黎，1974 年)。

[4] 《巴赫文献》，第 2 卷，第 627 页，西班牙语译本第 93~97 页。

[5] 《巴赫文献》，第 3 卷，第 666 页，西班牙语译本第 247 页。

[6] 为了加深理解，请阅读《3 首奏鸣曲的结构——J.S. 巴赫 6 首小提

琴奏鸣曲和帕蒂塔》(*Die Architektur der drei Sonaten, J. S. Bach: Sei Solo/Sechs Sonaten und Partiten für Violine*),斯图加特,1991年;《克滕的巴赫》(*Cöthener Bach-Hefte*),《约翰·塞巴斯蒂安·巴赫〈恰空舞曲〉:舞曲还是悼亡曲?》("Johann Sebastian Bach, Ciaccona: Tanz oder Tombeau?"),第4卷,克滕,1994年;《克滕的巴赫》(*Cöthener Bach-Hefte*),《荣耀属于上帝:约翰·塞巴斯蒂安·巴赫的小提琴奏鸣曲(BWV 1001)》("Ehre sey dir Gott gesungen": Johann Sebastian Bach, Die Violin-Sonate G-Moll, BWV 1001),第7卷,克滕,1998年。希利雅德合唱团(The Hilliard Ensemble)与克里斯托夫·波彭(Christoph Poppen)曾基于海尔加·托恩的理论打造了录音版专辑:J. S. 巴赫,《我们死去》(*Morimur*),慕尼黑,2001年。

[7] 《巴赫文献》,第1卷,第42页,西班牙语译本第50~51页。

[8] 请阅读巴索关于《勃兰登堡协奏曲》的精彩评论。前引书,第1卷,第567~592页。

[9] 前引书,第2卷,第276页。

[10] 《关于约翰·塞巴斯蒂安·巴赫:坟墓、骨骼与面容的研究》(*Johann Sebastian Bach: Forschungen über dessen Grabstätte, Gebeine und Antlitz*),第4卷,莱比锡,1895年。

[11] 《巴赫与对位的意义》(*Bach and the Meanings of Counterpoint*),伦敦/纽约,2002年,第209~244页。

[12] 《约翰·塞巴斯蒂安·巴赫的5幅真实画像》(*Fünf echte Bildnisse Johann Sebastian Bachs*),卡塞尔,1956年。

[13] 保存在埃尔福特城市博物馆。

[14] W. 阿多诺(W. Adorno)在《观点——文化与社会评论》(*Prismen. Kulturkritik und Gesellschaft*,柏林/法兰克福,1955年)的《巴赫对他的追随者的反驳》("Bach gegen seine Liebhaber verteidigt")一文中谈论过这个有趣的话题;西班牙语译本 *Prismas. La crítica de la cultura y la sociedad*,«Defensa de Bach contra sus entusiastas»,巴塞罗那,1962年,第142~156页。

[15] 《巴洛克时期的音乐——从蒙特威尔第到巴赫》(*Music in the Baroque Era. From Monteverdi to Bach*),纽约,1947 年;西班牙语译本 *La música en la época barroca. De Monteverdi a Bach*,马德里,1986 年,第 294 页。

[16] 《马太受难曲》(*Matthäuspassion*),法兰克福,1988 年;请阅读第 5 章。

[17] 前引书,第 230~236 页。

[18] 《音乐批评》(*Der Critische Musikus*),1738—1740 年;第 2 版,第 4 卷,莱比锡,1745 年。

[19] 前引书,第 58 页。

[20] 《巴赫文献》,第 1 卷,第 23 页,西班牙语译本第 44 页。事实上,1728 年的死亡人数为 1 269 人,1729 年的死亡人数下降到了 1 194 人。

第三章

[1] 第 4 章"关于新比韦拉琴",见《名为乐器宣言的书》(*El libro llamado declaración de instrumentos musicales*),奥苏纳,1555 年。

[2] 沃尔夫冈·阿玛多伊斯·莫扎特:《书信集》(*Cartas*),巴塞罗那,1986 年,第 27 页。

[3] 《约翰·塞巴斯蒂安·巴赫音乐思想中的创造精神》(*L'esprit créateur dans la pensée musicale de Jean-Sébastien Bach*),斯普里蒙(Sprimont),2002 年,第 51 页。

[4] G. 马尔尚(G. Marchand):《约翰·塞巴斯蒂安·巴赫的受难曲——从路德到黄金比例》(*Bach ou la Passion selon Jean-Sébastien. De Luther au nombre d'or*),巴黎,2003 年。马尔尚与许多学者都提出了《马太受难曲》的最后一首众赞歌与所引的《C 小调组曲》(*Suite en do menor*)中的萨拉班德舞曲的主题相似,第 218~224 页。

[5] 《思想录》(*Pensamientos*),第 199 页。

[6] 同上书,第 113 页。

[7] 第 14 节。

[8] 《卢克莱修作品中物理的诞生》(*La naissance de la physique dans le texte de Lucrèce*),巴黎,1977 年;西班牙语译本 *El nacimiento de la física en el texto de Lucrecio. Caudales y turbulencias*,瓦伦西亚,第 1994 年。请阅读"原子、字母、密码"一章,第 166~170 页。

[9] 这本书指的是 1658 年与纽伦堡出版的《世界图绘》(*Orbis sensualium pictus*),被视为第一部关于青少年教育方法的教科书。

[10] 出自 1529 年出版的《对话录》中的"理解的艺术"("El arte de aprender")一章。

[11] 《记忆的艺术》(*The Art of Memory*),伦敦,1966 年;西班牙语译本 *El arte de la memoria*,马德里,1974 年,第 437 页。

[12] 指的是将字母转写为数字——A=1、B=2、C=3……这种方法从卡巴拉中而来。

[13] 前引书,第 444 页。

[14] 《从封闭的世界到无限的宇宙》(*From the Closed World to the Infinite Universe*),巴尔的摩,1947 年;西班牙语译本 *Del mundo cerrado al universo infinito*,马德里,1979 年,第 222~223 页。

[15] 前引书,第 2 卷,第 730~733 页。

[16] 关于这位作家的介绍,I. 雷格拉(I. Reguera)写作的《雅各布·伯默》(*Jacob Böhme*,马德里,2003 年)值得一看。

[17] F. A. 叶芝(F. A. Yates),前引书,第 448~449 页。

[18] 《音乐美学》(*Musikästetik*),科隆,1996 年;西班牙语译本 *Estética de la música*,萨拉戈萨,1996 年。请阅读"关于形式主义的争论"("La disputa sobre el formalismo")一章,第 68~74 页。1949 年于巴黎出版的 B. 德·施洛泽(B. de Schloezer)的《介绍约翰·塞巴斯蒂安·巴赫》(*Introduction à Jean-Sébastien Bach*)也值得一读,该书于 1979 年再版。

[19] 《巴赫与数字——巴赫作品中数字的象征与神秘主义元素的研究》(*Bach et le nombre. Une recherche sur la symbolique des nombres et*

les fondements ésotériques de ceux-ci dans l'œuvre de Johann Sebastian Bach），列日，1992 年。

[20] 同上书，第 195~197 页。

[21] 同上书。请阅读"为何巴赫未完成第 14 首对位曲"（"Pourquoi Bach n'acheva pas le quatorzième contrepoint"）一章，第 242~255 页。

[22] 若想回顾一下包括音乐家在内的多个领域的人物在这方面的兴趣，请阅读 A. 阿拉西尔（A. Aracil）:《游戏和技巧——从文艺复兴到启蒙运动时期文化中的自动机和其他创造》（Juego y artificio. Autómatas y otras ficciones en la cultura del Renacimiento a la Ilustración），马德里，1998 年。

[23] 前引书，请阅读第 48 页和第 64~65 页。

[24] 在博克迈耶收藏的近 300 位作曲家的作品中，有阿尔比诺尼、阿雷格里（Allegri）、布克斯特胡德、卡尔达拉、博农奇尼、库瑙、斯蒂法尼、泰勒曼、察豪、洛蒂、波拉罗洛（Pollarolo）、莱格伦齐和罗森米勒的作品。他们都是在德国备受尊崇的音乐家，正如所见，其中很多人都与巴赫的"装备"相关（请阅读附录）。

[25] 如果想了解炼金术与艺术之间的关联，请阅读范伦内普（J. Van Lennep）的《艺术与炼金术》（Art & Alchimie，布鲁塞尔，1966 年）；西班牙语译本为 Arte y alquimia，马德里，1978 年。其中有众多炼金术与音乐相关的案例。此外，《赫尔墨斯博物馆》（Musaeum Hermeticum，1628）以及巴楚森（Barchusen）的《化学元素》（Elementa chemiae）也值得一读。S. 米歇尔斯帕彻（S. Michelspacher）与 R. 巴尔滕斯（R. Baltens）发表的著作《卡巴拉、艺术之镜与炼金术的本质》（Cabala, Spiegel der Kunst und Natur in Alchimia，1616）值得一读。一流制版师、玫瑰十字会的 H. 弗里德曼·德弗里斯（H.Vredeman de Vries）醉心于炼金术，曾为海因里希·库拉特（Heinrich Khunrath）的《永恒智慧的基督教卡巴拉竞技场……》（Amphiteatrum Sapientiae Aeternae solius Verae, Christano-kabalisticum...，1609）绘画插图。请阅读 R. 阿罗拉（R. Arola）的

《西方精神传统中的卡巴拉与炼金术》(*La cábala y la alquimia en la tradición espiritual de Occidente*),马略卡岛/帕尔马,2002年,以及S. 克洛索夫斯基·德罗拉(S. Klossowski de Rola):《黄金游戏:17世纪533幅炼金版画》(*El juego áureo, 533 grabados alquímicos del siglo XVII*),马德里,1988年,2004年再版。

[26] D. 伊尔斯利(D. Yearsley),前引书,请阅读第73~77页和第79~84页。

[27] 同上书,请阅读第83~86页,在第85页引用了这幅有趣的《和声树》。

[28] 同上书,第64页。

[29] 请阅读第二章的注释[6]。

[30] 在德国的音名体系中,B等于降Si,H等于还原Si,于是和A(La)、C(Do)一道组成了巴赫(Bach)的姓氏。许多音乐大师比如贝多芬、舒曼、李斯特、鲍罗丁(Borodin)、勃拉姆斯、盖德(Gade)、雷格尔(Reger)、勋伯格、普朗克(Poulenc)、辟斯顿(Piston)、亨策(Henze)、帕特(Pärt)、潘德列茨基(Penderecki)、申克尔(Schenker)、施尼特凯(Schnittke)等人都运用过B-A-C-H动机作曲,向巴赫致敬。

[31] H. K. 梅茨格(H. K. Metzger)和R. 里恩(R. Riehn)主编:《约翰·塞巴斯蒂安·巴赫:哥德堡变奏曲》(*Johann Sebastian Bach, Goldberg-Variationen*),慕尼黑,1985年;西班牙语译本 *Johann Sebastian Bach. Las Variaciones Goldberg*,巴塞罗那,1992年。

[32] 《以约翰·塞巴斯蒂安·巴赫之名》(*Johann Sebastian Bach bei seinem Namen gerufen*),卡塞尔,1950年。请阅读菲利普·查鲁(Philippe Charru)和克里斯托夫·西奥博尔德(Christoph Theobald)的前引书的"约翰·塞巴斯蒂安·巴赫音乐中的'数字'"("Du 'nombre' dans la musique de Jean-Sébastien Bach")一章,第269~298页。

[33] 叶芝:《伊丽莎白时代的神秘哲学》(*The Occult Philosophy in the Elizabethan Age*),伦敦,1979年;西班牙语译本 *La filosofía oculta*

en la época isabelina》,墨西哥城,1982年。请阅读第3章"宗教改革中的神秘哲学——约翰·罗伊希林"("La filosofía oculta en la Reforma: Johann Reuchlin"),第46~54页。

[34]《关于音乐的文章》(Escritos sobre música),请阅读《关于练习由灵魂而作的音乐(3)》("De la práctica de la música compuesta del alma, III"),马德里,1979年,第223~224页。

[35] 请阅读弗朗西斯·C.勒梅尔(Frans C. Lemaire):《命运与犹太音乐》(Le destin juif et la musique),特别是"犹太教堂里的复调:所罗门·罗西"("La poliphonie à la synagogue: Salomone Rossi")以及"巴洛克康塔塔"("Cantates baroques")两章,巴黎,2001年,第627页。

[36] 在第18卷中,可以读到"在这个时代,智者耶稣(如果可以把他唤作人类的话)……吸引了很多犹太人和希腊人。这就是基督"。

[37] 可以理解为感染力(pathos)、情感、激情的近义词。最初指的是为了表达而进行的细微转调或是旋律色彩。它是17世纪初佛罗伦萨单声歌曲作曲家经常使用的手法,常常用于情节剧(melodrama)中,在器乐方面的运用也很突出。在巴洛克中晚期音乐中,"情动"手法可以通过象征的途径实现灵魂状态与感受的表达。不止一位音乐家在作品标题中用到这一术语,比如弗朗西斯科·玛利亚·马里尼(Francesco Maria Marini)就创作过著名的《音乐的情动》(Affetti musicali, 1617),这首作品是为一把或数把小提琴(或是木管号)以及通奏低音而作的。著名作曲家克劳迪奥·蒙特威尔第的兄弟朱利奥·切萨雷·蒙特威尔第(Giulio Cesare Monteverdi)也是众多运用"情动"手法的作曲家中的一位,1620年他在威尼斯出版《音乐的情动:一至四以及六声部经文歌、管风琴低音协奏曲》(Affetti musici, ne quali si contengono motetti a 1-4 et 6 voci, per concertarli nel basso per l'organo)。

[38]《由最卓越的音乐家创作的来自上帝的四声部小交响曲》(Symphoniae iucundae atque a Deo breves quatuor vocum, ab optimis

quibusque musicis compositae... ），威滕伯格，1538 年。这部作品集收录了安托万·布鲁梅尔（Antoine Brumel）、皮埃尔·德·拉·鲁（Pierre de La Rue）、若斯坎、路德维希·森夫尔、让·穆顿、海因里希·伊萨克和菲利普·韦尔德洛（Philippe Verdelot）等人的作品。

[39] 菲利普·查鲁和克里斯托夫·西奥博尔德，前引书，第 275 页。作者强调：$1+2+3+4+5+6+7+8+9+10=55$，而 $5+5=10$。

[40] 韦克迈斯特（Werckmeister）也出版过《数学音乐》（*Musicae mathematicae*），法兰克福，1686 年；《音乐的调律》（*Musikalische Temperatur*），莱比锡/法兰克福，1691 年；《音乐评论》（*Hypomnemata musica*），奎德林堡，1697 年；以及《矛盾的音乐篇章》（*Musikalische Paradoxal-Discourse*），奎德林堡，1707 年。关于这一点可以阅读 J. 戈尔达拉斯（J. Goldáraz）的《西方音乐中的调音与调律》（*Afinación y temperamento en la música occidental*），马德里，1992 年，2004 年再版。

[41]《巴赫文献》，第 3 卷，第 666 页，西班牙语译本第 247 页。

[42] 这部作品一直通过手抄本的形式流传，直到 1926 年才在莱比锡出版——由 J. 穆勒-布拉托（J. Müller-Blattau）主编，书名为《海因里希·许茨的作曲理论（学生克里斯托夫·伯恩哈德修改版）》（*Die Kompositionslehre Heinrich Schütz in der Fassung seines Schülers Christoph Bernhard*）。

[43] J. 纽鲍尔（J. Neubauer），前引书，第 255 页。

[44]《巴赫文献》，第 3 卷，第 680 页，西班牙语译本第 107 页。

[45]《巴赫文献》，第 3 卷，第 803 页，西班牙语译本第 249 页。

[46] 纽鲍尔，前引书，第 29~43 页。在 J. 戈德温（J. Godwin）的书籍《天堂与人间的和谐》（*Harmonies of Heaven and Earth*，伦敦，1987 年，西班牙语译本 *Armonías del cielo y de la tierra*，巴塞罗那，2000 年）中，可以看到这样的观点。K. 施托克豪森（K. Stockhausen）在 4 卷本《音乐文本》（*Texte zur Musik*，科隆，1963—1976 年）中也表达过类似观点。

[47]《当代音乐流派》(Escuela Música según la práctica moderna),萨拉戈萨,1724 年,请阅读第 3 章和第 5 章;重印本,萨拉戈萨,1980 年。

[48]《完美的乐监》(Der vollkommene Capellmeister),汉堡,1739 年。

[49]《无声》(Silence),米德尔顿,1961 年;西班牙语译本 Silencio,马德里,2002 年。

[50]《新成立的乐团》(Das neu-eröffnete Orchestre),第 3 章,第 2 页。

[51] 收录进了 1779 年的《严格作曲法的艺术》(Die Kunst des reinen Satzes in der Musik)。

[52]《错误——审视后的生命》(Errata. An Examined Life),纽黑文,1997 年;西班牙语译本 Errata. El examen de una vida,第 11 章,马德里,1998 年,第 204 页。

[53]《音乐是个人无意识的算术练习》("Musica est exercitium aritmeticae occultum nescientis se numerare animi"),莱布尼茨在 1712 年写给哥德巴赫(Goldbach)的一封信中引用了这句话,该信选自《书信集》(Epistolae)第 241 页。这句话引起了洛伦茨·米茨勒的关注,并收录进了他的《新挖掘出来的音乐藏书》。

[54]《巴赫文献》,第 3 卷,第 803 页,西班牙语译本第 250 页。

[55]《巴赫文献》,第 3 卷,第 666 页,西班牙语译本第 248 页。

[56] 关于这种流行的旋律行进方式,请阅读 P. M. 沃克(P. M. Walker)的《从若斯坎到巴赫时代的赋格理论》(Theories of Fugue from the Age of Josquin to the Age of Bach),罗切斯特,2000 年。

[57] 请阅读巴索的前引书;W. 考夫曼(W. Kaufmann):《宗教与哲学评论》(Critique of Religion and Philosophy),普林斯顿,1978 年;L. 戈尔(L. Goehr):《音乐作品的想象博物馆》(The Imaginary Museum of Musical Works),牛津,1992 年;巴特主编:《巴赫的生活》(Vida de Bach),"音乐中的巴赫式形而上学"("La metafísica bachiana de la música")与"一个懂得计算的头脑?巴赫与沃尔夫、莱布尼茨,以及斯宾诺莎的理性主义哲学"("Una mente consciente que calcula?

Bach y la filosofía racionalista de Wolff, Leibniz y Spinoza")两章中的概括性文章,马德里,2000年,第77~112页。前面引用过的伊尔斯利的作品也值得阅读。

[58] 《巴赫文献》,第2卷,第441页。伯恩鲍姆发表了《为中立的言论辩护》(Vertheidigung seiner unpartheyischen Anmerkungen),莱比锡,1739年。

[59] 《关于上帝、人间、人的灵魂与一切事物的理性思考(德国形而上学)》[Pensamientos racionales acerca de Dios, el mundo y el alma del hombre, así como todas las cosas en general (Metafísica alemana)],马德里,2000年,第168、179页。

[60] 纽鲍尔,前引书,第63~68页。请阅读B. 维克(B. Vickers):《修辞学》(Rhetorica),第2卷,"修辞学与音乐"("Figures of Rhetoric. Figures of Music")一章,1984年,第1~44页。

[61] 前引书,第84页。

[62] 这一理念是由U. 克尔肯代尔(U. Kirkendale)提出的。请阅读《美国音乐学会期刊》(Journal of the American Musicological Society),《巴赫的〈音乐的奉献〉的来源:昆提利安的〈雄辩术原理〉》("The Source for Bach's Musical Offering: The "Institutio oratoria" of Quintiliano"),33(1980),第88~141页。巴索在前引书的第2卷第715页中认同克尔肯代尔的理论,他认为这是一个"既有启发性又有说服力"的想法,这位学者"发现了巴赫的作品与昆提利安的结构之间的完美结合"。

[63] 阿里斯蒂德斯·昆提利安(Arístides Quintiliano):《乐记》(Sobre la música),马德里,1996年。

第四章

[1] 《巴赫文献》,第3卷,第803页,西班牙语译本第251页。

[2] 《巴赫文献》,第3卷,第948页。格贝尔的这行文字落款是1790年,但他的作品《音乐家辞典》(Historisch-Biographisches Lexikon

der Tonkünstler）在 1812—1814 年期间才以 4 卷本的形式在莱比锡出版。

［3］《巴赫文献》，第 3 卷，第 666 页，西班牙语译本第 244 页。

［4］这本书的完整德文标题是《以福音慰藉约瑟夫三个阶段的不幸》（*Evangelisches Praeservatif wider den Shaden Josephs in allen dreyen Ständen*）。

［5］《巴赫文献》，第 1 卷，第 123 页。

［6］今天保存在美国密苏里州圣路易斯市的康科迪亚神学院路德维希·费尔布林格图书馆。

［7］《世界的可读性》，第 21 页。

［8］第 1 章《论天生的想法》（"De las ideas innatas"）。

［9］《论自由、偶然与命运》（*Escritos en torno a la libertad, el azar y el destino*），《论自由与需求》（"En torno a la libertad y la necesidad"），马德里，1990 年，第 5 页。

［10］P. 波林（P. Poulin）：《巴赫、规则与原理》（*J. S. Bach, Precepts and Principles*），牛津，1994 年，引自沃尔夫，前引书，第 2 卷，第 86 页。

［11］菲利普·查鲁和克里斯托夫·西奥博尔德，前引书，第 52 页。

［12］《单子论》（*Monadología*），第 57 段。

［13］同上书，第 58 段。

［14］同上书，第 56 段。

［15］同上书，第 67 段。

［16］《褶子：莱布尼茨与巴洛克风格》（*Le pli. Leibniz et le Baroque*），巴黎，1988 年；西班牙语译本 *El pliegue. Leibniz y el barroco*，巴塞罗那，1989 年，第 166~167 页。

［17］《马太受难曲》（*Matthäuspassion*），第 2 章。

［18］巴索，前引书，第 732 页。

［19］沃尔夫，前引书，第 1 卷，第 74 页。

［20］《巴赫文献》，第 2 卷，第 627 页。读者可以在 G. 坎塔格雷（G.

Cantagrel）的《巴赫在他的时代》(*Bach en son temps*，于巴黎出版）中读到这个清单；1997 年再版，第 340~342 页。

[21] 菲利普·查鲁和克里斯托夫·西奥博尔德，前引书，第 52 页；他的参考书目是 K. 马泰伊（K. Matthai）编写的《巴赫纪念文集》(*Bach-Gedenkschrift*) 中 W. 布兰肯堡（W. Blankenburg）撰写的《约翰·塞巴斯蒂安·巴赫与启蒙运动》("Johann Sebastian Bach und die Aufklärung")，苏黎世，1950 年，第 25~34 页；H. H. 埃格布雷希特（H. H. Eggebrecht）:《音乐研究协会的巴赫会议报告》(*Bericht über die wissenschaftliche Bachtagung der Geseeschaft für Musikforschung*)，《巴赫与莱布尼茨》("Bach und Leibniz")，莱比锡，1950 年，第 431~447 页。

[22] H. M. 刘易斯（H. M. Lewis, Jr.）:《分界 I》(*Divisions I*)，"巴赫生前和身后的拉管小号"("The *tromba da tirarsi*, before and after Bach")，第 4 章，1980 年，第 37~46 页。

[23] 前引书，第 2 卷，第 112 页。

[24] 前引书，第 99 页。

[25] 沃尔夫，前引书，第 2 卷，第 237 页。

[26] 同上书，第 194 页。

[27] 同上书，第 259 页。

[28] 同上书，第 311 页。

[29] 一些最为重要的作品被巴赫融入多首康塔塔中，如 BWV 60、105、214，以及《圣诞清唱剧》(*Weihnachts-Oratorium*, BWV 248)。

[30] 克鲁格曾经为 1647 年《虔敬的歌唱》(*Praxis pietatis melica*) 中的 18 首歌曲配乐。在 1661 年的再版中，格哈德的诗歌数量显著增加，不少于 95 首。

[31] 该作品是四至八声部的《新德意志歌曲、芭蕾舞曲、加亚尔德舞曲和前奏曲的欢乐花园》(*Lustgarten neuer teutscher Gesäng, Balleti, Gaillarden und Intraden*) 中的一部分。

[32] 选自诗歌《万木休憩》(*Nun ruhen alle Wälder*)。《巴洛克德意志诗

歌》(*Poesía alemana del barroco*)，巴塞罗那，1981 年，第 245 页。

[33]《路德作品集》，第 306~318 页。

[34] 巴赫在 BWV 18、24、28、59 和 61 中用到它们。

[35] J. W. 卢斯蒂希（J. W. Lustig）:《查尔斯·伯尼的音乐旅行》(*Karel Burney's Muzikaale Reizen*)，格罗宁根，1786 年。

[36] 马特松:《爱国音乐家》(*Der Misicalische Patriot*)，汉堡，1728 年，出自《巴赫文献》(*Bach-Dokumente*)，第 2 卷，第 253 页，西班牙语译本第 64 页。

[37]《为学校而作的 123 首四声部及五声部德意志宗教新曲》(*Newe deudsche Geistliche Gesenge CXXIII. Mit vier und fünf Stimman für die gemeinen Schulen*)，维滕贝格，1544 年。

[38]《宗教歌曲》(*Geistliche Lieder*)，莱比锡，1545 年。

[39]《朝圣的天使》(*Peregrino querubínico*)，第 1 卷，第 13 句。

[40] 同上书，第 1 卷，第 34 句。

[41] 同上书，第 1 卷，第 81 句。

[42] 这首感情充沛、优雅动人的咏叹调出自作于 1735 年的《基督升天清唱剧》(*Himmelfahrts-Oratorium*，BWV 11）。该清唱剧被称为"康塔塔"，这一名称并不恰当。但在巴赫的亲笔手稿封面上可以看到《基督升天清唱剧》的字迹，这一题目才与作品的结构真正契合。

[43] 第 2 卷，第 201 句。

[44] 第 1 卷，第 268 句。

[45] 第 3 卷，第 159 句。

[46]《磨坊与河流：巴赫的咏叹调与变奏曲》(*Le moulin et la rivière. Air et variations sur Bach*)，巴黎，1998 年，第 471 页。

[47] J. E. 尼伦贝格（J. E. Nieremberg）:《隐秘的哲学——人与自然的音乐理性》(*Oculta filosofía. Razones de la música en el hombre y la naturaleza*)，巴塞罗那，2004 年。

[48] 前引书，第 521 页。

[49]《大教学论》(*Didactica Magna*)，第 18 章"基础 V"，第 28 点修正，

马德里，1986 年。
[50] 第 30 章，第 6~7 段。
[51] 第 30 章，第 13 段。
[52] 第 28 章，第 17 段。
[53] 第 5 章，第 17 段。
[54] 《泛智学》(*Pansophia*)，第 1 卷，第 1 页。选自《普遍的询问》(*Consulta Universal*)，1989 年。
[55] 同上书，第 10 页，《论认知事物的方法》("Axiomas sobre el conocimiento de las cosas")。
[56] 《普遍的语言》(*Panglotia*)，第 3 章，第 7 页。
[57] 这本书保存在汉堡的州立图书馆（汉堡大学图书馆）。
[58] 前引书，第 195~196 页。
[59] 《巴赫文献》，第 2 卷，第 268 页。此处引自西班牙语译本第 56 页。
[60] 前引书，第 1 卷，第 164 页。

第五章

[1] 《路德作品集·桌边谈话录》，第 452 页（《路德作品选集》，第 4 卷，第 892 行）。
[2] 《马丁·路德的时运》(*Un destin: Martin Luther*)，巴黎，1927 年；西班牙语译本 *Martín Lutero: un destino*，墨西哥城，1980 年，第 251~255 页。
[3] 《路德作品集》，第 17 页。
[4] 同上书，第 421 页（《路德作品选集》，第 11 卷，第 149~150 行）。
[5] 《路德作品集》，第 14 节与第 15 节，第 433 页（《路德作品选集》，第 1 卷，第 656 行）。
[6] 路德在第 1 章中写道："上帝可以自我摒弃，可以创造并容纳万物，没有什么存在是另一种存在的主心骨。"
[7] 前引书，第 457 页（《路德作品选集》，第 3 卷，第 543b 行）。
[8] 同上书，第 450 页（《路德作品选集》，第 194 行）。

[9] 同上书，第542页（《路德作品选集》，第4卷，第892行）。

[10] 同上书，第454页（《路德作品选集》，第4卷，第857行）。

[11] 同上书，第228页（《路德作品选集》，第15卷，第27~53行）。

[12] 同上书，第279页（《路德作品选集》，第19行）。

[13] 同上书，第290页（《路德作品选集》，第19行）。

[14] 人们认为以下作品是路德创作的众赞歌：(1)《我们都信仰着一位上帝》("Wir glauben all an einen Gott")，(2)《我们的上帝是坚固的堡垒》("Ein feste Burg ist unser Gott")，(3)《请恩赐我们和平》("Verleih uns Frieden gnädiglich")，(4)《主，用您的言语保佑我们吧》("Erhalt uns, Herr, bei deinen Wort")，(5)《带着平和与喜悦，我走向那里》("Mit Fried und Freud ich fahr dahin")，(6)《人啊，你想幸福地生活吗？》("Mensch, willst du leben seliglich")，(7)《发生在先知以赛亚身上》("Jesaja dem Propheten das geschah")，(8)《我们在唱一首新歌》("Ein neues Lied wir heben an")，(9)《愚人忏悔着》("Es spricht der Umweisen Mund")。

[15] 前引书，第1章，第123页。

[16] 《路德作品选集·书信集》，第5卷。

[17] 《德意志弥撒和礼拜仪式程序》，出自前引书，第285~290页。

[18] 巴特主编，前引书，《音乐与路德宗》，第68页。

[19] 《宗教改革的诞生与确立》(Naissance et affirmation de la Reforme)，巴黎，1965年，1999年再版。西班牙语译本 La Reforma，巴塞罗那，1985年，第146~147页。

[20] 《路德作品集》，第337页（《路德作品选集》，第50卷，第192~254行）。

[21] R. A. 莱弗（R. A. Leaver），前引书，第68页。

[22] 《磨坊与河流：巴赫的咏叹调与变奏曲》，第94~102页。

[23] 《从伊拉谟到斯宾诺莎的怀疑论历史》(The History of Scepticism from Erasmus to Spinoza)，伯克利，1979年；西班牙语译本 La Historia del escepticismo desde Erasmo a Spinoza，墨西哥城，1983年，

第 347 页。

[24] 巴索认为尽管这首作品的内容是关于天主教弥撒的,但实际上是新教的音乐。如果做出不一样的判断,那其实是从错误的历史论据做出了"草率的评估",要知道"新教的礼拜仪式是效仿天主教弥撒仪式的"(前引书,第 2 章,第 502 页)。莱弗也发表过类似的见解,他强调:"巴赫对于拉丁文的运用反映出路德宗而非天主教的影响。他没有按照天主教的传统把弥撒分为 5 部分,而是分成 4 部分,这都是路德宗影响的表现……这些并不互相排斥的观念恰好表明了巴赫很可能是在天主教弥撒传统的基础上创作的。"(前引书,第 173 页)

[25] 沃尔夫,前引书,第 2 卷,第 224 页。

[26] 即《虔敬的渴望,又名迎来真正的福音派教会的真挚渴望》(*Pia desideria, oder herzliches Verlangen nach gottgefälliger Besserung der wahren evangelischen Kirche*),法兰克福,1675 年。加泰罗尼亚语译本 J. Ph. 斯彭内尔(J. Ph. Spener):*Pía desideria*,巴塞罗那,1993 年。

[27] 前引书,第 170 页。

[28] 同上书,《大学中执事的准备》("La preparación de los ministros en las universidades"),第 112~122 页。

[29] 前引书,第 61~62 页。

[30] 请阅读《巴赫的神学藏书》(*Bachs theologische Bibliothek*),斯图加特,1983 年。

[31] 前引书,第 2 卷,第 30~31 页。

[32] 《新版精彩圣歌集》(*Neues geistreiches Gesangbuch*),哈雷,1714 年。该书是 1704 年于哈雷出版《精彩圣歌集》(*Geistreiches Gesangbuch*)的续篇。其中的许多歌曲被收录进了格奥尔格·克里斯蒂安·舍梅利(Georg Christian Schemelli)的《赞歌集》(*Musikalisches Gesangbuch*),莱比锡,1736 年;巴赫对这些曲目非常了解,他也参与了其中一些曲目的创作。人们将其中多首歌曲

(BWV 439-507)归到巴赫作品名录下,但其实只有少数如《为你,为你,耶和华》(*Dir, dir Jehova*, BWV 452)、《来吧,甜美的死亡》(*Komm, süsser Tod*, BWV 478)以及《不要忘记我》(*Vergiss mein nicht*, BWV 505)等作品是真正出自巴赫之手。

[33] 《巴赫文献》,第 3 卷,第 666 页。此处引自西班牙语译本第 242 页。

[34] 前引书,第 1 卷,第 167~169 页。

[35] 《时间与他者》(*Le temps et l'autre*),圣纪文,1979 年;西班牙语译本 *El tiempo y el otro*,巴塞罗那,1993 年,第 93 页。

[36] 伊尔斯利在前引书中写道,很多时候,巴赫读书是为了对抗死亡的痛苦,这样他的心灵得到了升华。请阅读第 1 章,特别是第 5~28 页。

[37] 《文艺复兴时期死亡的意义与对生命的热爱》("Il senso della morte e l'amore della vita nel Rinascimento"),《善终的艺术》(*L'arte di ben morire*),都灵,1957 年,第 62~84 页。请阅读阿里耶斯的《中世纪到当代的西方死亡史》(*Essais sur l'histoire de la mort en Occident du Moyen Âge à nos jours*),巴黎,1975 年(西班牙语译本 *Historia de la muerte en Occidente. Desde la Edad Media hasta nuestros días*,巴塞罗那,2000 年);还请阅读《死亡面前的人类》(*L'homme devant la mort*),巴黎,1977 年(西班牙语译本 *El hombre ante la muerte*,马德里,1983 年)。这两本书对于理解《死亡的艺术》很关键。此外,还可以阅读 M. 沃维尔(M. Vovelle)的《那时的死亡:17—18 世纪对于死亡的集体态度》(*Mourir autre fois: Attitudes collectives devant la mort aux XVIIe et XVIIIe siècles*,巴黎,1974 年),以及 J. 德鲁莫(J. Delumeau)1978 年于巴黎出版的《16—18 世纪西方的恐惧,一座被围困的城市》(*La peur en Occident aux XVIe y XVIIIe siècles. Une cité assiegée*,西班牙语译本 *El miedo en Occidente. Siglos XVI-XVIII. Una ciudad sitiada*,马德里,1989 年)。如果想了解《死亡的艺术》在西班牙的传播情况,请阅读 A. 雷伊·哈扎斯(A. Rey Hazas)的《善终的艺术——中世纪与黄金时代〈死亡的艺术〉》(*Artes de bien*

morir. «*Ars moriendi*» de la Edad Media y del Siglo de Oro），马德里，2003 年。

［38］译作由受俸教士甘迪亚·贝尔纳多·佩雷斯·德钦琼（Gandía Bernardo Pérez de Chinchón）在塞维利亚出版。请阅读 J. 帕雷拉达（J. Parellada）2000 年于马德里出版的新版。

［39］约翰内斯·陶勒：《作品集》（*Obras*），马德里，1984 年。请阅读之前的作品，第 17~166 页。

［40］同上书，《以审慎的精神》（"En espíritu prudentes"），第 273~274 页。

［41］A. 德利贝拉（A. de Libera）：《埃克哈特、苏索、陶勒或人的神化》（*Eckhart, Suso, Tauler ou la divinisation de l'homme*），巴黎，1996 年，第 77~78 页。

［42］《祈祷的主题》（*Temas de oración*），第 4 章 "解脱"（"Liberación"），第 271~272 页。

［43］《歌谣中的陶勒思想》，第 11 章 "在所有的痛苦与诱惑中我们必须做出的自我牺牲"（"De la renunciación que debemos hacer de nosotros mismos en todas las aflicciones y tentaciones"），第 429 页。

［44］德利贝拉，前引书，第 220~229 页。

［45］关于这一问题请阅读 S. 吉沃内（S. Givone）的《虚无的历史》（*Storia del nulla*），米兰，1995 年；西班牙语译本 *Historia de la nada*，布宜诺斯艾利斯，2001 年。

［46］请阅读伊尔斯利，前引书，第 7~10 页。

［47］该画作绘于 1522 年，保存在巴塞尔艺术博物馆里。关于陀思妥耶夫斯基的思考，请阅读 J. 克里斯蒂娃（J. Kristeva）的《黑太阳：抑郁与忧郁》（*Soleil noir. Dépression et mélancolie*），巴黎，1987 年；西班牙语译本 *Sol negro. Depresión y melancolía*，加拉加斯，1991 年。康塔塔 BWV 157 是为了纪念萨克森宫廷顾问约翰·克里斯托夫·冯·波尼考（Johann Christoph von Ponickau）而创作的。

［48］《创立之书》（*Libro de las Fundaciones*），第 7 章，第 8 段。

[49] 原书名为《忧郁的剖析》(Anatomy of Melancholy),伦敦,1621年;后在1632年版本的基础上不断扩充修订,截至1676年共出了6版;西班牙语译本 Anatomía de la melancolía,马德里。

参考文献

这份文献目录为想要进一步了解书中内容的读者提供参考。大体而言，目录中的图书资源易于获取。对于了解巴赫其人以及他的思想来说，这份目录也足够丰富。关于巴赫生平那些卷帙浩繁的资料可以在英国贝尔法斯特女王大学富田阳（Yo Tomita）教授的《线上巴赫参考书目》（"Bach Bibliography On-Line"，网址为：https://www.qub.ac.uk/tomita/bachbib/）中阅读。关于这位德国音乐家的作品在西班牙的书店里数量很少。我们在书架上可能会看到沃尔夫的《约翰·塞巴斯蒂安·巴赫：智慧的音乐家》（巴塞罗那，2002—2003 年），J. 巴特（J. Butt）编写的《巴赫的生活》（马德里，2000 年），J. K. 福克尔（J. K. Forkel）为巴赫写的经典传记（墨西哥城，第 6 版，1993 年），还有 F. 奥特巴赫（F. Otterbach）创作的《约翰·塞巴斯蒂安·巴赫的生活与作品》（马德里，1990 年）。但这些作品发行量都不大。H. J. 舒尔茨（H. J. Schulze）编纂的《约翰·塞巴斯蒂安·巴赫：有关生活与作品的文献》（*Johann Sebastian Bach. Documentos sobre su vida y su obra*，马德里，2001 年）也很有价值，其中包括一个由 J. J. 卡雷拉斯（J. J. Carreras）撰写的精彩序言。同样，可能对于大众读者来说，还有一部很有价值的书籍是 E. 马丁内斯·缪拉（E. Martínez Miura）写作的《巴赫全集评论：巴赫唱片评论》（巴塞罗那，1997 年）。这本书可以跟 K. 科尔内德（W. Kolneder）的《巴赫指南》（*Guía de Bach*，马德里，1996 年）互为补充。此外，路易斯·加戈（Luis Gago）还创作过《巴赫》（马德里，

1995 年），但实际上已经无法找到。除了这些，还可以关注两部观点颇为对立的作品：A. 萨拉查（A. Salazar）的《约翰·塞巴斯蒂安·巴赫》(*Juan Sebastián Bach*, 马德里, 1985 年) 和 K. 艾达姆（K. Eidam）的《约翰·塞巴斯蒂安·巴赫的真实生活》(*La verdadera vida de Johann Sebastian Bach*, 马德里, 1999 年)。另外, 如果感兴趣, 不妨阅读《安娜·玛格达莱娜·巴赫编年小传》(*La pequeña crónica de Ana Magdalena Bach*, 巴塞罗那, 1993 年第 7 版)。另外, 在本书即将下厂印刷之际, 我才刚刚关注到何塞普·索勒（Josep Soler）的《巴赫——痛苦的模样》(*J. S. Bach.Una estructura del dolor*, 马德里, 2004 年)。

Adorno, Th. W., «Bach gegen seine Liebhaber verteidigt», *Prismen. Kulturkritik und Gesellschaft*, Berlín-Frankfurt, 1955. (Trad. cast., «Defensa de Bach contra sus entusiastas», *Prismas. La crítica de la cultura y la sociedad*, Barcelona, 1962, pp. 142~156.)

Agustín, san, «La música», *Obras completas*, XXXIX, Madrid, 1988.

Allen, W. D., *Philosophies of Music History*, Nueva York, 1939; reimp. en 1962 con el epígrafe *A Study of General Histories of Music 1600—1960*.

Angelus Silesius, *Cherubinischer Wandersmann*, Frankfurt, 1701. (Trad. cast., *Peregrino querubínico*, Palma de Mallorca, 1985.)

Aracil, A., *Juego y artificio. Autómatas y otras ficciones en la cultura del Renacimiento a la Ilustración*, Madrid, 1998.

Ariès, P., *Essais sur l'histoire de la mort en Occident du Moyen Âge à nos jours*, París, 1975. (Trad. cast., *Historia de la muerte en Occidente. Desde la Edad Media hasta nuestros días*, Acantilado, Barcelona, 2000.)

——, *L'homme devant la mort*, París, 1977. (Trad. cast., *El hombre ante la muerte*, Madrid, 1983.)

——, y Duby, G., *Histoire de la vie privée*, vol. V, París, 1985. (Trad. cast., *Historia de la vida privada*, vol. V. *El proceso de cambio en la sociedad de los siglos XVI—XVIII*, Madrid, 1989.)

Arnold, D., *Bach*, Oxford, 1984.

Arola, R., *La cábala y la alquimia en la tradición espiritual de Occidente. Siglos XVI—XVII*, Palma de Mallorca, 2002.

Asprey, R., *Frederick the Great: The Magnificent Enigma*, Nueva York, 1986.

Badura-Skoda, P., *Interpreting Bach at the Keyboard*, Oxford, 1993.

Bailache, P., *Leibniz et la théorie de la musique*, París, 1992.

Baltrusaitis, J., *Le miroir*, París, 1978. (Trad. cast., *El espejo. Ensayo sobre una leyenda científica*, Madrid, 1988.)

Bartel, D., *Musica Poetica: Musical-Rhetorical Figures in German Baroque Music*, Laaber, 1985.

Basso, A., *Frau Musika. La vita e le opere di J. S. Bach*, Turín, 1979—1983; reimp. 1992.

Beisswenger, K., *Johann Sebastian Bachs Notenbibliothek*, Kassel, 1992.

Belaval, Y., *Leibniz: De l'Âge Classique aux Lumières*, París, 1995.

Benjamin, W., *Ursprung des deustchen Trauerspiels*, Frankfurt, 1963. (Trad. cast., *El origen del drama barroco alemán*, Madrid, 1990.)

Bent, I., «Hermeneutichs», S. Sadie (dir.), *New Grove Dictionary of Music and Musicians*, vol. XI, Londres, 2001, pp. 418~426.

Besseler, H., *Fünf echte Bildnisse Johann Sebastian Bach*, Kassel, 1956.

——, «Bach als Wegbereiter», *Johann Sebastian Bach, Wege der Forschung*, vol. CLXX, Blankenburg, W. (ed.), Darmstadt, 1970, pp. 196~246.

Birke, J., *Christian Wolffs Metaphysik und die zeitgenössische Literatur- und Musiktheorie: Gottsched, Scheibe, Mizler*, Berlín, 1966.

Blankenburg, W., «J. S. Bach, und die Aufklärung», *Bach, Gedenkschrift 1950*, Matthei. K. (ed.), Zúrich, 195, pp. 25~34.

——, *Einführung in Bachs h-moll-Messe BWV 232*, Kassel, 5ª ed. 1993.

Blume, F., *Protestant Church Music. A History*, Londres, 1974.

Blumenberg, H., *Die Lesbarkeit der Welt*, Frankfurt, 1981. (Trad. cast., *La legibilidad del mundo*, Barcelona, 2000.)

——, *Matthäuspassion*, Frankfurt, 1988.

Böhme, J., *Sämtliche Schriften*, 2 vols., Stuttgart, 1955—1961.

Boyd. M., *Bach*, Londres, 1983. (Trad. cast., *Bach*, Barcelona, 1985.)

——, (ed.), *Oxford Composer Companions. J. S. Bach*, Oxford, 1999.

Breig, W., «La composición como arreglo y adaptación»,*Vida de Bach*, Butt, J. (ed.), pp. 225~245.

——, «La música instrumental», *Vida de Bach*, Butt, J. (ed.),pp. 183~199.

Buelow, G. J. (ed.), *Man and Music: The Late Baroque Era*, Londres, 1993.

——, «Affections», en S. Sadie (dir.), *New Grove Dictionary of Music and Musicians*, vol. I, p. 181, Londres, 2001.

——, «Rhetoric and Music», en S. Sadie (dir.), *New Grove Dictionary of Music and Musicians*, vol. XXI, Londres,2001, pp. 260~275.

Bruford, W. H., *Germany in the Eighteenth Century: The Social Background of the Literary Revival*, Cambridge, 1968.

Bukofzer, M. F., *Music in the Baroque Era - From Monteverdi to Bach*, Nueva York, 1947. (Trad. cast., *La música en la época barroca. De Monteverdi a Bach*, Madrid,1986.)

Bunners, C., *Kirchenmusik und Seelenmusik: Studien zu Frömmigkeit und Musik im Luthertum des 17. Jahrhunderts*, Gotinga, 1966.

Burba, K., *Die Christologie in Luthers Liedern*, Gütersloh, 1956.

Burbage, F., *Leibniz et l'Infini*, París, 1993.

Burckhardt, T., *Alchemie, Sinn und Weltbild*, Olten, 1960. (Trad. cast., *Alquimia: Significado e imagen del mundo*, 1971.)

Burger, H. O., *Renaissance, Humanismus, Reformation, Deutsche Literatur im europäischen Kontext*, Bad Homburg, 1969.

Butterfield, H., *The Origins of Modern Science*, Londres, 1956. (Trad. cast., *Los orígenes de la ciencia moderna*, Madrid, 1958; reimp. Madrid, 1982.)

Burney, C., *The Present State of Music in Germany, the Netherlands, and the United Provinces*, Londres, 1773—1775; reed. en facsímil, Nueva York,

1969.

Burton, R., *Anatomy of Melancholy*, Londres, 1621. (Trad. cast., *Anatomía de la melancolía*, Madrid, 1997—2002, 3 vols.)

Butt, J., *Music Education and the Art of Performance in the German Baroque*, Cambridge, 1994.

——, *The Life of Bach*, Butt, J. (ed.), Cambridge, 1997. (Trad. cast., *Vida de Bach*, Madrid, 2000.)

——, «La metafísica bachiana de la música», *Vida de Bach*, Butt, J. (ed.), pp. 77~96.

——, « "¿Una mente inconsciente que calcula?" Bach y la filosofía racionalista de Wolff, Leibniz y Spinoza», *Vida de Bach*, Butt, J. (ed.), pp. 97~112.

Cage, J., *Silence*, Middletown, 1961. (Trad. cast., *Silencio*, Madrid, 2002.)

Cantagrel, G., *Bach en son temps*, París, 1997.

——, *Le moulin et la rivière. Air et variations sur Bach*, París, 1998.

Cardano, G., *Mis libros*, Madrid, 2002.

Cassirer, E., *Philosophie der symbolischen Formen*, Berlín, 1923—1929. (Trad. cast., *Filosofía de las formas simbólicas*, Madrid-Buenos Aires, 1998.)

——, *Individuum und Kosmos in die Pholosophie der Renaissance*, Leipzig, 1927. (Trad. cast., *Individuo y cosmos en la filosofía de Renacimiento*, Buenos Aires, 1951.)

——, *Die Philosophie der Aufklärung*, Tubinga, 1932. (Trad. cast., *Filosofía de la Ilustración*, México D. F. 1943.)

Cavallo, G., véase Chartier, R.

Chafe, E., *Tonal Allegory in the Vocal Music of J. S. Bach*, Berkeley, 1991.

Chailley, J., *Les Passions de Bach*, París, 1963.

——, *L'Art de la Fugue de J.-S. Bach*, París, 1971.

——, *Les chorals pour orgue de J.-S. Bach*, París, 1974.

Charru, P., y Theobald, C., *L'esprit créateur dans la pensée musicale de Jean-Sébastien Bach*, Sprimont, 2002.

Chartier, R., *Practiques de la lecture*, Marsella, 1985.

——, *Cultural History: Between Practiques and Representations*, Cambridge, 1988.

——, *L'ordre des libres. Lecteurs, auteurs, bibliothèques en Europe entre le XVIe et XVIIIe siècle*, París, 1992. (Trad. cast., *El orden de los libros. Lectores, autores, bibliotecas en Europa entre los siglos XVI y XVIII*, Barcelona, 1992.)

——, y Cavallo, G., *Histoire de la lecture dans le monde occidental*, París, 1997. (Trad. cast., *Historia de la lectura en el mundo occidental*, Madrid, 1998.)

Cleyet-Michaud, M., *Le nombre d'or*, París, 1973; reimp. 1993.

Collin, R., *The Theory of Celestial Influence*, Londres,1980.

Collisani, A., *Musica e simboli*, Palermo, 1988.

Comenius, *Didáctica Magna*, Madrid, 1986.

——, *Consulta Universal*, Vic, 1989.

Coudert, A. P., *Leibniz and the Kabbalah*, Londres, 1995.

Cox, H. H. (ed.), *The Calov Bible of J. S. Bach*, Ann Arbor, 1985.

Craven, J. B., *Doctor Robert Fludd (Robertus Fluctibus), the English Rosicrucian: Life and Writings*, Kirkwall,1902.

Crist, S. A., «Las obras tempranas y la herencia del siglo XVII», *Vida de Bach*, Butt, J. (ed.), pp. 115~132.

Dadelsen, G. von, *Über Bach und Anderes*, Tubinga, 1983.

Dahl, S., *Bogens Historie*, Copenhague, 1927. (Trad. cast., *Historia del libro*, Madrid, 1972.)

Dahlhaus, C., *Musikästhetik*, Colonia, 1966. (Trad. cast., *Estética de la música*, Zaragoza, 1996.)

——, *Beiträge zur musikalischen Hermeneutik*, Resenburgo, 1975.

——, *Grundlagen der Musikgeschichte*, Colonia, 1977. (Trad. cast., *Fundamentos de historia de la música*, Barcelona, 1997.)

——, *Der Idee der absoluten Musik*, Kassel, 1978. (Trad. cast., *La idea de la música absoluta*, Barcelona, 1999.)

Davies, S., *Themes in the Philosophy of Music*, Oxford, 2003.

Deleuze, G., *Le pli. Leibniz et le Baroque*, París, 1988. (Trad. cast., *El pliegue. Leibniz y el barroco*, Barcelona, 1989.)

Delumeau, J., *La peur en Occident aux XVIe et XVIIIe siècles. Une cité assiegée*, París, 1978. [Trad. cast., *El miedo en Occidente. (Siglos XVI—XVIII). Una ciudad sitiada*, Madrid, 1989.]

——, *Naissance et affirmation de la Reforme*, París, 1965, reimp. 1999. (Trad. cast., *La Reforma*, Barcelona, 1985.)

Descartes, R., *Compendio de música*, Madrid, 1992.

——, *Las pasiones del alma*, Madrid, 1997.

Dickreiter, M., *Der Musiktheoretiker Johannes Kepler*, Berna-Múnich, 1973.

Dreyfus, L., «La invención Bachiana y sus mecanismos», *Vida de Bach*, Butt, J. (ed.), pp. 247~271.

——, *Bach and the Patterns of Invention*, Cambridge, 1996.

Duby, G., véase, P. Ariès.

Duparc, J.-J., «Contribution à l'étude des proportions numériques dans l' œuvre de Bach», *La revue musicale*, n.° 301~302, París, 1977.

Dürr, A., *Johann Sebastian Bach. Seine Handschrift. Abbild seines Schaffens*, Wiesbaden, 1984.

——, *J. S. Bach. Das Wohltemperierte Klavier*, Kassel, 1998.

——, *Die Kantaten von Johann Sebastian Bach*, 7ª ed., Kassel, 1999, 2 vols.

Eckhart, Maestro, *Tratados y sermones*, Barcelona, 1983.

——, *Comentario al prólogo de san Juan*, Madrid, 1994.

——, *El fruto de la nada*, Madrid, 1998.

Elste, M., *Meilensteine der Bach-Interpretation 1750—2000*, Kassel, 2000.

Erasmo, *Preparación y aparejo para bien morir*, Madrid, 2000.

Euler, L., *Lettres à une princesse*, San Petersburgo, 1739. (Trad. cast., *Cartas a una princesa de Alemania sobre diversos temas de física y filosofía*, Zaragoza,

1990.)

——, *Reflexiones sobre el espacio, la fuerza y la materia*, Madrid, 1993.

Febvre, L., *Un destin: Martin Luther*, París, 1927. (Trad. cast., *Martín Lutero: un destino*, México, D. F., 4ª reimp. 1980.)

Fludd, R., *Escritos sobre música*, ed. de L. Robledo, Madrid, 1979.

Forkel, J. N., *Über Johann Sebastians Bachs Leben, Kunst und Kunstwerke*, Leipzig, 1802. (Trad. cast., *Juan Sebastián Bach*, México D. F., 1950; 6ª reimp. 1993.)

Foucault, M., *Les mots et les choses. Archéologie des sciences humaines*, París, 1966. (Trad. cast., *Las palabras y las cosas: una arqueología de las ciencias humanas*, Madrid, 1999.)

——, *L'archéologie du savoir*, París, 1969. (Trad. cast., *La arqueología del saber*, México D. F., 1970.)

Fraser, J. T., *Of Time, Passion, and Knowledge*, Princeton, 1975; reimp. 1990.

Fubini, E., *L'estetica musicale dall'antichità al Settecento y L'estetica musicale dal Settecento a oggi*, Turín, 1976. (Trad. cast., incluye los dos libros en *La estética musical desde la Antigüedad hasta el siglo XX*, Madrid,1988; 3ª reimp. 1992. Véanse en especial los caps. VIIIX.)

——, *La musica nella tradizione ebraica*, Turín, 1994.

——, *Estetica della musica*, Bolonia, 1995. (Trad. cast., *Estética de la música*, Madrid, 2001.)

Fux, J. J., *Gradus ad Parnassum*, Viena, 1725; reed. en latín y en francés, Sprimont, 2000.

Garin, E., *L'educazione in Europa 1400—1600. Problemi e programmi*, Roma-Bari, 1957. (Trad. cast., *La educación en Europa 1400—1600. Problemas y programas*, Barcelona, 1987.)

Geiringer, K., *The Bach Family: Seven Generations of Creative Genius*, Londres, 1954. (Trad. cast., *La familia de los Bach. Siete generaciones de genio creador*, Madrid, 1965.)

——, *Symbolism in the Music of Bach*, Washington, 1956.

——, y Geiringer, I., *Johann Sebastian Bach. The Culmination of an Era*, Nueva York, 1966. (Trad. cast., *Johann Sebastian Bach. La culminación de una era*, Madrid, 1982.)

Givone, S., *Storia del nulla*, Milán, 1995. (Trad. cast., *Historia de la nada*, Córdoba, Argentina, 2001).

Godwin, J., *Athanasius Kircher. A Renaissance Man and the Quest for Lost Knowledge*, Londres, 1979. (Trad. cast., *Athanasius Kircher. La búsqueda del saber en la Antigüedad*, San Lorenzo de El Escorial, 1986.)

——, *Robert Fludd. Hermetic Philosopher and Surveyor of two Worlds*, Londres, 1979. (Trad. cast., *Robert Fludd. Claves para una teoría del Universo*, San Lorenzo de El Escorial, 1987.)

——, *Harmonies of Heaven and Earth*, Londres, 1987. (Trad. cast., *Armonías del cielo y de la tierra. La dimensión espiritual de la música desde la Antigüedad hasta la vanguardia*, Barcelona, 2000.)

——, *Music and the Occult*, Rochester, 1995.

Goehr, L., *The Imaginary Museum of Musical Works. An Essay in the Philosophy of Music*, Oxford, 1992.

Goldáraz, J., *Afinación y temperamento en la música occidental*, Madrid, 1991; reimp. 2004.

Gombrich, E. H., *New Light on Old Masters*, Oxford, 1986. (Trad. cast., *Nuevas visiones de viejos maestros*, Madrid, 1987.)

Gómez de Liaño, I., *Athanasius Kircher. Itinerario del éxtasis o Las imágenes de un saber universal*, Madrid, 1986, 2 vols.

Guénon, R., *The Symbolism of the Cross*, Londres, 1958. (Trad. cast., *El simbolismo de la cruz*, Barcelona, 1987.)

Gusdorf, G., *De l'histoire des sciencies à l'histoire de la pensée*, París, 1977.

Haas, A. M., *Nim din selbes war. Studien zur Lehre von der Selbsterkenntnis bei Meister Eckhart, Johannes Tauler und Heinrich Seuse*, Friburgo, 1971.

——, *Meister Eckhart als normative Gestalt geistigen Lebens*, Friburgo, 1975; reimp. 1995. (Trad. cast., *Maestro Eckhart. Figura normativa para la vida espiritual*, Barcelona, 2002.)

Haase, R., *Leibniz und die Musik: Ein Beitrag zur Geschichte der harmonikalen Symbolik*, Hommerich, 1963.

Hall, A. R., *The Revolution in Science 1500—1750*, Londres, 1954. (Trad. cast., *La revolución científica 1500—1750*, Barcelona, 1985.)

Hennion, A., *La Passion musicale*, París, 1993. (Trad. cast., *La pasión musical*, Barcelona, 2002.)

His, W., *Johann Sebastian Bach: Forschungen über dessen Grabstätte, Gebeine und Antlitz*, Leipzig, 1895.

Hale, J., *The Civilization of Europe in the Renaissance*, Londres, 1993. (Trad. cast., *La civilización del Renacimiento en Europa*, Barcelona, 1996.)

Harnoncourt, N., *Musik als Klangrede. Wege zu einem neuen Musikverständnis*, Salzburgo-Viena, 1982.

——, *Der musikalische Dialog*, Salzburgo-Viena, 1984. (Trad. cast., *El diálogo musical. Reflexiones sobre Monteverdi, Bach y Mozart*, Barcelona, 2003.)

Heidegger, M., *Sein und Zeit*, Tubinga, 1927. (Trad. cast., *El ser y el tiempo*, México D. F., 1989.)

Hein, J., *Die Kontrapunktlehre bei den Musiktheoretikern im 17. Jahrhundert*, Colonia, 1954.

Heinemann, M. (ed.), *Das Bach-Lexikon*, Laaber, 2000.

Herbst, W., *J. S. Bach, und die Lutherische Mystik*, Erlangen, 1958.

Hofstadter, D., *Gödel, Escher, Bach*, Nueva York, 1979. (Trad. cast., *Gödel, Escher, Bach*, Barcelona, 1989.)

Hirsch, A., *Die Zahl im Kantatenwerk Johann Sebastian Bachs*, Stuttgart, 1986.

Huntley, H. F., véase Neveux, M.

Irwin, J. L., *Neither Voice nor Heart Alone: German Lutheran Theology of Music in the Age of the Baroque*, Nueva York, 1993.

Jamie, J., *The Music of the Spheres*, Nueva York, 1993.

Jung, C. G., *Psychologie und Religion*, Zúrich, 1938. (Trad. cast., *Psicología y religión*, Barcelona, 5ª reimp. 1998.)

——, *Psychologie und Alchimie*, Zúrich, 1944. (Trad. cast., *Psicología y alquimia*, Barcelona, 1989.)

Kauffmann, W., *Critique of Religion and Philosophy*, Princeton, 1978.

Kepler, J., *El secreto del universo*, Alianza, Madrid, 1992.

Kerényi, K., *Labyrinth-Studien-Labyrinthos, als Linienreflex einer mythologischen Idee*, Zúrich, 1950.

Kircher, A., *Musurgia universalis*, Roma, 1650; reimp. Hildesheim, 1970.

Kirkendale, U., «The Source for Bach's Musical Offering. The "Institutio oratoria" of Quintiliano», *Journal of the American Musicological Society*, 33 (1980), pp. 88~141.

Klossowski de Rola, S., *Alquimia: el arte secreto*, Madrid, 1978.

——, *El juego áureo. 533 grabados alquímicos del siglo XVII*, Madrid, 1988; reimp. 2004.

Kobayashi, Y., *Die Notenschrift Johann Sebastian Bachs. Dokumentation ihrer Entwicklung*, Kassel, 1989. (*NBA*, IX, 2.)

Koenneder, B., *Die deutsche Literatur der Reformationzeit*, Múnich, 1975.

Kolneder, W., *Lübbes Bach Lexikon*, 1982. (Trad. cast., *Guía de Bach*, Madrid, 1996.)

——, y Jüngens, K.-H., *J. S. Bach. Lebensbilder*, Lubbe, 1984.

——, *J. S. Bach (1685—1750). Leben, Werk, und Nachwirker in zeitgenössischen Dokumenten*, Wilhelmshaven, 1991.

Koslofsky, C., *The Reformation of the Dead: Death and Ritual in Early Modern Germany, 1450—1700*, Nueva York, 2000.

Koyré, A., *Mystiques, spirituels, alchimistes: Schwenckfeld, Seb. Franck, Weigel, Paracelse*, París, 1955. (Trad. cast., *Místicos, espirituales y alquimistas del siglo XVI alemán*, Madrid, 1981.)

——, *From the Closed World to the Infinite Universe*, Baltimore, 1957. (Trad. cast., *Del mundo cerrado al universo infinito*, Madrid, 1979.)

Kreutzer, H. J., «Johann Sebastian Bach und das literarische Leipzig der Aufklärung», *Bach-Jahrbuch*, 77 (1991), pp. 7~31.

Kuhnau, J., *Six Biblical Sonatas for Keyboard (1700)*, Nueva York, 1953.

Labie, J.-F., *Le visage du Christ dans la musique baroque*, París, 1992.

Leaver, R. A., *Bachs theologische Bibliothek; eine kritische Bibliographie / Bach's Theological Library: A Critical Bibliography*, Neuhausen-Stuttgart, 1983.

——, *J. S. Bach and Scripture: Glosses from the Calov Bible Commentary*, St. Louis, 1985.

——, «Number Association in the Structure of Bach's Credo BWV 232», *Bach*, vol. VII, pp. 17~23.

——, «Música y luteranismo», *Vida de Bach*, Butt, J. (ed.), pp. 61~76.

——, «Las obras vocales maduras y su contexto teológico y litúrgico», *Vida de Bach*, Butt. J. (ed.), pp. 133~181.

Lemaire, F. C., *Le destin juif et la musique*, París, 2001.

Leibniz, G. W., *Nuevo tratado sobre el entendimiento humano*, Buenos Aires, 1970—1971, 2 vols.

——, *Escritos en torno a la libertad, el azar y el destino*, Madrid, 1990.

——, *Correspondance 1693—1712*, París, 1993.

——, *Monadología. Principios de filosofía*, Madrid, 2001.

——, *Escritos filosóficos*, Madrid, 2003.

Leisinger, U., *Leibniz-Reflexe in der deutschen Musiktheorie des 18. Jahrhunderts*, Würzburg, 1994.

Lester, J., *Compositional Theory in the Eighteenth Century*, Cambridge-Nueva York, 1992.

Lévi-Strauss, C., *Le cru et le cuit*, París, 1964. (Trad. cast., *Lo crudo y lo cocido*, en *Mitológicas I*, México D. F., 1996.)

Levinas, E., *Le temps el l'autre*, 1979, Saint Clément, 1979. (Trad. cast., *El tiempo y el otro*, Barcelona, 1993.)

——, *Dieu, la mort et le temps*, París, 1993. (Trad. cast., *Dios, la muerte y el tiempo*, Barcelona, 1993.)

Lewis, H. M., Jr., «The tromba da tirarsi before and after Bach», *Division*, I, IV (1980), pp. 37~46.

Libera, A. de, *Maître Eckhart. Métaphysique du Verbe et Théologie Negative*, París, 1984.

——, *Eckhart, Suso, Tauler ou la divinisation de l'homme*, París, 1996. (Trad. cast., *Eckhart, Suso, Tauler y la divinización del hombre*, Palma de Mallorca, 1999.)

Lortz, J., *La réforme de Luther*, París, 1970, 2 vols.

Lutero, M., *Luthers Werke in Auswahl*, Bonn, 1912—1933 y Berlín, 1959.

——, *Obras*, Buenos Aires, 1967—1977.

——, *Obras*, Salamanca, 1977; reimp. 2001.

——, *Escritos políticos*, Madrid, 1986; reimp. 2001.

Maldiney, H., *Regard, Parole, Espace*, Lausana, 1973.

Mann, A., *The Study of Fugue*, Nueva York, 1958.

Marchand, G., *Bach ou la Passion selon Jean-Sébastien. De Luther au nombre d'or*, París, 2003.

Marissen, M., *The Social and Religious Designs of J. S. Bach's Brandenburg Concertos*, Princeton, 1995.

Marpurg, F. W., *Abhandlung von der Fuge*, Berlín, 1753—1754, 2 vols; reimp. Hildesheim, 1970.

Marshall, R. L., *The Compositional Process of J. S. Bach: A Study of the Autograph Scores of the Vocal Works*, Princeton, 1972, 2 vols.

——, *The Music of Johann Sebastian Bach: The Sources, the Style, the Significance*, Nueva York, 1989.

Matthai, K. (de.), *Bach-Gedenkschrift 1950*, Zúrich, 1950.

Mattheson, J., *Das neu-eröffnete Orchestre*, Hamburgo, 1713; reimp. Hildesheim,

1993.

——, *Der vollkommene Capellmeister*, Hamburgo, 1739; reimp. Kassel, 1999.

Melamed, D. R., *Bach Studies 2* (ed.), Cambridge, 1995.

——, *Hearing Bach's Passions*, Nueva York (en vías de publicación).

——, «Las Pasiones de Bach: problemas y grabaciones», *Goldberg* (en vías de publicación).

Mersenne, M., *Harmonie Universelle*, París, 1636—1637; reed. en facsímil. París, 1968, 2 vols.

Meyer, E. H., *Musik der Renaissance, Musik der Aufklärung*, Leipzig, 1979.

Meyer-Baer, K., *Music of the Spheres and the Dance of Death: Studies in Musical Iconology*, Princeton, 1970.

Metzger, H. K., y Riehn R. (eds.), *Johann Sebastian Bach. «Goldberg Variationen»*, Múnich, 1985. (Trad. cast., *Johann Sebastian Bach. Las «Variaciones Goldberg»*, Barcelona, 1992.)

Mizler, L. C., *Neu eröffnete musikalische Bibliothek*, Leipzig, 1739—1754; reimp. Hildesheim, 1970.

Morgan, C., *The Bach Fugue: A Study in Antecedents*, Pennsylvania, 1958.

Moulonguet, A., *Maître Eckhart peint par Jan Van Eyck*, París, 2000.

Nasarre, P., *Escuela Musica segun la practica moderna*, Zaragoza, 1724; reed. en facsímil, Zaragoza, 1980.

Nattiez, J. J., *Musicologie générale et sémiologie*, París, 1987.

Neroman, D., *Le nombre d'or*, París, 1984.

Neubauer, J., *Symbolismus und symbolische Logik. Idee der ars combinatoria in der Entwicklung der modernen Dichtung*, Múnich, 1978.

——, *The Emancipation of Music from Language. Departure from Mimesis in Eighteenth-Century Aesthetics*, Yale, 1986. (Trad. cast., *La emancipación de la música. El alejamiento de la mímesis en la estética del siglo XVIII*, Madrid, 1992.)

Neue Ausgabe sämtlicher Werke (NBA), Leipzig-Kassel, 1954.

Neumann, W., *Handbuch der Kantaten Joh. Seb. Bach*, 5ª ed., Wiesbaden, 1984.

——, y Schulze, H.-J. (eds.), *Bach-Dokumente*, Kassel, 1963—1978, 4 vols.

Neveux, M., y Huntley, H. F., *Le nombre d'or suivi de la divine proportion*, París, 1995.

Newton, I., *Principios matemáticos de la Filosofía natural*, Madrid, 1987.

Otterbach, F., *Johann Sebastian Bach. Leben und Werk*, Stuttgart, 1982. (Trad. cast., *Johann Sebastian Bach. Vida y obra*, Madrid, 1990.)

Parrott, A., *The Essential Bach Choir*, Woodbridge, 2000.

Pascal, B., *Obras*, Madrid, 1981.

Pelikan, J., *Bach Among the Theologians*, Filadelfia, 1986.

Petri, J., véase Petzoldt, M.

Petzoldt, M. (ed.), *Bach als Ausleger der Bibel. Theologische und musikwissenschaftliche Studien zum Werk Johann Sebastian Bachs*, Berlín, 1985.

——, y Petri, J., *Johann Sebastian Bach. Ehre sei dir Gott gesungen. Bilder und Texte zu Bachs Leben als Christ und seinem Wirken für die Kirche*, Gotinga, 1988.

Pirro, A., *Descartes et la musique*, París, 1907; reimp. Ginebra, 1973.

——, *L'esthétique de J. S. Bach*, París, 1907.

Poesía alemana del Barroco, ed. de A. Quintana, Barcelona, 1981.

Platen, E., *J. S. Bach. Die Matthäus-Passion*, Kassel, 1998.

Popkin, R. H., *The History of Scepticism from Erasmus to Spinoza*, Berkeley, 1979. (Trad. cast., *La Historia del escepticismo desde Erasmo a Spinoza*, México D. F., 1983.)

Poulin, P., *J. S. Bach, Precepts and Principles for Playing the Throrough-Bass or Accompanying in Four Parts*, Oxford, 1994.

Praetorius, M., *Syntagma musicum*, III, Wolfenbüttel, 1619; reimp. Kassel, 1958.

Ptolomeo, C., *Armónicas*, Málaga, 1999.

Quintiliano, F. M., *Instituciones oratorias*, Madrid, 1942.

Rameau, J. P., Traité de l'harmonie, réduite à ses Principes Naturels, París, 1722; reed. en facsímil, Madrid, 1984.

Reguera, I., Jacob Böhme, Madrid, 2003.

Rey Hazas, A. (ed.), Artes de bien morir. «Ars moriendi» de la Edad Media y del Siglo de Oro, Madrid, 2003.

Riehn, R., véase Metzger, H. K.

Rifkin, J., «Bachs Chor - Ein vörläufiger Berich», Basler Jahrbuch für historische Musikpraxis, 9 (1985), pp. 141~155.

——, «More (and less) on Bach's orchestra», Performance Practique Review, 4 (1985), pp. 5~13.

——, «Bach's Chorus: Some Red Herrings», Journal of Musicological Research, 14 (1995), pp. 223~234.

Rivera, B., German Music Theory in the Early 17th Century: The Treatises of Johannes Lippius, Ann Arbor, 1980.

Roetzer, H. G., y Siguán Bohemer, M., Historia de la literatura alemana, Barcelona, 1991, 2 vols.

Rorty, R., The Philosophy and the Mirror of Nature, Princeton, 1979. (Trad. cast., La filosofía y el espejo de la naturaleza, Madrid, 1983.)

Rossen, C., The Classical Style. Haydn, Mozart, Beethoven, Nueva York, 1971. (Trad. cast., El estilo clásico. Haydn, Mozart, Beethoven, Madrid, 1986.)

Rossi, P. Clavis Universalis. Arti mnemoniche e logica combinatoria da Lullo a Leibniz, Milán, 1960. (Trad. cast., Clavis Universalis. El arte de la memoria y la lógica combinatoria de Lulio a Leibniz, México D. F., 1960.)

Rueger, C., Soli Deo Gloria Johann Sebastian Bach, Berlín, 1985.

Samonà Favara, T., La filosofia della musica dall'antichità greca al cartesianesimo, Milán, 1940.

Scharlau, U., Athanasius Kircher (1601—1680) als Musikschriftsteller. Ein Beitrag zur Musikanschauung des Barock, Marburgo, 1969.

Scheibe, J. A., Critischer Musikus, Leipzig, 1745, 5 vols.; reimp. Hildesheim,

1970.

Schering, A., *Johann Sebastian Bachs Leipziger Kirchenmusik. Studien und Wege zu ihrem Erkenntnis*, Leipzig, 1936.

Schleuning, P., *Johann Sebastian Bach. Kunst der Fuge*, Kassel, 1993.

Schloezer, B. de, *Introduction à Jean-Sébastien Bach*, París, 1947; reimp. 1979.

Schneider, C., *Luther, poète et musicien et les Enchiridiens de 1524*, Ginebra, 1942.

Schulenberg, D., *The Keyboard Music of J. S. Bach*, Nueva York, 1992.

Schulze, H.-J., *Johann Sebastian Bach. Leben und Werk in Dokumenten*, Leipzig, 1975. (Trad. cast., *Johann Sebastian Bach. Documentos sobre su vida y su obra*, Madrid, 2001.)

——, *Studien zur Bach-Überlieferung im 18. Jahrhundert*, Leipzig-Dresde, 1984.

——, *Bach-Dokumente*, véase Neumann, W.

Schünemann, G., «J. G. Walther und H. Bokemeyer», *Bach Jahrbuch*, 30 (1933), pp. 86~118.

Schweitzer, A., *J. S. Bach, le musicien-poète*, Leipzig, 1908. (Trad. cast., *J. S. Bach. El músico poeta*, Buenos Aires, 1955.)

Sebastián, S., *Alquimia y Emblemática. La Fuga de Atalanta, de Michael Maier*, Madrid, 1989.

Serres, M., *Le Système de Leibniz et ses modèles mathématiques*, París, 1968; reimp. 1982.

Sève, B., *L'altération musicale*, París, 2002.

Siguán Bohemer, M., véase Roetzer, H. G.

Smend., F., *Johann Sebastian Bach bei seinem Namen gerufen*, Kassel, 1950.

——, *Bach-Studien*, Kassel, 1969.

Spener, J. Ph., *Pia desideria*, Berlín, 1964. (Existe una edición en catalán de la obra, J. Ph. Spener, *Pía desideria*, que recoge asimismo la de N. L. V. Zinzendorf, *Discursos sobre religió*, Barcelona, 1993).

Spinoza, B., *Ética demostrada según el orden geométrico*, Madrid, 1980.

——, *Tratado teológico-político*, Madrid, 1986.

——, *Correspondencia completa*, Madrid, 1988.

Spitta, P., *Johann Sebastian Bach*, Leipzig, 1873—1880, 2 vols.; reimp. en inglés, Mineola, 1992, 3 vols. (Existe una edición abreviada en castellano, *Johann Sebastian Bach, su vida, su obra, su época*, basada en una ed. de W. Schmieder, México D. F., 1959.)

Steiner, G., *Errata. An Examined life*, New Haven, 1997. (Trad. cast., *Errata. El examen de una vida*, Madrid, 1998.)

Stefani, G., *Musica barocca. Poetica e ideologia*, Milán, 1974.

Stiller, G., *Johann Sebastian Bach und das gottesdienstliche Leben seiner Zeit*, Berlín-Kassel, 1970.

Stinson, R., *Bach: The Orgelbüchlein*, Nueva York, 1996.

Streck, H., *Die Verskunst in den poetischen Texten zu den Kantaten J. S. Bachs*, Hamburgo, 1971.

Tatlow, R., *Bach and the Riddle of the Number Alphabet*, Cambridge, 1991.

Tauler, J., *Predigten, Friburgo-Basilea-Viena*, 1961.

——, *Obras*, Madrid, 1984.

Tenenti, A., *Il senso de la morte e l'amore della vita nel Rinascimento*, Turín, 1957.

Terry, C. S., *Bach. The Passions*, Londres, 1922, 2 vols.

——, *Bach: A Biography*, Oxford, 1928.

Theobald, C., véase Charru, P.

Thoene, H., *Die Architektur der drei Sonaten, J. S. Bach: Sei Solo/Sechs Sonaten und Partiten für Violine,* Stuttgart, 1991.

——, «Johann Sebastian Bach, Ciaccona: Tanz oder Tombeau?», *Cöthener Bach-Hefte*, IV, Cöthen, 1994.

——, «"Ehre sey dir Gott gesungen": Johann Sebastian Bach, Die Violin-Sonate G-Moll BWV 1001», *Cöthener Bach-Hefte*, VII, Cöthen, 1998.

Tomlinson, G., *Music in Renaissance Magic*, Chicago, 1993.

Türcke, B., «El recitativo infinito», en Metzger, H. K., y Riehn, R., pp. 107~118.

Urner, H., *Der Pietismus*, Berlín, 1961.

Van Houten, K., y Kasbergen, M., *Bach et le nombre*, Lieja, 1992.

Van Lennep, J., *Art & Alchimie*, Bruselas, 1966. (Trad. cast., *Arte y Alquimia. Estudio de la iconografía hermética y de sus influencias*, Madrid, 1978.)

Van Wymeersch, B., *Descartes et l'évolution de l'esthétique musicale*, Sprimont, 1999.

Veit, P., *Luther et le chant. Étude critique, thématique et sémantique des cantiques du Réformateur 1524—1543*, París, 1980.

Vickers, B., «Figures of Rethoric. Figures of Music», *Rethorica*, II (1984), pp. 1~44.

Vignal, M., *Les fils Bach*, París, 1997.

Vogt, H., *Johann Sebastian Bachs Kammermusik*, Stuttgart,1981. (Trad. cast., *La música de cámara de Johann Sebastian Bach*, Barcelona, 1993.)

Vovelle, M., *Mourir autre fois: Attitudes collectives devant la mort aux XVIe et XVIIIe siècles*, París, 1983.

——, *La mort et l'Occident de 1300 à nos jours*, París, 1983.

Walker, P. M., *Theories of Fugue from the Age of Josquin to the Age of Bach*, Rochester, 2000.

Wallmann, J., *Der Pietismus*, Gotinga, 1990.

——, *Philipp Jakob Spener und die Anfänge des Pietismus*, Tubinga, 1986.

Walther, J. G., *Musikalisches Lexikon oder musikalische Bibliothek*, Leipzig, 1732; reimp. Kassel, 1953.

Webern, A., *Der Weg zur neuen Musik*, Viena, 1960. (Trad. cast., *El camino hacia la nueva música*, Barcelona, 1982.)

Werckmeister, A., *Musicae mathematicae Hodegus curiosus, oder Richtiger musikalischer Weg-Weiser*, Frankfurt, 1686; reimp. Hildesheim, 1970.

Willard, C.-J., *Le nombre d'or*, París, 1987.

Williams, P. (ed.), *Bach, Handel, Scarlatti: Tercentenary Essays*, Cambridge, 1985.

——, *The Life of Bach*, Cambridge, 2004.

Winkler, E., *Die Leichenpredigt im deutschen Luthertum bis Spener*, Múnich, 1967.

Wolff, C. *Pensamientos racionales acerca de Dios, el mundo y el alma del hombre, así como sobre todas las cosas en general (Metafísica alemana)*, Madrid, 2000.

Wolff, C., *Der Stile Antico in der Musik J. S. Bachs. Studien zu Bachs Spätwerk*, Wiesbaden, 1968.

——, *Bach: Essays on his Life and Works*, Princeton, 1991.

——, *Die Bach-Familie*, Stuttgart, 1993.

——, *Johann Sebastian Bach. The Learned Musician*, Nueva York, 2000. (Trad. cast., *Johann Sebastian Bach. El músico sabio*, Barcelona, 2002—2003.)

——, y otros autores (E. Emery, R. Jones, E. Helm, E. Warburton y E. S. Derr), *The New Grove Bach Family*, Londres, 1983. (Trad. cast., *Los Bach*, Barcelona, 1985.)

—— (ed.), *Bach-Bibliographie*, Berlín-Kassel, 1985.

—— (ed.), *The New Bach Reader. A Life of Johann Sebastian Bach in Letters and Documents*, Londres-Nueva York, 1998.

Woolhouse, R. S., *Descartes, Spinoza, Leibniz*, Londres, 1993.

Yates, F. A., *Giordano Bruno and the Hermetic Tradition in the Renaissance*, Londres-Chicago, 1964. (Trad. cast., *Giordano Bruno y la tradición hermética*, Barcelona,1983.)

——, *The Rosicrucian Enlightenment*, Londres-Boston, 1972. (Trad. cast., *El iluminismo Rosacruz*, México D. F., 1981.)

——, *The Art of Memory*, Londres, 1966. (Trad. cast., *El arte de la memoria*, Madrid, 1974.)

——, *The Occult Philosophy in the Elizabethan Age*, Londres, 1979. (Trad. cast., *La filosofía oculta en la época isabelina*, México D. F., 1982; reimp. 2001.)

Yearsley, D., *Bach and the Meanings of Counterpoint*, Londres-Nueva York, 2002.

Zarlino, G., *Istitutioni harmoniche*, Venecia, 1558; reed. en facsímil, Nueva York, 1965.

Zellini, P., *Breve storia dell'infinito*, Milán, 1980. (Trad. cast., *Breve historia del infinito*, Madrid, 1991.)

Zenck, H., *Numerus und Affektus*, Kassel, 1959.

Zenck, M., «"Bach, der Progressive". Die "Goldberg-Variationen" in der Perspektive von Beethovens "Diabelli-Variationen"», *Johann Sebastian Bach. Goldberg Variationen*, Musik-Konzepte, 42 (1985), pp. 29~92. (Trad. cast., «"Bach, el precursor". *Las Variaciones Goldberg* desde la perspectiva de las *Variaciones Diabelli* de Beethoven», en Metzger, H. K., y Riehn, R. (eds.), pp. 37~106.

——, «La acogida de Bach: algunos conceptos y parámetros», *Vida de Bach*, Butt, J. (ed.), pp. 307~318.

——, «La reinterpretación de Bach en los siglos XIX y XX», *Vida de Bach*, Butt, J. (ed.), pp. 319~348.

Zinzendorf, N. L. V., *Gedenkbuch*, Stuttgart, 1951. Véase Spener, J. Ph.

后　记

　　写一本书也许需要野心，但更需要谦卑。当然，我特别认同蒙田的观点，他曾说他总是循着大师们的足迹前行。对于我来说，巴赫就是这样一位在思想与行动上不断引领我的大师。为他的音乐写点什么，让我感到前所未有的挑战。做有些事情的压力尚且可以消化，但还有些事情让人不堪重负，比如去书写无数作家研究过的这位德国作曲家。对于过去的作者，我心怀感激。

　　约瑟夫·布罗茨基（Joseph Brodsky）写道，书籍应当让人获得滋养。阅读每一页都可以有所收获，这是一件值得感激的事情。正所谓开卷有益，尽管阅读中的成长可能来自对过去认知的突破。人们在学习中成长，学会更好地去了解他人，了解那些一次次热情慷慨给予帮助的人，比如我那无可替代的好友罗莎·里乌斯，她是那样智慧又亲切。我也不会忘记与我情同手足的卡洛斯·胡利亚，在我需要他的时候，他真挚地向我施以援手。也许我再也找不到比现在更合适的机会去感谢我的密友泽维尔·布兰奇了，他是位优秀的双簧管演奏家，谢谢他与我交流。我还想向马特奥·加蒙、琼·玛格丽特、若姆·瓦尔科尔巴等巴赫爱好者表达感谢，并把我的作品分享给他们。我特别幸运请来若姆·瓦尔科尔巴做我的编辑，不仅如此，他还是我真正的朋友。感谢巴赫让我与鲍勃·范·阿斯佩伦、马里耶克·米森、约翰·艾略特·加德纳、西吉斯瓦尔德·库伊肯、雷耶斯·米拉、阿方索·米拉，还有大管演奏家哈维尔·扎夫拉相识。我还想邀请阿卡迪·沃洛多斯公开演奏巴赫的作品。我要感谢胡安·加布里埃尔·洛佩斯·吉克斯，还要缅怀亲爱的克劳迪奥·甘乔，他在最后的日子里曾对我说，巴赫之于音乐家就如同罗马之于城市。最后，我要把这本书献给比阿特丽斯、克拉拉和加布里埃尔，他们是我生命中真正的对位旋律；我要把这本书献给西尔维娅，当我写完这本书的时候，对我来说，她仿佛一首增时卡农。我还要把这些文字献给我的父亲，是他让我的童年浸润在瓦格纳的音乐中。

2004 年 5 月
于巴塞罗那

译后记

某年某月的某天，如果这本书恰好有缘与你相遇，不妨打开音响，让巴赫的音乐陪伴你的阅读。在妙不可言的旋律中，也许可以飞离周遭的现实，穿越到300多年前德国的春天，走进那个巴赫曾经生活过的时代。

本书的西班牙语原名中，并没有传记的字眼。它的确不是一本传统编年式的传记。作者拉蒙·安德烈斯并没有以时间为线索细数巴赫生命中的故事，而是去寻觅巴赫可能读过的书籍、听过的音乐、相识的朋友、生活过的地方，希望通过这种方式去靠近巴赫，体会他的思想，聆听他的心声。

然而，诚如作者在前言中所写："我们永远都不会知道，真正的巴赫到底是怎样的一个人。"所有的努力都只是为走近这位大音乐家提供一些线索。译者首先也是读者，在作者关于巴赫的若干解读中，有一点让我尤其心有戚戚——"巴赫的音乐超越了信仰"。巴赫生活在一个被宗教浸润的年代,马丁·路德的影响力不言而喻,虔敬主义和其他各种声音全都交织在一起,他的很多作品都是宗教题材,他常在乐谱结尾写上"荣耀只属于上帝",但巴赫心目中的上帝并不完全是某个宗教教义中的上帝。在几百年后的今天,世殊时异,放眼世界依然有无数被巴赫深深打动的听众,这就证明他的音乐一定有超越宗教的普世力量。

诺伊迈斯特认为巴赫"自天堂降落人间";安东·韦伯恩感叹"一切尽在巴赫";莫扎特在聆听巴赫时惊呼,终于遇到值得他学习的大师了。在巴赫的音乐中,数学的直觉与艺术的灵感完美交融,神秘主义、记忆术、炼金术皆可为他所用。

有时当一个人物的成就太过伟大,也许会给人一种高不可攀、难以亲近的感觉,甚至会让人在潜意识里把他神化。但这本书在书写巴赫天才一面的同时,也让我们看到巴赫的可爱、热情与温柔:少年的他会借着月色偷拿哥哥的乐谱抄写,再小心翼翼地塞回原处;20岁时,他会为了一睹自己欣赏的音乐大师的风采,徒步350公里,这种"追星"的热情丝毫不亚于今天的粉丝;结婚后,他会创作键盘曲集献给妻子和孩子。巴赫也有常人的烦恼,有让他头痛的孩子。他也有作为名人的负担，会被流言缠绕。

阅读时还有一些让人难过的时刻。即便在当时的莱比锡，看似繁荣的文明之都，也无法回应巴赫作为音乐家的诉求，他连一个像样的合唱团都无法完整组建。市议会对音乐是一种工匠式的需求，缺乏对音乐艺术真正的尊重与支持。巴赫这样一位创作出海量经典作品的大艺术家，生活得并不富裕，他去世后，妻子竟然还需要接受社会救济来维持生计。他一生多次经历过至亲的离世，上天似乎没有给这位天才不同的眷顾。巴赫的遭遇令人不禁感慨，才华真的可以让人变得幸福吗？在一次次聆听巴赫、回看巴赫后，我的答案是这样的：才华也许无法让人免于俗世的不幸，但当它施展在毕生所爱的事业上，也许可以给人一种超越凡俗的力量。

至少还有音乐。至少还有音乐长长久久的陪伴。对于深爱音乐的巴赫来说，演奏音乐、创作音乐，就已经是莫大的慰藉和幸福。在音乐的至美之境中，仿佛可以听到上帝的声音。就巴赫而言，什么是上帝？在音乐的尽头，无尽的善与美，永无止境的艺术之峰，也许就是上帝的意义。

在创作音乐的时候，巴赫仿佛成了造物主。他创造着一切，体会着难得的对生命的掌控感。我们看到他偶尔将B-A-C-H动机嵌在乐曲中，那是作曲家隐秘的骄傲与快乐。

在音乐的国度，巴赫可以自由地飞扬。在他钟情的复调音乐中，音乐不再是单线程的行进，不同的声部相互陪伴着流动，仿佛生命在绵延不息。没有什么能永垂不朽，但这一切终将走向不朽。

  最后，感谢杨玲老师的引荐。感谢编辑胡明峰老师、邵豫老师，感谢大家为这本书而共同努力的日子。感谢我的作家朋友维克多·博伊桑先生，感谢他真诚的支持。在翻译这本以并不通俗的西班牙语书写，穿插着拉丁语、德语、法语、希腊语、意大利语术语的书籍时，感谢他帮助我穿越语言的迷宫，寻觅巴赫的音讯。

  正如巴赫在《音乐的奉献》（BWV 1079）中所写的："找寻吧，你们终将找到。"愿读者都能在巴赫的音乐与故事中找到共鸣，找到慰藉，找到心中所愿。

王翘楚

2024 年 11 月 11 日